AtV

Thomas Grimm, geboren 1954 in Aue/Sachsen, studierte in Berlin Philosophie und Ästhetik, 1984 bis 1986 Filmredakteur im DDR-Filmarchiv, ab 1987 freischaffend als Filmemacher und Publizist, seit 1992 Geschäftsführer von Zeitzeugen TV, 1993 bis 1996 Lehrbeauftragter an der Freien Universität Berlin, Autor zahlreicher Fernsehdokumentationen, führte Hunderte Zeitzeugengespräche. Zuletzt: »Honeckers Flucht« (ARD, 2002), »Die Honeckers privat« (MDR, 2003), »Das Politbüro privat« (MDR, 2004) und »Aufbruch zur Macht. Angela Merkel und der Demokratische Aufbruch« (RBB, 2004).

Publikationen u. a.: »Zwiesprache mit dem Jahrhundert« (1989), »Was von den Träumen blieb. Eine Bilanz der sozialistischen Utopie« (1993), »Jürgen Kuczynski: Freunde und gute Bekannte« (1997), »Wolfgang Harich. Ahnenpaß. Versuche einer Autobiographie« (1999), »Linke Vaterlandsgesellen« (2003).

Wie wenig der Alltag der Politoberen in der DDR dem der vermeintlich herrschenden Arbeiter- und Bauernklasse glich, berichten in diesem Buch erstmals die Angestellten der ehemaligen Regierungssiedlung in Wandlitz. Gärtner, Köche, Chauffeure und Bodyguards schildern aus nächster Nähe das Leben im inneren Zirkel der Macht. Sie erzählen von der privaten Eisbahn, die sich Lotte und Walter Ulbricht in jedem Winter vor ihrem Haus anlegen ließen, oder wie Willi Stoph seine Personenschützer zur Apfelernte abkommandierte. Ihre Erinnerungen vermitteln gleichsam eine Geschichte des Politbüros »von unten« und zeigen, wie weit sich die Repräsentanten des Volkes vom realsozialistischen Alltagsleben in der DDR entfernt hatten.

Ein authentischer Bericht aus dem Absurditätenkabinett, ergänzt um eine ausführliche Chronik des Politbüros sowie Kurzbiographien seiner Mitglieder.

Thomas Grimm

Das Politbüro privat

Ulbricht, Honecker, Mielke & Co. aus der Sicht ihrer Angestellten

Aufbau Taschenbuch Verlag

Mit 56 Abbildungen

ISBN 3-7466-8137-5

1. Auflage 2005
Aufbau Taschenbuch Verlag GmbH, Berlin 2005

Umschlaggestaltung Mediabureau Di Stefano
unter Verwendung eines Fotos aus dem Bundesarchiv, Berlin
Druck Ebner & Spiegel, Ulm
Printed in Germany

www.aufbau-taschenbuch.de

Inhalt

Einleitung 7
Der Butler von Wandlitz: Gerd Schmidt 16
Honeckers Koch: Jürgen Krause 42
Die Hausangestellte: Ulrike Hainke 72
Honeckers Bodyguard: Bernd Brückner 91
Der Jäger: Günther Wlost 120
Der Freizeitorganisator: Ralf Opitz 135
Ulbrichts Koch: Helmut Bäuml 159
Der Lokführer: Horst Maschen 176
Der Gärtner: Wolfgang Rechow 190
Als Familie in Wandlitz: Die Oecknicks 215

Anhang

Kurze Geschichte des SED-Politbüros 235
Kurzbiographien der im Text erwähnten
Politbüromitglieder 243
Dank 257
Quellen 258
Personenregister 259
Bildnachweis 262

Einleitung

Das Politbüro war in der DDR über Jahrzehnte Inbegriff von Macht und Verschlossenheit einer Gruppe grauer SED-Eminenzen. Am 24. Januar 1949, noch vor Gründung der DDR auf Anweisung Stalins von der SED geschaffen, hatte es sich bald als das eigentliche Machtzentrum des Landes etabliert. Die ersten Vorsitzenden Wilhelm Pieck und Otto Grotewohl wurden von Walter Ulbricht abgelöst, dem es mit Hilfe der Sowjetregierung innerhalb kurzer Zeit gelang, seinen Einfluß auf die Partei- und Staatsführung auszubauen. Ihm folgte 1971 Erich Honecker. Ihn und seine Getreuen kennt man meist nur als winkende alte Herren aus den Propagandabildern der »Aktuellen Kamera«. Was für menschliche Wesen sich wirklich hinter den maskenhaften Gesichtern von Pieck, Grotewohl, Ulbricht, Honecker, Stoph, Mielke und Co. verbargen, ist ein Rätsel geblieben.

Der Band »Das Politbüro privat« ist zur gleichnamigen Filmdokumentation des MDR entstanden, in der die Angestellten des Politbüros erstmals ihr Schweigen brechen und den Blick in den inneren Zirkel der Macht öffnen. Sie berichten über das alltägliche Leben der hohen Funktionäre in Wandlitz und erzählen, was sich in den Freizeitresidenzen, bei Empfängen, auf Reisen und der Jagd wirklich abspielte.

Jeden Morgen wurden die Politbüromitglieder mit Limousinen zu ihren Amtssitzen von Wandlitz nach Berlin gebracht. Dienstags traf sich das Politbüro im Gebäude des Zentralkomitees. Von den hier abgehaltenen Sitzungen ging die eigentliche Macht im Staate aus, selbst der Ministerrat, die offizielle Regierung der DDR, war den Entscheidungen des höchsten Parteiorgans der SED unterworfen. Abends zogen sich die Mächtigen wieder hinter ihre Mauern zurück, wo ihnen die Angestellten das Leben so angenehm wie möglich machten.

Sie hatten die Aufgabe, den DDR-Repräsentanten jeden Wunsch von den Augen abzulesen. Köche verwöhnten die unterschiedlichsten Gaumen, Kellner servierten zu Hause und auf Reisen, Haushälterinnen wienerten die Wohnungen blitzsauber, Gärtner pflegten Rasen und Rabatten, Objektleiter kümmerten sich um die Behaglichkeit der Urlaubsorte, Förster hegten das Wild zum Abschuß, und Bodyguards schützten das Leben der Auserwählten. Sie taten diese Arbeit trotz der zeitweise hohen Belastungen gern. Auch wenn sie eine untergeordnete Stellung einnahmen, fühlten sie sich durch die Nähe zur Macht privilegiert. Kritische Untertöne gegenüber ihren Arbeitgebern sind selten, nahmen sie diese doch hauptsächlich als Menschen und nicht als politische Entscheidungsträger wahr.

Die Erinnerungen der Angestellten beginnen mit dem Einzug des Politbüros in die »Waldsiedlung« Wandlitz im Februar 1960. Bis dahin wohnten die Politbüromitglieder in einem geschlossenen Areal in Berlin-Pankow. Aus Platzmangel und Sicherheitsgründen wurde Ende der fünfziger Jahre der Beschluß gefaßt, dreißig Kilometer nördlich von Berlin bei Wandlitz das neue Wohnobjekt »Waldsiedlung« zu errichten. Erich Mielke wurde mit der Sicherung des Objektes beauftragt. Als das Politbüro im Februar 1960 einzog, wurde das Gelände von einer acht Kilometer langen Mauer umgeben und zusätzlich mit Wachposten gesichert. Man kann es als eine Ironie der Geschichte auffassen, daß sich das Politbüro zuerst selbst einmauerte, bevor es seinem Volk die Mauer verordnete.

Von 1960 bis 1989 wurden in der Waldsiedlung bis zu 23 Familien der Staats- und Parteiführung von über 600 Angestellten betreut. Das Personal wurde nach Qualifikations- und Sicherheitskriterien ausgewählt und unterstand der »Hauptabteilung Personenschutz« des Ministeriums für

Das erste Politbüro des Zentralkomitees der SED: (sitzend, v. l.) Franz Dahlem, Walter Ulbricht, Wilhelm Pieck, Otto Grotewohl, Hans Jendretzky sowie (stehend, v. l.) Rudolf Herrnstadt, Fred Oelßner, Hermann Matern, Wilhelm Zaisser, Heinrich Rau, Anton Ackermann, Erich Mückenberger, Erich Honecker, Juli 1950

Staatssicherheit. Damit befand sich jeder Angestellte der »Waldsiedlung« in einem militärischen Dienstverhältnis. Sie wurden nach Dienstgraden besoldet und erhielten für ihre oftmals nervenaufreibende Arbeit keine Sondervergütung. Ihr Verdienst lag mit 800 bis 1200 Mark der DDR im Landesdurchschnitt. Die Bestimmungen ihres höchsten Dienstvorgesetzten Erich Mielke verpflichteten alle Angestellten zu strengster Verschwiegenheit. Selbst den engsten Familienangehörigen durften sie nichts über ihren Arbeitsplatz erzählen. Viele von ihnen wohnten im sogenannten Außenring des Geländes, in DDR-üblichen Reihenhäusern. Zur ihrer Arbeit in den Häusern der Politbüromitglieder im Innenring gingen sie durch den streng bewachten »Dienstboteneingang«.

Im Innenring waren nach einem perfekten System der Rundumversorgung verschiedenste Tätigkeiten zu verrichten, vor allem im Funktionärsklub, der mit mehreren Restaurants, Kinosaal und Schwimmbad ausgestattet war. Weitere Dienstleistungen wurden im »Med-Punkt«, dem Friseursalon, der Schneiderei, der Wäscherei, der Schlosserwerkstatt und vielen weiteren Einrichtungen bereitgestellt. So arbeiteten allein in der Gärtnerei dreißig Personen, und um den steigenden Bedarf der Regierungsmitglieder an frischen Kräutern, Obst, Gemüse und Blumen zu befriedigen, an denen im ganzen Land immer Mangel herrschte, wurden riesige Gewächshäuser errichtet.

Zu einem besonderen Anziehungspunkt für die Politbürofamilien entwickelte sich die Verkaufsstelle im sogenannten Ladenkombinat. Dank der »Kommerziellen Koordinierung« von Alexander Schalck-Golodkowski wurden hier zum Wechselkurs von 1 Mark West zu einer 1,7 Mark Ost unterschiedlichste Waren aus dem Westen angeboten. Von Damenunterwäsche über edle Parfüms bis hin zur Hightech-Stereoanlage reichten die Produkte. Wem diese Auswahl nicht genügte, der konnte aus Versandhauskatalogen bestellen.

Die Politbüromitglieder wurden von den Angestellten mit »Genosse« und »Sie« angesprochen. Im Selbstverständnis der Sozialistischen Einheitspartei waren die führenden Genossen die Avantgarde der Arbeiterklasse. Ihr Leben und Wohlbefinden mußten in besonderer Weise geschützt und behütet werden. Auch hierzu wurde von Erich Mielke extra eine Dienstanweisung erlassen, die von den Angestellten »Hab-mich-lieb-Befehl« genannt wurde. Darin hieß es unter anderem, daß die Angestellten »durch qualifiziertes, einfühlsames Verhalten und gefühlvolles Handeln das subjektive Wohlbefinden der führenden Repräsentanten ständig gewährleisten« sollten.

Die meisten Angestellten übten ihre Tätigkeit mit innerer Überzeugung aus. Sie selbst waren Mitglieder der SED und verstanden ihre Arbeit zugleich als einen Parteiauftrag. Ähnlich wie in anderen Herrschaftssystemen empfanden sich die

Dienenden im Zentrum der Macht selbst als Auserwählte. Für sie war die widerspruchslose Erfüllung der Wünsche der Politbüromitglieder daher nicht nur drückende Last, sondern auch ehrenvolle Pflicht.

Jenseits des Pflichtgefühls war jedoch das Ansehen der jeweiligen Funktionäre und ihrer Familien bei den Angestellten sehr unterschiedlich. Als umgänglich und angenehm blieben ihnen etwa die Familien Grotewohl, Warnke, Schürer und Kleiber in Erinnerung. Dort wurde ihnen Dankbarkeit entgegengebracht, und es entwickelte sich eine gewisse menschliche Nähe. Es gab jedoch auch Funktionärsfamilien, an die die Angestellten sich nur mit Grausen erinnern. Extremstes Beispiel ist sicherlich die Familie Stoph. Vor allem Willi Stoph selbst verhielt sich dem Personal gegenüber stets distanziert und mitunter sogar herablassend, wobei er die Arbeitskraft seiner Angestellten oft bis zur Erschöpfung ausbeutete.

In den Häusern des Innenrings wohnten die Repräsentanten der DDR zur Miete. Durchschnittlich 650 DDR-Mark mußten für das möblierte Eigenheim bezahlt werden. Das Dienstpersonal wurde ihnen kostenlos zur Verfügung gestellt. Auch die Kinder und deren Familien konnten die Leistungen des Personals von Wandlitz beanspruchen, und zwar selbst dann, wenn sie außerhalb der Waldsiedlung eine eigene Wohnung bezogen. Allerdings mußten sie für bestimmte Arbeiten den Selbstkostenpreis bezahlen. Das Waschen der Wäsche oder das Betanken der Autos blieb jedoch weiterhin kostenlos.

Die Distanz, die zwischen den Politbüromitgliedern und ihren Angestellten bestand, gab es bei den Kindern nicht. Die Dienstbotenkinder gingen zusammen mit den Kindern der Politbüromitglieder in die Wandlitzer Schule. Häufig waren die Hausangestellten die wichtigsten Bezugspersonen für die Funktionärskinder, denn auch wenn man sich in der Öffentlichkeit gern symbolträchtig mit Jungen Pionieren zeigte, für die eigenen Kinder blieb den Politikern wenig Zeit.

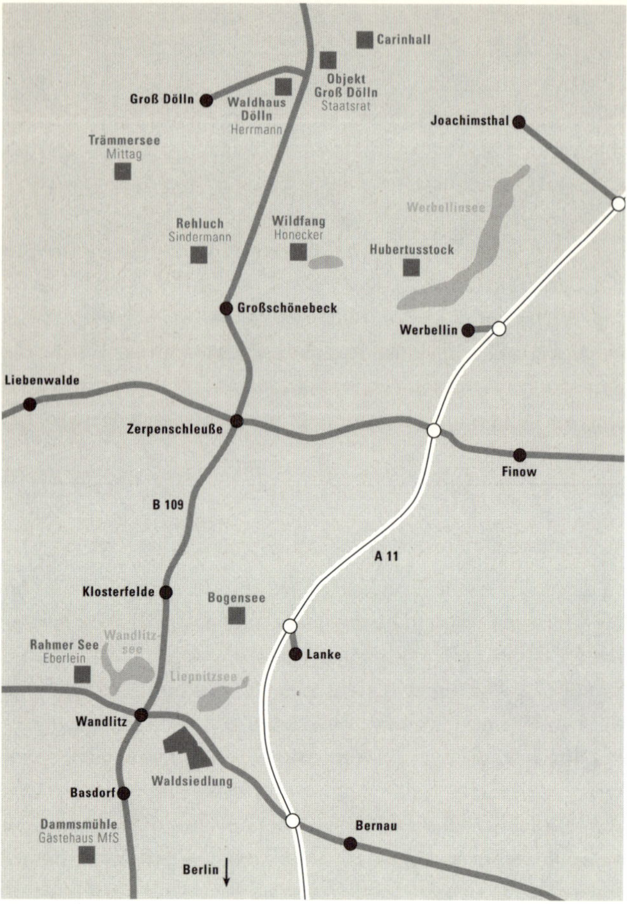

Umgebungskarte von Wandlitz mit Gästehäusern und Ferienresidenzen

Ein bedeutender zusätzlicher Arbeitsaufwand wurde von den Angestellten in den Freizeitobjekten der Politbüromitglieder verlangt. Dabei wurden oft keine Unterschiede zwischen den verschiedenen Personalgruppen gemacht. Willi Stoph zum Beispiel ließ seine Personenschützer auf seiner Freizeitresidenz in Birkenheide an der Müritz Unkraut jäten, anschließend mußten sie mit ihm zur Jagd gehen und zu gu-

Politbüro mit Kronprinz: (sitzend, v. l.) Hermann Matern, Erich Honecker, Walter Ulbricht, Willi Stoph, Friedrich Ebert, (2. Reihe, v. l.) Günter Mittag, Kurt Hager, Paul Verner, Erich Mückenberger, Herbert Warnke, Alfred Neumann, Albert Norden, Paul Fröhlich, Gerhard Grüneberg, Horst Sindermann, (3. Reihe, v. l.) Hermann Axen, Georg Ewald, Walter Halbritter, Werner Jarowinsky, Günther Kleiber, Margarete Müller

ter Letzt nachts Wache halten. Auch die Köche haben sich vor allem wegen der großen Jagdleidenschaften von Honecker, Mittag, Mielke und Co. auf diesem Gebiet spezialisiert. Die meisten Freizeitresidenzen befanden sich im Staatsjagdgebiet Schorfheide, nur wenige Minuten nördlich der Waldsiedlung gelegen. Eines der wiederkehrenden Rituale Erich Honeckers war die Jagd jeden Dienstag nach der Politbürositzung im Haus des Zentralkomitees der SED. Ab Mitte der achtziger Jahre achtete er penibel darauf, daß diese Versammlung pünktlich um 14 Uhr beendet war, damit er den Nachmittag auf seinem Jagdobjekt, der Försterei Wildfang in der Nähe des Ortes Groß Schönebeck verbringen konnte. In der von Wandlitz gut zu erreichenden Schorfheide hatte er ein weitläufiges Jagdrevier etabliert.

Seine Jagdleidenschaft verband Honecker immer auch mit handfesten politischen Interessen und nutzte sie zum Ausbau für ihn wichtiger Männerfreundschaften. So lud Honecker ab Mitte der siebziger Jahre immer häufiger Günter Mittag zur

Jagd ein, in dem er nicht nur den erfahrenen Wirtschaftsfachmann, sondern auch den geübten Jäger und Skatspieler schätzte. Mit ihm veranstaltete Honecker oftmals regelrechte Wettjagden. Wie die Abschußbücher dokumentieren, erlegten beide an manchen Tagen bis zu zwölf Hirsche. In einer Saison töteten sie zwischen 80 und 100 Geweihträger.

Mittag wurde zu Honeckers wichtigstem Günstling. Die Beziehung der beiden sollte künftig nicht nur die Geschicke der DDR bestimmen, sondern auch die Privilegien der Politbüromitglieder auf die Spitze treiben. Sie schufen sich in Wandlitz eine Insel, die mit dem Alltagsleben der sozialistischen DDR nicht mehr viel zu tun hatte. In der Öffentlichkeit gerierten sie sich als Repräsentanten ihres Volkes, von dem sie sich jedoch immer weiter entfernten.

Von den Freizeitresidenzen der Politbüromitglieder sind die Gästehäuser des Staatsrates zu unterscheiden. In Groß Dölln im Kreis Bernau verbrachte Walter Ulbricht von 1971 bis 1973 seine letzten Lebensjahre. In demselben Objekt empfing 1981 Erich Honecker Bundeskanzler Helmut Schmidt zu einem Treffen. Auch Schloß Hubertusstock, direkt am Werbellinsee gelegen, war ein bei der DDR-Führung beliebter Begegnungsort mit ausländischen Gästen. Hierher wurden Wirtschaftskapitäne wie Berthold Beitz und Wolf von Amerongen zur Jagd geladen oder sozialistische Brudergenossen empfangen. Auch in diesen Objekten wurde das Personal der Waldsiedlung Wandlitz eingesetzt, ebenso auf Auslandsreisen oder in den Regierungszügen. In diesen mit Küche und Salonwagen ausgestatteten Zügen unternahmen ausgewählte Politbüromitglieder mit Familien sowie Haus- und Küchenpersonal offizielle, aber auch private Reisen.

Zu den aufschlußreichsten Erinnerungen der Angestellten gehören die Beschreibungen von Erich Honeckers Verhalten am Ende der DDR. Je größer die Probleme im Land wurden, desto mehr verweigerte sich der greise Staatschef der Realität und zog sich immer öfter in sein Jagdhaus Wildfang in der Schorfheide zurück. Als sich im August 1989 die Prager Botschaft mit Ausreisewilligen aus der DDR füllte, schoß Erich Honecker den größten Hirsch, der jemals in der Schorfheide erlegt wurde. Welch eine Parabel von Machtfülle und politischem Versagen.

Die hier versammelten Erinnerungen der Angestellten aus ihrer Tätigkeit im Politbüro sind aufgrund ihrer vielfältigen Einsatzgebiete überwiegend episodischer Natur. Die Ebene der subjektiven und emotionalen Reflexion wurde im Text bewußt beibehalten. Sie vermittelt Einblicke in das moralische Selbstverständnis der kommunistischen Führer in der DDR. Darüber hinaus ergibt dieser Blick »von unten« auf die Machtzentrale der DDR eine Art Sittengemälde sozialistischer Herrschaft und ist auch ein Beitrag zum Verständnis des universellen Codes der Macht, ohne daß in diesem Kontext Anspruch auf eine wissenschaftliche Auswertung und Darstellung erhoben werden kann.

Der Butler von Wandlitz: Gerd Schmidt

Gerd Schmidt wird 1941 in Chemnitz als Sohn einer Verkäuferin und eines Kraftfahrers geboren. Der Vater fällt bei der Schlacht um Stalingrad 1943.

Nach dem Krieg erzieht die Mutter ihr Kind allein – im Sinne der DDR-Ideologie. Pionierorganisation und FDJ prägen Schmidts bejahende Haltung zum Land weiter aus. 1960 wird er Mitglied der Sozialistischen Einheitspartei Deutschlands. Im gleichen Jahr tritt er den bewaffneten Organen bei und wird vom Ministerium für Staatssicherheit angestellt. Er beginnt als Kraftfahrer und studiert nebenbei ab 1961 an der Hochschule für Ökonomie in Berlin-Karlshorst. 1965 erhält er das Diplom auf dem Gebiet der Finanzwirtschaft. Danach arbeitet Gerd Schmidt in verschiedenen Diensteinheiten und -stellungen innerhalb der rückwärtigen Dienste des Ministeriums für Staatssicherheit.

1975 wird er in das Objekt Waldsiedlung versetzt, wo er ab 1979 als Leiter der Verwaltung tätig ist. Diese Tätigkeit übt er bis zum 23. November 1989 aus. Dann wird die Siedlung aufgelöst. Schmidt stirbt 2005.

Innerer und Äußerer Ring

Es wird immer gesagt, in der Waldsiedlung Wandlitz gab es einen Innenring und einen Außenring. Diese beiden Begriffe stellen die Situation jedoch nicht ganz richtig dar. Es waren zwei nebeneinander gelagerte Objektteile. Sie hatten separate Zugänge, und es gab eine Verbindung zwischen ihnen. Im sogenannten Innenring standen die Wohnhäuser, in denen die Politbüromitglieder lebten. Den Innenring durfte nur betreten, wer dort seinen Dienstsitz oder eine Aufgabe zu erfüllen hatte. Ihren Dienstsitz hatten dort die Hausangestellten sowie die Mitarbeiter der Verkaufsstelle und des Klubhauses, das heißt der Gastronomie. Alle anderen Mitarbeiter, die im Innenring irgendwelche Aufgaben zu erledigen hatten, wie beispielsweise Techniker oder Gärtner, durften nur mit einem speziellen Ausweissystem den Innenring betreten.

Auch die Kinder der führenden Repräsentanten im Innenring hatten Ausweise. Die mußten sie an der Wache zeigen, um hineingelassen zu werden. Sie kamen mit ihrem Privatfahrzeug, oder sie wurden abgeholt.

Besucher, die keine Ausweise hatten und die Bewohner des Innenringes besuchen wollten – zum Beispiel Wissenschaftler, Kulturschaffende, Künstler, Freunde, Bekannte, Kollegen –, wurden angemeldet.

Für uns im Außenring war das ein bißchen komplizierter. Wir arbeiteten ja nicht nur im Außenring, sondern wohnten auch dort, zumindest einige ständig benötigte Kräfte. Wir mußten unsere Besucher anmelden, aber wir mußten uns ganz genau überlegen – es war ja ein Objekt der Staatssicherheit und der Regierung –, wen wir einluden.

Auch wir hatten ein spezielles Ausweissystem, das zunächst nur für den Außenring galt. Viele Bewohner hier, wie beispielsweise meine Frau oder meine Kinder, haben den Innenring nie gesehen. Sie hatten nur für den Außenring Ausweispapiere.

Im Innenring standen dreiundzwanzig Wohnhäuser. Davon waren zwanzig Häuser in zweigeschossiger Bauweise errichtet, mit Erdgeschoß und erster Etage. Außerdem gab es drei Häuser in eingeschossiger Bauweise. Zwei Häuser waren in den Jahren nach 1975 gebaut worden, die übrigen 1960.

Das größte Haus bewohnte die Familie Stoph. Ich kann mich an die Zahl der Zimmer nicht mehr genau erinnern,

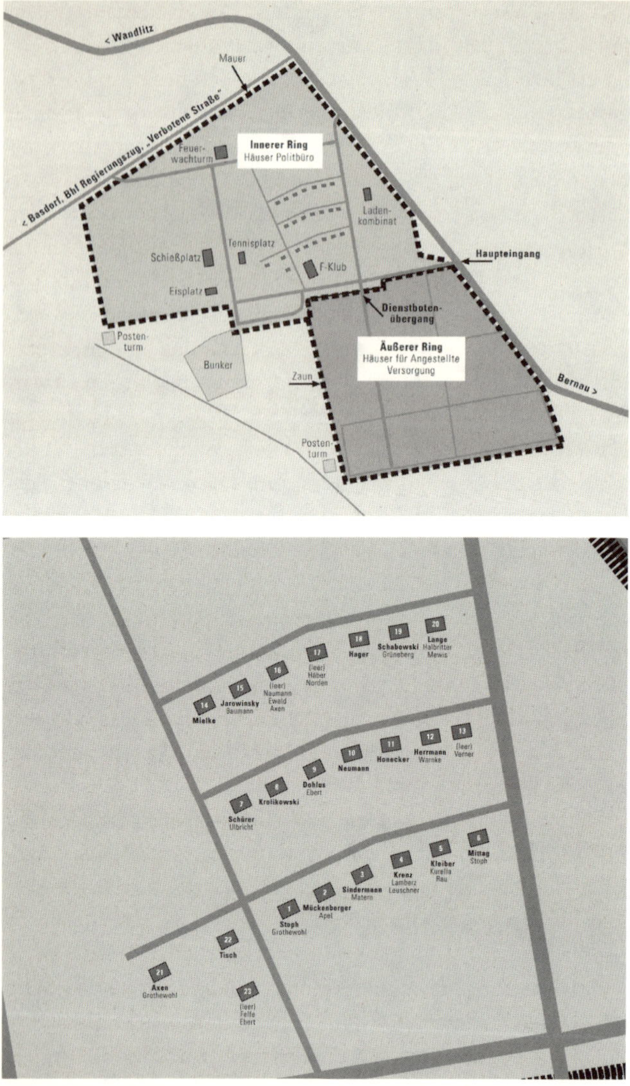

Lageplan der Waldsiedlung mit Innenring und Außenring sowie den Wohnhäusern

aber es waren bestimmt fünfzehn. In einem der kleinsten Häuser hingegen wohnte die Familie Honecker.

Die Bewohner des Innenringes, also die führenden Repräsentanten der DDR, wohnten generell zur Miete. Die Miete richtete sich nach der Größe des Hauses und stand in Relation zu den Mieten, die allgemein in der DDR üblich waren. Das größte und damit teuerste Haus kostete monatlich etwa 650 DDR-Mark. Man muß aber dazu sagen, daß die Häuser möbliert und für DDR-Verhältnisse mit allen technischen Raffinessen ausgestattet waren. Das war alles inklusive.

Im Außenring befanden sich neben den Wohnungen der Mitarbeiter, persönlichen Begleiter und Kraftfahrer sämtliche Verwaltungs- und technische Einrichtungen. Dazu gehörten die Kfz-Werkstatt, die Schlosserei, die Elektrowerkstatt, das Gewächshaus und vier Umspannstationen, die die Elektroversorgung sicherstellten. Wir hatten ein großes Wasserwerk und Abwasser-Pumpwerke. Es gab außerdem ein Dienstgebäude für die Nachrichtentruppe und die Verwaltung.

Alle Mitarbeiter in Wandlitz hatten generell ein militärisches Dienstverhältnis, und zwar innerhalb des Ministeriums für Staatssicherheit. Alle trugen militärische Dienstgrade. Ich selbst war dem Leiter der Hauptabteilung Personenschutz beim Ministerium direkt unterstellt. Ich hatte zu führen und zu leiten, zuletzt etwa sechshundert Mitarbeiter. Demzufolge stand ich ihnen als militärischer Vorgesetzter disziplinarisch vor und war für alles, was dort ablief, verantwortlich.

Aber auch wenn wir zur Abteilung Personenschutz gehörten, war die eigentliche Bewachung des Innen- und Außenrings nicht unsere Aufgabe. Der Wachdienst erfolgte durch das Wachregiment »Feliks Dzierżyński« und durch eine besondere Abteilung der Hauptabteilung Personenschutz des MfS, die mir nicht unterstand.

Unser eigentliches Aufgabengebiet bestand in der umfassenden Betreuung und Versorgung der Politbüromitglieder und deren Familien. Darüber hinaus waren wir für die ausländischen Gäste verantwortlich.

Wir hatten – natürlich im Rahmen des Personenschutzes – die gastronomische Versorgung sicherzustellen, Lebensmittel, Textilien und andere Güter des täglichen Bedarfs zu beschaffen. Wir kümmerten uns um Elektrotechnik, Wasserversorgung, Abwasserentsorgung, Bereitstellung von Fernsehempfang, Telefonleitungen – wobei die eigentliche Bereitstellung der Telefonverbindungen nicht uns, sondern der Hauptabteilung Nachrichten übertragen war. Brandschutz des gesamten Objektes gehörte dazu und viele andere Details. Eine besondere Rolle kam den Hausangestellten zu.

Zu Diensten in der Waldsiedlung

Das Politbüro zu betreuen – also 23 Familien – das war unsere Aufgabe, ohne Unterschied von Rang und Namen. Aber wie es so ist: Der Generalsekretär und Vorsitzende des Staatsrates Erich Honecker war natürlich gleicher als gleich und wurde auch entsprechend behandelt.

In der Waldsiedlung ging alles sehr diskret zu. Trotzdem kannten wir die Leute und ihre Gewohnheiten – alles lief unter größter Geheimhaltung, versteht sich. Wir wußten zum Beispiel, daß Frau Jarowinsky sehr gern den geistigen Getränken zusprach, ebenso Frau Neumann.

Im Prinzip haben die Familien nicht viel miteinander zu tun gehabt. Sie besuchten sich fast nie untereinander, auch nicht zu den Geburtstagen.

Die Geburtstage der Politbüromitglieder wurden im wesentlichen, wenn sie auf einen Wochentag fielen, in den jeweiligen Büros in Berlin abgewickelt. Fiel ein Geburtstag aber doch einmal auf das Wochenende, so trafen sich die Mitglieder des Politbüros zu einem bestimmten Zeitpunkt und gingen dann gemeinsam zu dem jeweiligen Jubilar, um zu gratulieren. Dort hielten sie sich maximal eine halbe

Das Gästehaus in Drewitz wurde von Erich Honecker für noble Jagdgesellschaften genutzt

Stunde auf, tranken ein Glas Sekt, aßen ein paar Schnittchen – und das war es dann.

Für uns Mitarbeiter gab es ein Klubhaus, den sogenannten Mitarbeiterklub im Außenring. Dort feierten wir zum Beispiel am 8. März den Internationalen Frauentag. Da kam das eine oder andere Politbüromitglied mit seiner Frau zu uns in den Mitarbeiterklub. Frau Kleiber, die DFD-Chefin organisierte die Feste, bei denen viele bekannte DDR-Künstler auftraten. Mir ist nicht bekannt, daß es im Innenring auch ähnliche Feste gab.

Es war absolut selbstverständlich, daß wir vom Außenring bei Anwesenheit der Familien in ihren Häusern nichts mehr zu suchen hatten. Sie wollten ja auch ihr Privatleben haben. Die Hausangestellten hingegen gehörten zum Teil beinahe zur Familie. Sie haben nicht nur geputzt, sondern auch gekocht, zum Beispiel bei Honeckers. Frau Stoph wiederum hat selbst gekocht. Aber all das wurde individuell geregelt.

Wenn die Kinder und gegebenenfalls auch Enkel mit im Haus wohnten, waren die Hausangestellten auch für sie zuständig. Schließlich konnte man ja nicht unterscheiden – die Hausangestellte ist verantwortlich für die Wäsche des Hausherren, aber für die der Familie nicht –, das geht nicht.

Wir Mitarbeiter hatten meist mit den Ehefrauen zu tun. Die Ehefrauen legten die Aufgaben fest, zum Beispiel, welche Renovierungs- oder Umbauarbeiten während des Urlaubs in ihrem Haus zu erledigen waren. Nur ganz, ganz selten kümmerten sich die Politbüromitglieder selbst darum.

Es gab eine Urlaubsplanung, die sich zwar ständig änderte, aber im Prinzip wußten wir bei den meisten, wann sie in den Urlaub fahren wollen. Wir mußten das auch rechtzeitig erfahren, um unsere Arbeiten vorzubereiten. Denn die Ehefrauen hatten sehr klare Vorstellungen von Renovierung oder Umgestaltung im Haus. Die Urlaubstage waren die einzige Zeit, in der wir in den Häusern etwas Umfangreicheres, wie technische Veränderungen oder große Reparaturen, vornehmen konnten.

Wir Mitarbeiter der Waldsiedlung waren eigentlich für alles im Einsatz, was den Lebensbereich, den Wohnbereich der Funktionäre und ihrer Familien betraf. Das reichte bis hin zum Zimmern von Kaninchenställen und zum Aufstellen von Schaukeln und anderen Spielgeräten in den Gärten der Häuser, wir bauten Sandkästen für die Enkel und so weiter und so fort.

Zur Weihnachtszeit haben wir die Tannenbäume in die Ständer eingefügt, geputzt, gestaltet und nach dem Fest wieder abtransportiert. Wir haben auch mal eine Modelleisenbahn zu Weihnachten gebaut, mit allem Drum und Dran, die dann ein Opa seinem Enkel geschenkt hat. Wir waren also im wesentlichen »Mädchen für alles«.

Auch die Einrichtung der Häuser des Innenrings gehörte zu unserem Aufgabenbereich. Denn sämtliche Möbel waren »Mietsache« und wurden von uns bereitgestellt. Deshalb mußten wir auch die Möbel und die gesamten Einrichtungsgegenstände je nach Bedarf erneuern.

Wir waren immer bemüht, erst einmal all das zu nutzen, was es in der DDR gab. Kühlschränke beispielsweise wurden nur im äußersten Ausnahmefall importiert, Waschmaschinen ebenfalls. Aber es gab natürlich auch Importe, zum Beispiel für Armaturen. Die Wasserhähne in der DDR bestanden nur aus Plaste und hatten wirklich kein Niveau.

Darüber hinaus hatte jede Familie natürlich ihre individuellen Dinge, ihre persönlichen Gegenstände. Bücher gehörten dazu, Kleidung oder Bettwäsche. Die mußten sie zwar selbst kaufen, aber das funktionierte sehr komfortabel für sie. Denn wenn irgend etwas gebraucht wurde, dann besorgten wir es.

Wünsche spielten in unserer Arbeit immer eine wichtige Rolle. Sie kamen gewissermaßen Befehlen gleich. Da gab es eine bestimmte Logik. Wenn die Mitglieder des Politbüros im westlichen Ausland weilten, sahen sie natürlich, wie sich dort der Lebensstandard entwickelte, und wollten ein solches Niveau auch für sich.

Da gab es eben irgendwann gewisse Festlegungen in Wandlitz. Zum Beispiel, daß unsere gastronomischen Kräfte, unsere Köche, kochen sollten wie in den westlichen Hilton-Hotels, was ihnen übrigens auch gelang. Unsere Gastronomen konnten die Repräsentanten manchmal bei ihren Reisen ins Ausland begleiten und haben dort natürlich viel gesehen und gelernt. Andererseits durfte in Wandlitz als Koch oder Servierkraft nur arbeiten, wer eine entsprechende, hochkarätige Ausbildung und Bildung vorzuweisen hatte. Da wurde gehobene Qualität gefordert.

Die Speisekarte reichte von der Hausmannskost bis zum Fünf-Gänge-Menü, wenn es notwendig war. Auch gesundheitliche Aspekte hat man immer berücksichtigt. Es gab vegetarische, diätetische und fettarme Kost.

Im Verlauf der Zeit wurde von den Köchen und Kellnern verlangt, daß sie – ohne fragen zu müssen – wußten, was gewünscht wurde. Das heißt, sie sollten die Eßgewohnheiten der einzelnen Leute kennen; beispielsweise daß der eine den Salat mit Dressing aß, der andere ohne. Lieblingsspeisen und Lieblingsgetränke mußten bekannt sein. Danach wurde dann auch der Speiseplan aufgestellt, oder es wurden Wünsche geäußert, was gekocht werden sollte.

Problematisch wurden mit den Jahren vor allem die immer weiter ausufernden Forderungen der Kinder der obersten Repräsentanten. Die wohnten nicht im Objekt, stellten aber den Anspruch, dazuzugehören. Sie kauften in der Verkaufsstelle ein und aßen im Klubhaus. Und ihre Bedürfnisse wurden immer ausgeprägter. Immer Neues, Besseres wollten sie. Für uns wurde es zunehmend schwierig, dem gerecht zu werden.

1989, gegen Ende der DDR, stellten wir dann fest, daß Kinder der Politbüromitglieder nicht nur für persönliche Zwecke in unserer Verkaufsstelle einkauften, sondern mit den Produkten auch schwunghaften Handel betrieben. Schließlich gab es bei uns Dinge, die es »draußen« nicht gab. Einige Sprößlinge prominenter Familien waren da ganz eifrig. Aber es gab auch andere, die immer sehr bescheiden auftraten.

Auch die Tankstelle, die zu unserem Objekt gehörte, wurde natürlich kräftig durch die Kinder genutzt, denn sie konnten dort kostenlos ihre Fahrzeuge betanken.

Außerdem waren wir für die Umzüge der Kinder verantwortlich, waren sie nun durch Studium, durch Arbeitswechsel oder wie auch immer bedingt. Wir renovierten die Wohnungen und richteten sie auch ein. Die Kinder und zum großen Teil auch die Enkelkinder haben die Vorteile voll ausgenutzt. Wir haben zum Beispiel die Umzüge von Honeckers Tochter Sonja gemacht, erst von Berlin-Lichtenberg nach Berlin-Mitte und dann noch einmal innerhalb von

Mitte. Alle übrigen Dinge haben zumeist Erich Honeckers persönliche Begleiter und Kraftfahrer übernommen. Die letzte Wohnung, erinnere ich mich, war unmittelbar an der ehemaligen Mauer. Sie herzurichten war enorm aufwendig. Diese Leistungen mußten jedoch von Sonja bezahlt werden.

Die Politbüromitglieder und ihre Familien verhielten sich uns gegenüber höchst unterschiedlich. Der eine ließ keinerlei Beziehungen aufkommen. Der andere anerkannte unsere Leistungen und Einsatzbereitschaft. Es kam auch vor, daß ein Maler nach Beendigung der Renovierung mal ein kleines Geschenk bekam, etwa eine Flasche Wein oder Sekt oder einer Schachtel Zigaretten. Darüber haben sich unsere Menschen gefreut, weil sie sonst kaum ein Dankeschön erhielten.

Zu Diensten – in den Gästehäusern

Es gab verschiedene Gästehäuser, in denen sich die Politbüromitglieder mit ihren Familien erholen konnten, zum Beispiel in Dölln.

Ich war persönlich einmal auf der Insel Vilm, außerhalb der Hauptsaison, um es einfach mal zu sehen. Es gab in der DDR das Gerücht, man hätte dort extra Sand anfahren lassen, damit der Strand ordentlich war. Ich glaube, daß auf der Insel Vilm von Natur aus ein vernünftiger Strand war. Ich kann das Gerücht aber weder bejahen noch verneinen.

Das Gästehaus in Drewitz war früher das Freizeitobjekt von Herrn Grüneberg, der bis zu seinem Tode Verantwortlicher für Landwirtschaft im Politbüro war. Es lag in einer wildreichen Gegend und bestand zunächst nur aus einem kleinen Holzgebäude. Es war Ausgangspunkt für einige Jagdgesellschaften, zu denen Herr Grüneberg unter anderem Honecker, Mittag und Mielke einlud.

Natürlich entsprach das Objekt nicht der Größe der Jagdgesellschaft. Also erhielten wir auf Betreiben von Herrn

Mielke die Aufgabe, entsprechende Firmen einzusetzen, um es zu einem ordentlichen Gästehaus umzubauen. So entstanden im oberen Bereich fünf Appartements, vier Appartements mit je zwei Räumen, ein Hauptappartement mit drei Räumen. Im Erdgeschoß befanden sich Küche und Speisesaal, im Keller Schwimmhalle, Sauna und Kinoraum.

Honecker hat 1987 bis 1989 seinen Urlaub mit der Familie immer in Drewitz verlebt. Er wurde dabei von allen persönlichen Begleitern, den technischen Kräften, Kraftfahrern, Wach- und Sicherungstruppen, und den gastronomischen Kräften begleitet. Sie waren während der gesamten Urlaubszeit anwesend und mußten natürlich irgendwo untergebracht werden. Also wurden bei solchen Objekten wie in Drewitz neben dem Hauptgebäude Unterkünfte für das Personal sowie technische Gebäude errichtet. Ein sehr hoher Aufwand!

Zu Zeiten der Nichtbelegung solcher Objekte wie Drewitz gab es dort auch kein Personal. Nur für die Zeit der Nutzung sind dann Kräfte aus dem Objekt Waldsiedlung überstellt worden, sowohl Kellner als auch Köche. Auch ein Schwimmmeister wurde dorthin beordert. Und wenn mal eine größere Feier stattfand, wurde noch eine zusätzliche Kraft geschickt.

Technische Dienste

Im August 1980 fiel in Wandlitz für fünfzehn Minuten der Strom aus. Ich war kurz zuvor erst als Leiter eingesetzt worden. Fünfzehn Minuten Stromausfall in einem Regierungsobjekt! Die Ursache war, daß im Umspannwerk in Bernau ein Marder in einen offenen Transformator gelaufen war. So was kommt schon hin und wieder vor, sagten mir die Leute von der Energieversorgung damals. Aber zusätzlich funktionierte bei uns im Objekt Waldsiedlung die Automatik für das Einschalten der Netzersatzanlagen nicht. Es dauerte demzufolge etwas länger, bis sie von Hand geschaltet waren.

Wie gesagt: fünfzehn Minuten. Und – wie's der Teufel will – genau in diesen Minuten kommt Herr Honecker von der Jagd nach Hause, und seine Gattin tritt ihm mit einer Kerze in der Hand entgegen. Nun war ihm an diesem Tag offensichtlich das Jagdglück nicht besonders hold gewesen – und damit war die Sache für uns gelaufen. Sofort wurde eine Kontrollgruppe des Ministeriums für Kohle und Energie ins Objekt beordert, um zu überprüfen, was los war. Nur der Tatsache, daß der Marder schuld war, haben wir es zu verdanken, daß keine Köpfe gerollt sind.

Die elektrotechnischen Anlagen wurden natürlich gleich noch einmal akribisch überprüft und auf den neuesten Stand gebracht, mit doppelter und dreifacher Absicherung. Wer sich in technischen Dingen ein wenig auskennt, weiß, daß es schier unmöglich ist, Strom- und Wasserversorgung doppelt und dreifach abzusichern, um zu garantieren, daß nichts passiert.

Ähnliche Probleme hatten wir mit dem Heizkraftwerk. In den siebziger Jahren gab es viele Ausfälle, einfach weil mal ein Kessel kaputt gegangen war. Damals lief das auf Kohlebasis, später wurde dann auf Öl umgestellt. Das Heizkraftwerk mußte dringend modernisiert werden, was in den achtziger Jahren auch geschah.

1980 errichteten wir auch eine sogenannte Energiebefehlsstelle für das Objekt Waldsiedlung. Das war ein technischer Dienst, der den gesamten Energiefluß, die gesamte Energieversorgung des Objektes über Monitore verfolgte, so wie es in einem kleinen Kraftwerk üblich ist. Wir schoben Dauerdienst rund um die Uhr, vierundzwanzig Stunden Schicht. Dazu gehörte die Überwachung der Energiebefehlsstelle, der Wasserversorgung und der Versorgung mit Fernsehen. Unsere große Antenne mußte überwacht werden, damit ständig der Fernsehempfang anlag. Wir haben all das von einem Ort aus durch entsprechende Monitore und Armaturen beobachtet.

In der Waldsiedlung konnten das Erste und Zweite Programm der DDR, N 3, ARD und ZDF empfangen werden sowie das sowjetische Fernsehen. Später wurde dann auch Sat 1 aufgeschaltet. Das waren die Sender, die über Antenne funktionierten.

Zwar hatten wir keine Satellitenempfangsstation, doch weil das sowjetische Fernsehen aus Moskau nur über Satellit übertragen wurde, wurde es dann extra für die Waldsiedlung in einer Kaserne der Sowjetarmee in Bernau transformiert und auf unsere Antenne geschickt.

Nach 1980 haben wir auch etliche Außenfirmen in der Waldsiedlung beschäftigt – nein, beschäftigen müssen, um die technischen Standards zu gewährleisten. Ein Großteil des Objekts war zwischen 1958 und 1960 errichtet und bezogen worden. Da gab es nach zwanzig Jahren natürlich viel instand zu setzen. Die Rohrleitungen beispielsweise waren von schlechter Qualität. Wir hatten unzählige Rohrbrüche zu beheben, immer wieder, sowohl bei der Warmwasserleitung als auch bei der Kaltwasserleitung.

Wenn nun ein Haus frei geworden war, haben wir versucht, die Häuser komplett zu sanieren, vor allem in technischer Hinsicht. Das konnten wir mit unseren wenigen Mitarbeitern gar nicht leisten, zumindest nicht in der kurzen Zeit, bis das Haus wieder bezogen werden sollte. Deshalb nahmen wir eine Fülle von vertrauenswürdigen Firmen unter Vertrag.

Es war für uns wie für jeden anderen Bereich der Volkswirtschaft in der DDR. Wir hatten unsere Pläne, die sogenannten materiell-technischen Pläne, die finanziellen Pläne und die Bauinvestitionspläne. Wer meint, daß wir jedes Jahr eine Fülle von Baumaßnahmen realisieren konnten, der irrt. Da gab es eine bestimmte Summe, und mehr war nicht möglich – auch wenn wir erheblich mehr zu bauen, zu reparieren, instand zu setzen gehabt hätten, als es uns mit diesen Mitteln möglich war.

Das Ladenkombinat

Die Verkaufsstelle im Innenring bestand aus einer Lebensmittel- und einer Textilabteilung, in der Damen-, Herren- und Kinderbekleidung, Wäsche, Haushaltswäsche, aber auch Kosmetik und haushaltschemische Artikel angeboten wurden. Im wesentlichen gab es da alle DDR-Produkte. Darüber hinaus wurden große Teile des sogenannten »Delikat«-Programms verkauft, jene exquisiten Artikel, die in der DDR primär für den Export produziert wurden.

Besonders beliebt aber waren die Importe aus dem Westen, sowohl bei Lebensmitteln als auch bei den Textilien. Kaffee, Schokolade und ähnliche Sachen, aber auch Obst und Gemüse – in der DDR gab es ja ständig Engpässe auf dem Gemüsemarkt – waren der absolute Renner. Aber bei den Grundnahrungsmitteln – ich meine Mehl, Brot, Butter und diese ganzen Dinge – entschied man sich doch immer für DDR-Produkte. Übrigens: Bananen und Apfelsinen gab es immer.

Die Verkaufsstelle war ein ebenerdiges Gebäude mit einigen größeren Räumen. Der Platz war jedoch begrenzt. Aber wenn es nach den Bedürfnissen gegangen wäre, hätte in der Waldsiedlung auch ein KaDeWe stehen können.

Deswegen bestand die Möglichkeit, per Katalog Westwaren zu bestellen. Das wurde besonders für technische Geräte, für Phonotechnik, Rundfunk- und Fernsehtechnik, und für Bekleidung viel genutzt.

Der eine machte mehr, der andere weniger davon Gebrauch. Herr Schabowski gehörte zu denjenigen, die da nicht gerade bescheiden waren.

Die Funktionäre und ihre Familien konnten aus sämtlichen Versandhauskatalogen der BRD, Quelle, Neckermann usw., bestellen. Die Bestellungen wurden dann von den Außenhandelsorganen der DDR realisiert.

Diese Artikel wurden mit Valuta im Westen eingekauft. Die finanziellen Mittel für die Einkäufe wurden vom Bereich

Kommerzielle Koordinierung bereitgestellt, jener Truppe um Schalck-Golodkowski.

Es ist vielleicht noch interessant, daß sämtliche Preise, die in der DDR üblich waren, auch in der Verkaufsstelle der Waldsiedlung galten. Die Konsumgüter aus dem Westen wurden auf der Grundlage einer gesetzlichen Festlegung aus dem Jahre 1966 mit 1:1,7 berechnet. Das heißt, für eine D-Mark wurden 1,7 Mark der DDR in Ansatz gebracht. Deshalb gingen übrigens die »Delikat«-Produkte in der Verkaufsstelle nicht so gut, denn die waren angesichts eines solchen Umtauschsatzes relativ teuer. Und warum Ostprodukte – auch wenn sie für den Export bestimmt sind – für viel Geld kaufen, wenn man Westprodukte für weniger Geld haben kann?

Der eigentliche Luxus in der Waldsiedlung ergab sich aus der Möglichkeit, andere Dinge kaufen zu können, als es dem normalen DDR-Bürger vergönnt war. Denn die Häuser an sich waren kein Luxus; zumindest waren sie nicht luxuriös ausgestattet – vor allem nicht, wenn man es von heute aus betrachtet. 1990, als zahlreiche Neugierige aus dem Westen sich die Waldsiedlung ansahen, hörte man oft den Satz: So wohnen bei uns die Prokuristen. Klar, die Häuser wurden um 1960 gebaut und entsprachen in Form und Zweck dem Stand von 1960 und nicht dem von 1990.

Familie Honecker

Erich Honecker und seine Frau waren korrekt, exakt, aber bis auf die sie unmittelbar Umgebenden doch relativ unnahbar. Ich habe mit Margot Honecker mitunter zu tun gehabt, wenn es sich um Aufgaben drehte, die das Haus betrafen. Dort war das eine oder andere umzugestalten, wobei das bei Honeckers normal zuging. Sie verlangten meist keine unmöglichen Dinge von uns, wie zum Beispiel das ganze Haus in einen Rohbau zu versetzen und völlig neu zu gestalten. So

Haus 11 der Waldsiedlung, hier wohnte Familie Honecker

was gab es bei ihnen nicht. Es wurde renoviert, es wurde mal das eine oder andere Polstermöbel neu bezogen oder auch mal ein Möbelstück neu beschafft. Honeckers waren relativ beständig. Es gab andere, die hätten sich, wenn das gegangen wäre, alle Jahre neu eingerichtet. Das war ja in der Miete enthalten.

Die Honeckers wohnten in einem Haus des kleinsten Typs. Im Erdgeschoß gab es einen Eingangsbereich, eine Küche, eine Gästetoilette, ein großes Wohnzimmer, ein Speisezimmer und ein Gästezimmer. In der ersten Etage befanden sich zwei Schlafzimmer, zwei Gästezimmer und ein großes Arbeitszimmer, in dem Erich und Margot ihre Schreibtische stehen hatten. Zum Haus gehörte ein Garten und ein Kellerbereich, in dem sich die technischen Einrichtungen befanden.

Das Arbeitszimmer war etwa drei mal acht Meter groß. Auf der einen Seite stand der Schreibtisch von Herrn Honecker, auf der anderen Seite der Schreibtisch von Frau Honecker. Sie saßen sich also quasi gegenüber. Und dazwischen war eine Sitzgruppe angeordnet, ein Fernseher und ringsum Bücher. Die Bücher waren persönliches Eigentum, um das wir uns nicht gekümmert haben.

Es gab im Haus auch ein kleines Zimmer, das als Massageraum eingerichtet war. Dort wurde Herr Honecker am Morgen von seiner Masseuse fit gemacht für den Tag. Dann frühstückte er. Sein »Kommando« – so nannten wir es – stand bereits vor der Tür. Wie die meisten Politbüromitglieder fuhr auch Honecker mit einem Fahrzeug ins Büro, in dem der Fahrer und der persönliche Begleiter saßen. Aber Herr Honecker hatte noch ein zusätzliches Begleitfahrzeug – also Hauptwagen und Begleitfahrzeug, so wie es heute auch üblich ist. Und die alle standen vor der Tür und warteten, bis er einstieg. Honecker ist immer ein sehr pünktlicher Mensch gewesen.

Bei Honeckers erledigten zwei Hausangestellte den Haushalt, mit allem, was dazu gehört. Sie putzten, organisierten, kochten. Margot Honecker war ja Ministerin für Volksbildung und hatte keine Zeit für solche Dinge. Die Haushälterinnen waren ein Privileg, das alle anderen werktätigen Frauen der DDR entbehren mußten. Auf die wartete nach der ersten Schicht im Betrieb noch die zweite Schicht zu Hause.

Jedenfalls gehörte die eine der beiden Hausangestellten so gut wie zur Familie. Sie hatte bereits Tochter Sonja als Kind betreut und war dadurch ganz nah dran. Das ist eine ganz normale Sache – meiner Meinung nach. Das gleiche kann man übrigens von Honeckers Physiotherapeutin sagen. Ich glaube, darüber war Frau Honecker nicht sehr froh.

Margot Honecker hat einmal gesagt, daß sie ihre Besorgungen selbständig in Berlin erledigte. Daran kann ich mich so nicht erinnern. Auch sie bekam sämtliche Produkte, also Speisen, Bekleidung, Haushaltsgegenstände und so weiter, ins Haus geliefert. Oder die Verkaufsstelle stellte das alles bereit. Es gab für Frau Honecker überhaupt keine Notwendigkeit, in Berlin irgend etwas einzukaufen.

Das hat sie auch nur getan, wenn es etwas Besonderes war, beispielsweise ein Geburtstagsgeschenk. Aber der gesamte normale tägliche Bedarf wurde ihr geliefert – und selbstverständlich von ihr bezahlt. Auch Bekleidung bestellte sie von zu Hause und bekam sie dorthin geliefert. Ich kann mich erinnern, daß Frau Honecker sehr großes Interesse an Pullovern hatte. Sie wollte chic aussehen. Lediglich an Sonnabenden, wenn die Verkaufsstelle geöffnet war, ging Frau Honecker mal gemeinsam mit dem Ehemann einkaufen.

Viele Wünsche der Familie Honecker wurden über Günter Mittag abgewickelt. Wir erfuhren nichts davon, aber wir merkten es natürlich. Ein Beispiel: Wir hatten im Rahmen der Möblierung aller Häuser für jedes Haus ein großes Farbfernsehgerät zu stellen. Honeckers wollten von uns keinerlei Fernseh- oder Rundfunkgeräte und ähnliches. Diese Geräte wurden durch Herrn Mittag beschafft, also über den Außenhandel.

Erich Honecker entspannte beim Jagen. Jeden Dienstag nach der Politbürositzung – vorausgesetzt er war in Berlin und hatte Zeit dafür – ging er auf Pirsch, meist begleitet von Günter Mittag. Ausgangspunkt war das Objekt Wildfang, ein altes Forsthaus. Dort zog er sich um und stieg auf sein Jagdfahrzeug. Meist wurde vom Fahrzeug aus geschossen. Anschließend wurde das Wild von den Mitarbeitern des Begleitkommandos eingesammelt und zur Försterei gebracht. Der Militärforstbetrieb war zuständig, der oberste Jagdverantwortliche hat das gesamte Wild bekommen und in den normalen Handel gebracht.

Die Trophäen jedoch bekam immer der Jäger. Die Außenwände des Wildfangs waren völlig mit Geweihen bestückt. Irgendwann gab es offensichtlich keinen Platz mehr, dann wurden die Garagenräume mit genutzt, um die Trophäen abzulegen.

Herr Honecker mochte das Objekt Wildfang, denn dort konnte er auch einmal für sich sein. Er konnte im See baden. Es gab ein Boots- und Badehaus. Er ist gern geschwommen

Honeckers Jagddomizil Wildfang

und tat es auch im Gästehaus Dölln; in der Schwimmhalle der Waldsiedlung tat er es aber nach meiner Erinnerung nicht. In »Wildfang« hat er, glaube ich, immer FKK gemacht. Das konnte er nur dort, wo er allein war.

Da waren unten zwei kleine Gästezimmer, ein Wohnzimmer, eine kleine Küche, ein kleines Bad und ein kleines Schlafzimmer. Im Obergeschoß gab es zwei Schlafräume. Das war alles. »Wildfang« war ein Spitzbau und wirklich sehr individuell. Ich weiß auch, daß in der speziellen Atmosphäre in Wildfang Vier-Augen-Gespräche mit einer ganzen Reihe von Persönlichkeiten des In- und Auslandes stattfanden.

Wenn Erich Honecker in Wildfang war – und dort war er fast immer ohne seine Frau – dann wurde meist auch seine Masseuse hingefahren.

Jene Masseuse – das ist ein eigenes Kapitel. Da gab es viele Gerüchte. Was wahr an ihnen ist, kann ich nicht genau sagen.

Ich weiß nur, daß nach außen nie sichtbar war, wie die Ehe zwischen Herrn und Frau Honecker funktionierte. Es gab keinen Anlaß zu denken, hier wäre etwas nicht in Ordnung. Es schien ein ordentliches Ehe- und Familienleben zu sein.

Sie hatten zwar getrennte Schlafzimmer – aber was bedeutet das? In den letzten Jahren war Herr Honecker jedoch sehr oft in Wildfang und Frau Honecker allein in Wandlitz. In einem Bericht wurde geschrieben, sowohl in Wildfang als auch im Bungalow der Masseuse wurden 1990 Videokassetten, auch Erotikkassetten, gefunden. Aber was kann man daraus schließen?

Herr Honecker interessierte sich sehr für Filme, Kinofilme. Im Flurbereich des Obergeschosses in Wandlitz bauten wir ihm eine Filmanlage ein, eine Leinwand zum Verschieben und eine entsprechende Filmapparatur. Herr Honecker mochte Tierfilme. Und er mochte auch leichte Filme, ich meine Erotikfilme.

Am Anfang stand da nur eine Acht-Millimeter-Apparatur. Später, gegen Mitte der achtziger Jahre, kam Video hinzu.

Im Gästehaus in Dölln gab es ebenfalls einen Filmvorführraum – Kinosaal konnte man dazu nicht sagen. Wenn Honecker in Dölln war, wurden die Filme gezeigt, die auch im Kino »draußen« liefen. Keiner vom Politbüro ging je ins öffentliche Kino, wenn es sich nicht gerade um eine Premierenveranstaltung handelte. Aber sie waren durchaus interessiert, den einen oder anderen Film zu sehen, sowohl DDR- als auch Auslandsproduktionen. Alles, was über den staatlichen Filmhandel zu besorgen war, wurde gezeigt, auch James-Bond-Filme.

Erich Mielke

Herr Mielke war ein sehr korrekter und pünktlicher Mensch. Gegen sechs Uhr früh ging er schwimmen, anschließend frühstückte er im Klubhaus, gegen sieben verließ er die Wald-

Gerd Schmidt mit seinem obersten Dienstherrn Erich Mielke anläßlich der Verleihung der Artur-Becker-Medaille, 1983

siedlung und fuhr in sein Büro. Abends war er einer der letzten, die zurückkamen.

Erich Mielke, der Minister für Staatssicherheit und unser oberster Dienstherr, verlangte von uns größte Sorgfalt. Er hatte kaum Verständnis, wenn dem einen oder anderen Mitarbeiter mal ein Fehler unterlief. Man mußte perfekt und exakt militärisch handeln. Er war uns gegenüber eben der Minister. Und keines der anderen Politbüromitglieder war für uns »der Minister«. Das hat er uns spüren lassen. Aber er war auch streng mit sich selbst und hat das, was er von anderen verlangt hat, anderen vorgelebt.

Auch von seinen Hausangestellten verlangte er ein sehr hohes Niveau, selbst wenn sie fast zur Familie gehörten. Wir haben uns ein bißchen darüber amüsiert, daß Frau Mielke die Hausangestellten dazu anhielt, täglich die Fensterbretter von außen zu säubern.

Am kompliziertesten für uns war Herr Stoph. Er war uns gegenüber sehr reserviert, sehr bestimmend, sehr fordernd und wirkte auf uns immer sehr überheblich und ignorant. Er duldete keinen Widerspruch. Wenn man ihm gute Gründe dargelegt hatte, daß etwas so, wie er sich das vorstellte, nicht ging, dann arbeitete er so lange daran, bis er beweisen konnte, daß es eben doch so ging. Also, Herr Stoph hatte immer Recht. Und er hat das auch weidlich genossen.

Von allen Politbüromitgliedern war Stoph derjenige – mit seiner Familie –, der uns am meisten Aufwand gekostet hat. Sowohl materiell und finanziell als auch im persönlichen Einsatz. Zum Beispiel pflegte Stoph verschiedene Urlaubsobjekte zu belegen. So war er in Bad Saarow, dem späteren Objekt der NVA; auch Schloß »Hubertusstock« hat er genutzt. All diese Objekte waren ihm jedoch nicht gut genug. Weil auch Stoph ein leidenschaftlicher Jäger war, mußte man also im Jahre 1970 beginnen, das Objekt Birkenheide zu errichten, wo er sich bis zuletzt fast ständig aufgehalten hat. Dieses Objekt war das größte der sogenannten Freizeitobjekte.

Ende der siebziger Jahre entdeckte Stoph sein Interesse für die Landwirtschaft. Wir haben immer scherzhaft gesagt, er wolle der gesamten Landwirtschaft der DDR beweisen, was geht und wie es besser zu machen ist. In Birkenheide wurden eine Reihe von Gewächshäusern errichtet und große Freilandflächen bearbeitet – natürlich durch uns –, und er hat die Oberaufsicht geführt. Das war seine Freizeitbeschäftigung, aber wir mußten es realisieren.

Ich erinnere mich daran, daß die vielen Obstbäume, die dort standen, selbstverständlich von unseren Mitarbeitern – eigentlich keine Aufgabe für Personenschützer – abgeerntet werden mußten. Das Obst wurde konserviert, zum großen Teil durch Einkochen oder Einfrosten. Das mußten alles unsere Köche machen. So viel Personal war gar nicht für Herrn Stoph vorgesehen, aber es half nichts.

Willi Stophs Landsitz im Naturschutzgebiet Birkenheide

In Birkenheide standen zwei Wohngebäude, teils massiv, teils aus Fertigteilen, wo die gesamte Familie Stoph einschließlich Eltern und Schwiegereltern unterkommen konnte, ein riesengroßes Gelände, technisch auf das beste ausgestattet.

Stoph war extrem mißtrauisch. In Birkenheide wurden die Köche gewechselt wie die Hemden, weil er mit keinem zufrieden war. Wenn frische Salate zum Abend angerichtet werden sollten, mußten unsere Köche das Wunder vollbringen, den frischen Salat sofort fertigzustellen und zu servieren. Es durfte nichts vorgekühlt werden – eine schier unmögliche Aufgabe bei der großen Auswahl, die verlangt wurde.

Man kann sagen, daß Stoph nahm, wo er nur konnte, auch wenn er zu den ihn befragenden Staatsanwälten im Jahr 1990 gesagt hat, er habe das alles gar nicht haben wollen, das hätte man ihm aufgedrängt.

Günter Mittag

Für Günter Mittag als Sekretär für Wirtschaft war nichts unmöglich, weder vom Finanziellen noch vom Aufwand her. Das hat er dem Erich Honecker auch gezeigt. Er hat sich unentbehrlich gemacht. Wenn Erich Honecker etwas brauchte oder wollte – Günter Mittag hat es besorgt.

Manchmal hatte ich das Gefühl, daß Günter Mittag vieles, was in der DDR lief, dem Generalsekretär eingeflüstert hat. Deswegen fand ich Mittags Haltung 1989, als es darum ging, Erich Honecker abzusetzen, mehr als schäbig. Familie Mittag hat sich uns gegenüber immer sehr reserviert verhalten. Sie brauchten uns ja nicht unbedingt – für viele Dinge zumindest nicht. Günter Mittag hatte zum Beispiel sein gesamtes Haus umgestalten lassen durch uns, ohne daß wir die Artikel und die Einrichtung und die Tapeten usw. bereitstellen mußten. Die wurden uns geliefert. Wir bezahlten keinen Pfennig dafür. Diese Dinge hat er sich alle selbst im Westen besorgt. Übrigens, die Videofilme für Herrn Honecker – die hat wohl auch Herr Mittag besorgt.

Kurt Hager

Hager war im Politbüro für Volksbildung und Kultur verantwortlich. Vorgesetzter von Margot Honecker aber war er in diesem Sinne nicht. Margot Honecker hatte keine Vorgesetzten außer Erich Honecker. Mit anderen Worten: Sie hat sich von Kurt Hager nicht das geringste sagen lassen.

Kurt Hager sagte 1989 einmal, sie hätten in all den Jahren in der Waldsiedlung wie in einem Ghetto gelebt. Ich persönlich habe das damals nicht verstanden und verstehe es heute noch nicht.

Wenn es für ihn ein Ghetto gewesen ist, dann hätte er dem Beschluß zur Errichtung des Objektes Waldsiedlung 1960 ja nicht zustimmen müssen. Und wenn es mit der Zeit ein

Ghetto geworden ist, dann hätten sie es auflösen müssen. Die Macht lag ja bei ihnen. Wir haben uns, deutlich gesagt, ein Bein ausgerissen, um unsere Aufgaben zu erfüllen. Und dann sagt Herr Hager: Wir haben hier ständig in einem Ghetto gelebt. Das ist eine miese Heuchelei, genau wie mit vielen anderen Dingen. In der Wendezeit taten die Politbüromitglieder so, als wüßten sie nichts über Preisfestlegungen in Wandlitz und in der DDR. Aber wer, wenn nicht sie, hätte es wissen sollen? Alle maßgeblichen Leute der Wirtschaft haben in der Waldsiedlung gewohnt, der Vorsitzende der Staatlichen Plankommission, der Vorsitzende des Staatsrates, der Vorsitzende des Ministerrates usw. Und wenn ihnen die Preissituation nicht recht gewesen wäre, hätten sie sie durch einen Beschluß, durch ein Gesetz oder durch einen Befehl sofort ändern können.

Andere Bewohner und Nichtbewohner

Es wohnten nicht alle Politbüromitglieder in der Waldsiedlung. Es gab auch eine ganze Reihe, die in den Bezirken wohnten, in Karl-Marx-Stadt, Erfurt, Halle und Cottbus. Da sie aber Politbüromitglieder waren, nutzten sie selbstverständlich die Einrichtungen der Waldsiedlung.

In der Waldsiedlung lebten auch solche Menschen wie Erich Mückenberger, ein sehr bescheidener Mann. Er und seine Familie gehörten zu den bescheidensten Personen, neben den Sindermanns, Kleibers, Hagers und der Familie Krenz.

Frau Sindermann etwa war sehr bedacht auf gutsituiertes, gutbürgerliches, nettes Verhalten – vielleicht auch ein bißchen provinziell. Familie Sindermann hat sich auch mal zu einem Dank verpflichtet gefühlt, was man von Herrn Stoph nicht behaupten kann.

Konrad Naumann, der 1. Sekretär der SED-Bezirksleitung in Berlin, wohnte auch einmal kurz im Innenring der Waldsiedlung. Als er 1985 abgesetzt wurde und ausziehen mußte, haben wir ihm ein Haus in Karlshorst vorbereitet. Dort hat er gewohnt, bis er dann nach Potsdam gezogen ist. Seine Gattin, die Schauspielerin Vera Oelschlegel, hat sich sehr schnell in der Waldsiedlung eingerichtet. Sie wußte ganz genau, was sie wollte und was sie von uns erwartete. Sie hatte einen weißen Lada und kam mehrfach in unsere Kfz-Werkstatt. Einmal sagte sie: Das Auto zieht bei 140 nicht mehr. In der DDR durften maximal 100 Stundenkilometer gefahren werden.

Ansonsten hat sie intensiv gearbeitet – was man nicht von allen Frauen der Politbüromitglieder sagen kann. Einige Frauen waren eben Hausfrauen. Und Vera Oelschlegel war Werktätige, worauf sie großen Wert legte.

Honeckers Koch: Jürgen Krause

Jürgen Krause wird am 10. März 1944 in Deetz (Brandenburg) geboren, die Eltern sind Landwirte. Von 1958 bis 1961 macht Krause eine Kochlehre im Hotel »Elephant« in Weimar, 1962 wechselt er zum Wachregiment »Feliks Dzierżyński«. 1964 wird er Koch in Wandlitz, seit Ende der sechziger Jahre persönlicher Koch bei Honeckers. Nach einer Auseinandersetzung mit einem Funktionär wird er innerhalb der Waldsiedlung versetzt. Nach 1989 ist er in verschiedenen gastronomischen Einrichtungen als Ausbilder für Köche tätig; seit 2003 Invalidenrentner.

Zukunftsträchtige Begegnungen im »Elephant«

1958 begann ich meine Lehre im Hotel »Elephant« in Weimar. Das war damals eines der schönsten Hotels der DDR. Dort machte ich das erste Mal Bekanntschaft mit Leuten, die in der Waldsiedlung Wandlitz wohnten. Das heißt, ich wußte natürlich nicht, wo sie genau wohnten, ich wußte nur, daß sie aus Berlin waren. Dazu gehörte unter anderem Walter Ulbricht.

Als angekündigt wurde, daß Ulbricht kommt, liefen die Vorbereitungen im Hotel chaotisch, teuer und verrückt, zuerst ging alles drunter und drüber, bis wir alle begriffen hatten, wer da kommt. Der Aufwand war immens. Im letzten Moment kam dann noch ein Team aus Berlin hinzu, ein Koch und ein Kellner, die festlegten, was Ulbricht bekam und was nicht.

Ich wurde als Lehrling eingesetzt und war für das Frühstück des obersten Repräsentanten verantwortlich. Ich freute mich darüber, obwohl ich natürlich auch Angst hatte, denn mir wurde gesagt, daß er frühmorgens Omelettsoufflé aß. Und Omelettsoufflé bedeutet immer Risiko. Die einfache Art der Zubereitung war mir als Lehrling noch nicht so geläufig, so daß ich einen Riesenaufwand betrieben habe. Ich bereitete das praktisch dreimal vor, damit ich gleich das nächste machen konnte, wenn eins nicht gelang. Aber zum Glück hat es gleich beim ersten Mal geklappt, und ich war sehr stolz darauf. Ich war damals 15 Jahre alt.

Ich beendete dann meine Ausbildung und ging zur Armee nach Berlin. Dort wurde ich angesprochen, ob ich nicht Lust hätte, einen Job als Koch bei der Regierung zu übernehmen. Meine Lehrergebnisse waren bestens, mein Durchschnitt lag bei 1,0. Da war man auf mich aufmerksam geworden, weil man meinte, ich wäre brauchbar.

So kam ich 1964 bereits nach Wandlitz in die Waldsiedlung und wurde dort sofort im Funktionärsklub eingesetzt, im Innenring. Man muß wissen, daß es in der Waldsiedlung von Anfang an zwei Klubs gab. Der eine war der Funktionärsklub, kurz F-Klub genannt, der andere war der Mitarbeiterklub im Außenring. Ich kam gleich in den Funktionärsklub, weil der damalige Küchenchef, Horst Oszinski, bestrebt war, junge Leute heranzuziehen, zu fördern und kontinuierlich auf die kommenden Aufgaben vorzubereiten. Es war für mich eine Riesenehre, dort einen Job zu bekommen. Ich habe für die Politbüromitglieder sowohl in der Waldsiedlung als auch in den Freizeitobjekten, in Dölln, Drewitz, Hubertusstock und anderen, gekocht.

Ich wohnte anfänglich in einem Ledigenwohnheim in Berlin und fuhr jeden Tag mit dem Bus nach Wandlitz. Ich habe mich dort voll rein gekniet und habe als Jungkoch von Anfang an sehr verantwortungsvolle Aufgaben zu erfüllen gehabt.

Besonders beeindruckt hat mich die Beerdigungsfeierlichkeit für Otto Grotewohl. Alle kamen dorthin, auch die Presse.

Der Funktionärsklub von Wandlitz mit Restaurant und Schwimmbad

Das war übrigens die einzige Trauerfeier, die in der Waldsiedlung stattfand, und zwar im Kinosaal. Ansonsten fanden die offiziellen Staatsbegräbnisse in Berlin statt. Wir hatten einen Imbiß für diesen Tag präpariert. Dazu gehörten auch warme Gerichte, vor allem aber handelte es sich um kalte Speisen, Kanapees usw. Auch Kuchen gab es. An Getränken ging vor allem Wasser. Gerade die Leute von der Presse tranken gern Wasser und schoben sich schnell mal ein Kanapee rein. Die hatten meist keine Zeit. Das war für mich schon ein Erlebnis als junger Koch, für all die Leute zu sorgen.

Die Anfänge in der Waldsiedlung waren sehr bescheiden. Damals, als ich als Koch begann, gab es kaum ein Produkt aus dem westlichen Ausland. Fast alle Produkte, die wir verarbeiteten, kamen aus der DDR und den sozialistischen Ländern. Das waren natürlich nur die Spitzenprodukte, die in der DDR »Bückware«, also nur schwer zu bekommen waren. Salami aus Ungarn beispielsweise. Dazu gehörten aber auch unsere eigenen Spitzenbiere, vom »Radeberger« bis zum »Wernesgrüner«. Deswegen konnten auch wir Mitarbeiter öfter mal ein richtig gutes Bier trinken. Ich selbst war kein Biertrinker, aber die, die Bier mochten, hatten es gut.

Bei jedem Koch kristallisierte sich im Lauf der Zeit eine bestimmte Eigenart heraus. Da ich aus Thüringen kam, lag mir natürlich die Bratwurst am Herzen, wie überhaupt alles, was über offenem Feuer zubereitet wurde. So avancierte ich ganz allmählich zum Spezialisten für die Jagd; mein Revier reichte von der Bratwurst über andere Gerichte vom Grill bis hin zum Schwein am Spieß. Und nicht zu vergessen: die Kesselsuppen!

Ich hatte einen Dreibock von unseren Handwerkern gebaut bekommen, da hängten wir einen großen Topf rein, und ich kochte beispielsweise eine schöne Gulaschsuppe mit Rotwein. Dazu gab es Grog oder Punsch.

Manchmal wurden Spieße aus Holz geschnitzt, darauf steckten wir Würstchen. Die konnten sich die Gäste dann über dem Lagerfeuer selbst garen. Ich erinnere mich, daß Herr

Honecker und Herr Breschnew an solch einem Jagdausflug teilnahmen. So lernte ich natürlich alle Jäger des Politbüros kennen.

Apel, Grüneberg, Mittag, Kleiber

Die Jagdspezialisten der Waldsiedlung waren Herr Grüneberg, Herr Apel, Herr Mittag und Herr Sindermann. Der größte aller Jäger aber war Herr Honecker. Alle außer ihm aßen das, was sie geschossen haben. Honecker hat gar nichts gegessen, was aus dem Wald stammte, weder Pilze noch Wild. Er mochte auch keinen Fisch, bis auf marinierten Hering nach Hausfrauenart. Da hat er sogar Zwiebeln in Kauf genommen, die er sonst auch nie aß.

Die Jagd interessierte mich immer mehr. Das erste Mal kam ich übrigens damit in Berührung, als ich mit Herrn Grüneberg auf die Datsche gefahren bin. Dorthin hatte er die Förster eingeladen und feierte Jagdabschluß. Ich bereitete einen Erbseneintopf mit Knacker, Bockwurst oder Kaßler zu. Dann entfachte ich den Grill für Bratwürste und Steaks. Außerdem gab es einen Metallräucherofen, wo ich die Fische räucherte, die die Jagdgesellschaft gefangen hatte. Da hingen dann Karpfen, gespickter Hecht und gefüllte Plötzen. Herrn Grüneberg gefiel das wahrscheinlich so gut, daß ich bei ihm in der Folgezeit Stammkoch wurde. Ich war also immer bei ihm, wenn er auf die Datsche fuhr.

Ich lernte in dieser Zeit Bewohner kennen, die heute kaum mehr bekannt sind, wie zum Beispiel Erich Apel. Herr Apel war leidenschaftlicher Jäger, und so kochte ich oft für ihn und für die anderen Jäger, die mit ihm zusammen loszogen. Das waren Günter Mittag und Gerhard Grüneberg. Dieses Dreigestirn von Jägern saß oft im Klub zusammen, aß und trank ausgiebig. Beim Trinken galt die unausgesprochene Regel, daß Koch und Kellner mit trinken mußten. Wir wurden zum Anstoßen animiert.

Spezialist für rustikales Wildbret: ganz rechts Jürgen Krause

Beim Essen haben sie mir meist überlassen, was es gab. Sie waren nicht extravagant und forderten keine tollen Menüs. Manchmal allerdings äußerten sie bestimmte Wünsche. Herr Mittag mochte leidenschaftlich gern Kopfsalat, angerichtet nur mit Speck. Ich mußte den Kopfsalat marinieren und den Speck anbraten, durch ein Sieb kippen und dann die Grieben über den Kopfsalat streuen. Jedes Mal, wenn er bei mir war, bestellte er diesen Salat.

Alle drei aßen gern Kotelett, nach Möglichkeit ein 300-Gramm-Kotelett ohne Fett. Es sollte scharf gebraten, aber innen noch saftig sein. Das aßen sie ohne Beilagen, einfach so. Nur, wie gesagt, etwas Kopfsalat dazu oder Brot.

Als bei Herrn Mittag Diabetes festgestellt wurde, waren einige Umstellungen notwendig. Er aß zum Beispiel gern selbstgemachtes Eis-Sorbet. Das herzustellen war damals bei uns recht kompliziert. Wir bekamen also eine Bosch-Eismaschine, und damit wurde für Günter Mittag extra Eis zubereitet, zuckerfrei. Als er dann keinen Alkohol mehr trinken durfte, trank er alle alkoholfreien Getränke. Dazu gehörte auch unser berühmtes »Aubi«. Das war das erste alkoholfreie

Bier der DDR. Viele haben die Nase gerümpft, aber wer alkoholfreies Bier trinken mußte, der fand darin einen Hochgenuß. Clausthaler gab es ja damals nicht.

Herr Grüneberg speiste gern deftig und fett. Der bestellte sich, wenn er bei uns im Klub war, auch mal ein Eisbein oder einen kräftigen Entenbraten. Oder wir lieferten ihm das in sein Wohnhaus.

Mit Herrn Grüneberg spielten wir oft Schieberamsch auf seiner Hütte. Schieberamsch ist reine Glücksache. Einmal hatte ich Glück, ich war der Beste. Das ärgerte Herrn Grüneberg gewaltig. Da schummelte er gemeinsam mit dem Ewald, und ich bekam ein selten schlechtes Blatt und dann natürlich von den beiden ein »Kontra« und »Re« und so weiter. Das Spiel verlor ich haushoch. Danach war ich der Schlechteste. Da war die Welt wieder in Ordnung für Herrn Grüneberg. Er gab eine Flasche Kognak aus und freute sich.

Aber meist überwog der Spaß, vor allem beim Skat. Bloß wenn es um Schieberamsch ging, da war mit ihm nicht zu spaßen – auch beim Bierlachs nicht. Beim Bierlachs wurde Schieberamsch gespielt, und wenn jemand soundso viele Minuspunkte erreichte, mußte er Kognak für alle ausgeben. Da kam ganz schön was zusammen, denn ich hatte nur »Edel«, eine teure Sorte aus dem Osten. Ich kriegte ja den billigeren Kognak aus dem Westen nicht, den die Funktionäre kaufen konnten. Das kostete mich mehr, wenn ich verlor, als es Herrn Grüneberg gekostet hätte – und das, obwohl der viel mehr Geld verdiente als ich. Warum der Westkognak billiger war als der von uns, weiß ich nicht. Da müßte man mal die Verantwortlichen fragen.

Irgendwann habe ich das nicht mehr eingesehen und laut kritisiert. Plötzlich erhielt ich die Genehmigung, den gleichen Kognak zu kaufen wie Herr Grüneberg. »Winkelhausen 1846« war das, und der kostete entschieden weniger als der »Edel«.

Günter Mittag war ein sehr freundlicher und umgänglicher

Gesellig: mit Günther Kleiber und Ehefrau

Mensch. Er hat viel Verständnis für uns gehabt. Er stellte sich auch oft schützend vor uns. Mittag erlebte Höhen und Tiefen in der politischen Entwicklung. Bei Walter Ulbricht war er ganz oben, und dann war er für kurze Zeit mal so gut wie weg vom Fenster. Dann tauchte er wieder aus der Versenkung auf. Ich glaube, Günter Mittag machte sich beim Honecker wieder einen Namen, weil er mit zur Jagd ging. Es gab kaum eine Jagd, wo er nicht dabei war.

Günter Mittag trug kräftig dazu bei, daß wir viele Produkte bekamen, die wir uns sonst nicht hätten erträumen können. Er besorgte die Sachen über Kanäle, von denen ich erst nach der Wende erfuhr, zum Beispiel über Schalck-Golodkowski. Den kannte ich vor der Wende gar nicht, ich hatte noch nicht einmal den Namen gehört.

Herr und Frau Mittag waren sehr freundlich, sehr lebenslustig. Wenn es Veranstaltungen oder Feiern im Mitarbeiterklub gab, kam sie oft vorbei. Er holte sie dann, wenn er von seiner Arbeit kam, dort ab. Das hieß auch, daß sie eine Weile mitfeierten. Auch Herr Kleiber feierte immer mal mit, denn seine Frau war in der Waldsiedlung die DFD-Chefin. Sie organisierte viel, war sehr rührig und eine gute Köchin! Von ihr habe ich noch heute ein paar Backrezepte.

Lamberz, Hager, Mückenberger und andere

Ich lernte auch Werner Lamberz, bevor er verunglückte, noch persönlich kennen. Herr Lamberz war ein sehr netter, umgänglicher Mensch. Mit ihm konnte man immer reden, mit seiner Gattin genauso. Sie hatten kaum Sonderwünsche. Die aßen das, was auf der Speisekarte stand, im Gegensatz zu vielen anderen, die immer spezielle Wünsche hatten, nicht nach unserer Speisekarte, sondern nach eigenem Appetit bestellten .

Unter den Funktionären gab es Leute, die ein bißchen miteinander verkehrten, und dann gab es absolute Einzelgänger. Zum Beispiel Familie Hager – die pflegte zu niemandem Kontakt.

Andere, wie Frau Mückenberger, Frau Mittag, Frau Kleiber, Frau Lamberz, aber auch deren Männer, gehörten zu dem Kreis, der ständig in den Mitarbeiterklub kam.

Besonders Frau Kleiber bemühte sich. Sie wollte auch die Kontakte zwischen den Frauen im Innen- und im Außenring aufbauen. Da gab es das DFD-Schwimmen oder den Kochzirkel. Den Kochzirkel habe ich durchgeführt. Mein Assistent war der Schwimmeister, der Herr Grotsch. Da war der Saal immer voll. Die Männer holten ihre Frauen ab, und dann veranstalteten wir meistens noch ein bißchen Tanz hinterher; wir rückten einfach Tische und Stühle beiseite, und dann ging es los. Herr Grotsch verkaufte die Getränke dazu. Wir hoben die Preise ein wenig an und spendeten den Überschuß dem DFD. Die Frauen zählten das aus und freuten sich jedes Mal: »Oh, jetzt haben wir eine tolle Soli-Spende«.

Es gab ja auch Versammlungen im Mitarbeiterklub, wo die Chefs mal ein Referat für uns hielten. Das war für uns ungewohnt, daß die sich ohne Zettel hinstellten und loslegten. Das kannten wir aus dem Fernsehen so nicht. Herr Sindermann beispielsweise zog in einer Versammlung mal zwei Stunden frei vom Leder. Das war schon erstaunlich.

Also, das soziale Verhalten unterschied sich von Mensch zu Mensch. Am Wochenende verzogen sich alle in ihre Datschen, sie wollten ihre Ruhe haben. Wir verstanden das gut, immerhin hatten sie ja die ganze Woche sehr viel zu tun und standen im Rampenlicht. Wir waren am Wochenende ja auch froh, uns mal zurückziehen zu können – wenn wir es konnten! Das ist doch eine ganz natürliche Reaktion: Wenn man eine Woche lang im Betrieb ist, dann will man am Wochenende nicht die ganzen Kollegen und den ganzen Kram um sich haben, oder?

Mielkes Hefeklöße

Meine ersten Hefeklöße als junger Koch fabrizierte ich auf Bestellung von Haus 14, wo Minister Mielke mit seiner Familie wohnte. Ich bekam von seiner Frau den Wunsch übermittelt, sieben Hefeklöße zu machen. Da es kein Pfanni-Pulver und so etwas Vorgefertigtes gab, war Handarbeit angesagt.

Ich gab mir große Mühe, formte die Hefeklöße ungefähr faustgroß und ließ sie gehen. Danach hatten sie schon eine beachtliche Größe erreicht. Dann setzte ich sie auf ein Gitter in der Kippbratpfanne, um sie darin zu dämpfen. Einen Konvektomaten oder ähnliches hatten wir damals nicht. Unsere Technik damals setzte sich zusammen aus Kippbratpfanne, Herd, Röhre. Diese modernen Kochgeräte, die man heute hat, gab es noch nicht.

Als ich den Deckel der Kipppfanne öffnete, lagen plötzlich riesige Hefeklöße darin. Ich überlegte: Sieben Stück hat sie bestellt, was mache ich jetzt? Rein mengenmäßig lagen da vierzehn drin.

Jetzt habe ich Gefäße gesucht – doch natürlich fand ich für

solche Riesendinger keine passenden. Aber wir hatten noch Silberassietten, die waren für vier und fünf Portionen ausgelegt. Da habe ich sieben solcher Silberassietten genommen, habe in jede einen Kloß hineingetan und Blaubeeren dazugegeben.

Zunächst kam keine Reaktion aus Haus 14. Aber ein paar Wochen später bestellte Frau Mielke wieder Hefeklöße. Sie sagte: »Genosse Krause, wir möchten gern wieder Hefeklöße essen, aber wenn Sie die wieder in der Größe wie das letzte Mal machen, dann reicht uns einer. Wir haben die ganze Woche noch davon gesessen.« Sie meinte dann noch, daß die Klöße wunderbar und schön locker waren.

Herr Mielke war unser Vorgesetzter. Wir gehörten alle zum Personenschutz, und er war unser oberster Chef. Er hatte ein unheimliches Personengedächtnis. Er sprach jeden von uns mit dem Namen an. Meistens sagte er »mein Junge«.

Er war sehr rechthaberisch. Ein Beispiel: Ich bin absolut kein Biertrinker und kann auch nicht richtig einschätzen, ob ein Bier gut ist oder nicht. Jedenfalls feierte Mielke Geburtstag oder irgendwas in seinem Haus in der Waldsiedlung. Er bekam zwei kleine Holzfässer Bier geliefert, aber ohne Beschriftung. Eines war mit »Radeberger«, das andere mit »Wernesgrüner« gefüllt. Die Männer fingen an, miteinander zu streiten, in welchem Faß welches Bier war. Ich war derweil in der Küche. Plötzlich riefen sie mich. Mielke: »Komm mal her mein Junge, du hast doch Geschmack als Koch. Koste mal, und sage uns, was welches Bier ist.« Ich kostete: »So wie ich das einschätze, ist dieses das ›Radeberger‹ und jenes das ›Wernesgrüner‹.« Ich tat das auf gut Glück. Zufälligerweise entsprach das dem, was Mielke behauptet hatte. Da war ich plötzlich der Größte. Er meinte: »Seht ihr, ihr habt eben keinen Geschmack.« Hätte ich das andersherum gesagt, wer weiß, was dann passiert wäre.

Ich hatte auch die Gelegenheit, ihn in den Urlaub zu begleiten, nach Moskau. Er fuhr weiter – ich glaube ans Meer –, und wir fuhren von Moskau wieder zurück – mit dem Salonwagen.

Wir waren schon auf dem Ostbahnhof mächtig verspätet, weil der Kurswagen aus Paris nicht rechtzeitig da war und wir auf ihn warten mußten. Das Mittagessen, das es vor Warschau geben sollte, das haben Mielke und seine Leute auf dem Ostbahnhof bekommen. Er war sich aber sicher, daß die Verspätung in der Sowjetunion wieder aufgeholt würde. Das klappte jedoch nicht.

Ich ging zu ihm und sagte: »Genosse Minister, wir kommen einen Tag später an und müssen ja dann gleich wieder zurück. Da haben wir leider keine Zeit, uns unsere Lieblingsstadt Moskau anzusehen. Schade.« Er erwidert knapp, aber bestimmt: »Dann bleibt ihr eben zwei Tage da.« So war er eben; er legte es fest, und wir blieben zwei Tage da. Das war natürlich schön.

Mielke war Frühaufsteher, er ging gegen sechs Uhr schon in die Schwimmhalle und frühstückte gegen sieben Uhr. Da aß er, neben Brötchen mit Aufschnitt oder Marmelade, immer ein gekochtes Ei im Näpfchen – Ei im Glas nennt man das auch. Einmal erzählte der Koch, der für das Frühstück verantwortlich war, daß er Rührei vorbereitet hatte. Er wollte Mielke mal was Gutes tun und ihm etwas anderes anbieten. Doch Mielke wollte Ei im Glas. Als der Kellner dem Koch das sagte, meinte der: »So eine Scheiße, ich habe ihm ein Rührei fertig gemacht.« Mielke hörte das durch die Tür und rief von draußen laut: »Dann laß es mal, mein Junge, ich esse auch das Rührei.«

Sonst kenne ich Mielke eigentlich nur von kalten Buffets, wenn er seine Reden gehalten hat oder so. Da war er sehr dominant.

Die Speise- und Getränkekarte für den Innenring

Die Getränkekarte wurde einmal im Jahr erstellt und dann gedruckt. Die Vorschläge für die Getränke machte der leitende Kellner. Die Vorschläge für die Speisekarte hingegen kamen vom Küchenchef.

Gedeckvorschläge

	kcal	M
Kraftbrühe mit Champignons		
Kalbsschnitzel mit Stangenspargel, braune Butter und Petersilienkartoffeln		
Mandarinenkompott	1038	8,10
Tomatensuppe mit Reiseinlage		
Filetsteak mit Champignons, Vitaminsalat und pommes frites		
Kirschkompott	1096	6,60
Russische Pilzsuppe		
Schmorhühnchen „Wiener Art" mit geschmorten Gurken und Petersilienkartoffeln		
Orangensalat	1176	6,50
Soljanka		
Kalbssteak mit Letscho, Tomatensalat und pommes frites		
Obstsalat mit Maraschino	925	6,20
Klare Ochsenschwanzsuppe		
Kalbsbraten mit Möhren, Schoten und Kartoffelbrei		
Gemischtes Kompott	985	5,50

Diät und Schonkost

Unser ausgebildetes Personal bereitet Ihnen Diät und Schonkost nach ärztlicher Verordnung oder Ihren persönlichen Wünschen entsprechend zu.

Wir empfehlen folgende allgemeine Diätrichtlinien:

BEI HERZDIÄT
Safttage mit Frischpreßsäften von Obst und Gemüse
Apfelreis, Pflaumenreis, Tomatenreis
(eiweißarm, fettarm und kochsalzfrei)
Wichtig: Wenig bzw. kein Kochsalz, wenig Flüssigkeit

BEI REDUKTIONSDIÄT
Kalorienarme Kost durch Verringerung von Fetten, Kohlehydraten und scharfen Würzstoffen (besonders Salz und Pfeffer)
Besonders günstig wirken sich Safttage, Teetage, Obsttage, Gemüsetage und Reistage aus.
mageres Fleisch (gegrillt)

BEI LEBERDIÄT
Fettarme, eiweißarme jedoch kohlehydratreiche und vitaminreiche Nahrung.
Schleime und Breie, Knäckebrot und (Toast) Vollkornbrot, Honig, Marmelade, nur leicht verdauliche Gemüse wie Möhrenbrei und Spinat. Alle Milch- und Molkereiprodukte in Form von Buttermilch, Sauermilch und Milchmischgetränken sowie Quark.
Alle Haustees und dünner schwarzer Tee, entfettete Fleischbrühen, Spinatsuppen, evtl. weißes Kalbsragout mit Gemüsereis, Fischgemüseragout.

BEI NIERENDIÄT
Flüssigkeitsarme, kochsalzarme, eiweißfreie Diät bzw. Eiweißeinschränkung.
Einschaltung von Reis-, Obst- und Gemüsetagen.

BEI GALLENDIÄT
Fett- und eiweißarme jedoch kohlehydratreiche Kost.
Kaffee nach Verträglichkeit (z. T. Reduktionskost).
Eiweiß in Form von Sauermilch, Magermilch und Joghurt.
Huhn, Taube, milder Schmelzkäse, Kalb, (zarte Fischsorten). Kein gebratenes Fleisch.

BEI MAGENDIÄT
Tee, Zwieback, Schleimsuppen, Rohpreßsäfte, Milch, Keks, Graham- oder Knäckebrot, Butter, Quark und geriebenes Obst. Desweiteren Brühsuppen, passierte Gemüsesuppen von Blumenkohl, Spinat, Kohlrabi, Spargelköpfen und Kartoffelsuppe.
Kartoffel-Gemüse-Fleischbrei (mit Mehl binden).
Bei leichterer Magendiät Milchkaffee, Butter, Marmelade, Graubrot,
leicht gebratenes Rind-, Kalb-, Hühner-, Tauben- oder Kaninchenfleisch,
Salzkartoffeln bzw. Püree, Gemüse, fettarme Wurst, kalter Braten,
Fisch und Quark.
Verboten sind zellulosereiche Gemüse.
(Hülsenfrüchte, Kohl und Pilze)

BEI DIABETESKOST
Kaffee, Tee, Milch, Knäcke- oder Vollkornbrot, Butter, Quark, Käse, Rohkost und Obst.
Begrenzung der Kohlehydratzufuhr und Fettarmut.
Legierte Gemüsebrühen und -suppen.
Gedünstetes Fischfilet mit Salat oder Spinat und Kartoffeln.
Schnitzel mit Möhren, grünen Bohnen und Schwenkkartoffeln.
Rinderbraten mit Grünkohl und Pfifferlingen.
Desweiteren Käse, Schinken, Fisch, reichlich Gemüse.

Für jedes Zipperlein eine Diät: die Speisekarte für den Innenring

Die Speisekarte für den Innenring wurde wöchentlich erneuert. Sie war recht schmucklos und durfte ab einem bestimmten Zeitpunkt – an den ich mich nicht mehr erinnern kann – keine ausländischen Ausdrücke mehr enthalten. Die Karte sollte einfach und für jeden verständlich sein. Daran wurde natürlich auch Kritik geäußert. Die Feinschmecker im Politbüro, wie Albert Norden oder Kurt Hager, fanden es unschön, daß alles auf deutsch geschrieben stand. Andere begrüßten das. Das »Kalbsteak Cordon bleu« hieß also »mit Käse und Schinken gefülltes Kalbsteak«. Pommes frites waren eine Ausnahme, Soljanka oder Borschtsch auch. Diese Worte waren schon so eingedeutscht, daß wir sie in die Speisekarte schreiben konnten. Aber solche Bezeichnungen wie »Rumpsteak Strindberg« verwendeten wir nicht mehr.

Einmal, vor der Verfügung, nur deutsche Begriffe zu verwenden, schrieb ich »Steak Westmoreland« auf die Karte, ein uraltes Gericht. Nur hatte ich nicht bedacht, daß zu der Zeit, als ich das tat, der kommandierende General in Vietnam zufällig Westmoreland hieß. Da gab es einen großen Aufruhr, der von Herrn Axen ausgelöst wurde. Der sagte, das sei unfaßbar. Dabei habe ich überhaupt nicht gewußt, daß der General so hieß. Nun, das waren Überspitzungen, die einem manchmal zu schaffen machten. Da mußte man ziemlich aufpassen.

Raffinessen

Wir verwendeten bei einem offiziellen Essen einmal zwei Zuckerfahnen, die tschechische und die DDR-Fahne. Beide Fahnen waren sehr klein und lagen übereinander auf Eisdekor. Und wegen der Winzigkeit paßte das Emblem der DDR-Fahne nicht drauf, das war ja auch praktisch von der tschechischen Fahne verdeckt. Und was passierte? Jemand popelte die Fahnen auseinander und sah, daß unsere Fahne kein Emblem hatte. Wir kriegten prompt einen Hinweis. Der kam zwar nicht von den offiziellen Gästen, aber von der Protokollabteilung. Auf solche Dinge mußten wir sehr achten. Da haben wir manchmal ganz schön Nerven gelassen.

Zu allen Zeiten gab es im Politbüro bestimmte Feinschmecker. Der Genosse Norden gehörte dazu. Der merkte zum Beispiel, wenn wir eine Pfanne verwendet hatten, in der nicht mit Butter, sondern mit anderem Fett gebraten worden war. Unsere Schlußfolgerung lautete: Wir verwenden für Haus 17, wo Herr Norden wohnt, Extrapfannen und -töpfe. Wenn wir ihm ein Steak brieten, dann nur in »seiner« Pfanne, in der nur mit Butter gebraten wurde. Er mochte Öl nicht.

Der andere große Feinschmecker, der selbst gern gekocht hat, war Professor Hager. Der meinte eines Tages, daß es eine große Nachfrage nach asiatischen Gerichten gäbe. Wir entschlossen uns also, ein asiatisches Restaurant einzurichten. Da hieß es, »chinesische Küche« darf es aber nicht genannt werden, denn die diplomatischen Beziehungen sind gerade nicht danach. Also bezeichneten wir alles als »Ostasiatische Küche«. Voilà!

Wir boten sehr reichhaltige Gerichte aus verschiedenen Ländern an. Wir kochten Gerichte aus Vietnam, aus Korea, von den Philippinen und aus Indien. Das war natürlich eine ganz schöne Sache. Chinesisch kam nicht vor. »Peking-Ente« haben wir uns verkniffen. Später änderte sich das glücklicherweise.

Wenn wir diplomatische Verwicklungen mit der Sowjetunion gehabt hätten, hätten wir wahrscheinlich keine Soljanka kochen dürfen. So hatte die aktuelle Politik direkten Einfluß auf die Speisekarte.

Einmal wurden alle Preise in der Gastronomie aufgrund eines Ministerbefehls halbiert, ausgenommen die Preise für Getränke. Für alle Speisen aber brauchte man nur noch die Hälfte zu bezahlen. Offenbar hatte sich irgend jemand aufgeregt, weil es ihm in der Waldsiedlung zu teuer war.

Das war natürlich wunderbar, denn die Bulette kostete mit einemmal nur noch 30 Pfennig – und das sowohl im Funk-

Raffinesse à la Politbüro: Bankett mit Fleischbällchen an Jagdflinte, 3. v. r. Jürgen Krause, 4. v. l. Gerd Schmidt

tionärsklub als auch im Mitarbeiterklub. So passierte es, daß ein Mitarbeiter, der ins Klubhaus zum Essen ging, es dort im Prinzip billiger hatte als zu Hause. Da gab es am Anfang einen mächtigen Ansturm, aber das legte sich mit der Zeit. Die Menschen wollen ja nicht jeden Tag in die Gaststätte essen gehen.

Fast jeder Bewohner des Innenrings hatte seine Besonderheiten. Wir legten darüber ein Buch an, in das jeder seine Erfahrungen eingetragen hat. Dadurch wußten wir, wenn jemand eine Rinderroulade bestellte, wie die genau zu sein hatte. Zum Beispiel: Der ißt sie prinzipiell ohne Gurke. Das bedeutete, daß wir manchmal zwei Töpfe nehmen mußten für eine Familie. In dem einen Topf schmorte die Roulade ohne Gurke und in dem anderen Topf die Rouladen mit Gurke.

Das Angebot in Wandlitz und in den Datschen veränderte sich im Lauf der Jahre stark. Das geschah nicht auf Order irgendwelcher Mitglieder des Politbüros, sondern vollzog sich sukzessive. So gab es zum Beispiel immer mehr Westprodukte. Herr Mittag kümmerte sich sehr rührig um vieles, auch darum, daß Familie Honecker gut mit Westprodukten ausgestattet war, ob es sich nun um Technik, Textilien oder Nahrungsgüter handelte. Zum Schluß konnte man gar nicht mehr auseinanderhalten, was aus dem Osten und was aus dem Westen kam. In der Waldsiedlung war das Angebot in den achtziger Jahren ähnlich wie im Intershop.

Es wurde immer mehr und mehr, bis zum Schluß auch das Salz manchmal aus dem Westen kam. Das war lachhaft. Dabei waren gerade bestimmte Lebensmittel aus dem Westen nicht nötig. Aber man wollte sie, nichtmal wegen des Geschmacks, sondern vor allem wegen ihrer Verpackung. Ich zum Beispiel habe den Spargel aus dem Westen nicht gebraucht. Der Spargel bei uns war natürlich viel besser und viel frischer, weil ich ihn selber vom Feld geholt habe. Und so gab es viele andere Dinge auch.

Auf Reisen, mit Ulbricht und anderen

Einmal, als Ulbrichts Leibkoch krank wurde, hatte ich die Ehre, mit Walter und Lotte Ulbricht mit dem Zug zu fahren. Ich wurde genau eingewiesen, was ich zu machen hatte und was nicht. Es war genau festgelegt, was er zum Frühstück bekam. Ich weiß es noch heute, daß er Quark mit frischen Kräutern aß. Was ich allerdings nicht wußte, war, daß Lotte Ulbricht den Quark immer ohne Kräuter verzehrte. Nun kam der Kellner zu mir und sagte: »Den Quark für den Chef habe ich. Aber wo ist der Quark für die Chefin?« Ich erwiderte: »Ich habe nur einen Quark, und der ist mit Kräutern angemacht.« Da hat er mich mächtig angeranzt: »Die Lotte ißt ihn doch nur ohne Kräuter. Was soll man jetzt machen?«

Nun konnte man im Zug nur begrenzte Mengen mitnehmen. Ich konnte Lottes puren Quark nicht herbeizaubern und fand mich damit ab, daß damit meine Karriere vielleicht beendet sein würde.

Aber als ich zurückkam und erzählte, was mir passiert war, beruhigten mich alle meine Chefs. Das könne mal passieren, ich solle mir keinen Kopf machen, das wird schon. Und es passierte wirklich nichts. Meine Entwicklung in der Waldsiedlung verlief ganz kontinuierlich, ohne daß mich jemand gemaßregelt hätte.

Walter Ulbricht aß, wenn Lotte mal nicht anwesend war, gern ganz einfache Sachen wie Bockwurst. Aber unter ihrem Regime wurde nur Huhn aus dem Bioland und ähnlich gesunde Sachen verarbeitet. Sie achtete sehr konsequent darauf, daß Walter sich gesund ernährte.

Ulbricht durfte nicht fliegen und trat seine längeren Reisen per Zug an, auch die Auslandsreisen. Dafür gab es einen kompletten Sonderzug, der bis zu siebzehn Wagen führte. Da war ein komplettes Sicherheitskommando mit drauf. Die kontrollierten nicht nur die Eingänge, wenn der Zug hielt.

Einmal fuhr Ulbricht mit einer großen Delegation zu Tito nach Jugoslawien. Da war ich dabei. Ich kochte für die Delegation, zu der auch Erich Honecker gehörte. Für Walter waren sein eigener Koch und Kellner zuständig.

So eine Zugfahrt ist natürlich schön, aber sie war auch sehr arbeitsreich. Wir heizten in der Küche noch mit Holz und Kohle. Entsprechend sahen wir hinterher aus! Den Dreck mußten wir schnell wieder abkriegen, damit wir wieder kochen konnten. Wir arbeiteten dreizehn bis vierzehn Stunden täglich. Keine Idealbedingungen, aber interessant. Damals war ich noch jung – da war es für mich kein Problem.

Solch eine Reise mußte gut vorbereitet werden. Wir hatten eine handgeschriebene Liste, auf der wir alles genau festhielten. Da stand zuerst: soundso viele Kilo Kotelett, soundso viele Kilo Speck, soundso viele Kilo Rouladenfleisch, soundso viele Kilo Bockwürste, soundso viele Kilo Knackwurst. Dann folgten die Molkereiprodukte. Dann kam eine

Sparte fürs Gemüse. Das setzte sich so fort. Dem lag ein genauer Speiseplan zugrunde, sonst hätten wir ja nicht gewußt, was alles zu besorgen war.

Auch das Angebot vor Ort kalkulierten wir mit ein. Zum Beispiel gingen wir von vornherein davon aus, in Jugoslawien schönen Schafskäse zu bekommen. Also bestellte ich Schafskäse bei unserem jugoslawischen Verbindungsmann. Der kam zu unserem Zug, nahm die Bestellung auf und lieferte uns die Produkte. Auch frisches Gemüse, frisches Obst und Butter – in Jugoslawien gab es sehr gute Butter – bestellten wir bei ihm. Ein Dolmetscher half uns bei der Verständigung.

Ich fuhr einmal mit Paul Verner nach Warschau. Verner wollte also unbedingt Wiener Würstchen zum Frühstück. Ich hatte den Senf vergessen. Was tun? Ich ging selbst mit den Würstchen zum Tisch und sagte: »Das sind frische Kalbswürstchen. Die darf man auf keinen Fall mit Ketchup oder Senf essen. Das verdirbt den ganzen Geschmack. Und dann hätte ich auch Wiener Würstchen aus Halberstadt nehmen können. Aber das sind ganz besondere Kalbswürstchen.« Die Ausrede funktionierte. Die aßen alle die Würstchen, und nicht einer fragte nach Senf.

Silvester in Oberhof

Mit Ulbrichts fuhren wir jedes Jahr über Weihnachten und Silvester nach Oberhof, auch mit dem Zug. Das war in jener Zeit, als Walter Ulbricht noch der Chef war und nicht Erich Honecker. In Oberhof bestand unsere Besatzung aus zwei Köchen und einem Kellner. Wir versorgten die Familien Grüneberg, Apel, Mittag, Jarowinsky.

Familie Ulbricht war in einem anderen Haus untergebracht. Ulbricht hatte seinen eigenen Koch und seinen eigenen Kellner. Sein Heim, eine Villa, befand sich gegenüber von dem Heim, in dem wir wohnten, dem sogenannten »Konsumheim«.

Manchmal lag morgens meterhoch Schnee, und da kamen die Küchenfrauen, die uns helfen sollten, gar nicht durch. So waren wir ab und zu auf uns allein gestellt.

Sehr lustig zum Beispiel war einmal eine Stromsperre. Kein Licht und Strom – da konnten wir nicht mehr kochen. Wir stellten Kerzen in die Küche, damit wir wenigstens das Frühstück zubereiten konnten. Kurze Zeit darauf fiel auch das Wasser aus, weil es von unten hochgepumpt wurde nach Oberhof. Aber wir hatten noch Wasserreserven in der Küche und schickten den Kellner mit Kannen auf die Zimmer, damit die Repräsentanten wenigstens etwas für ihre Morgentoilette hatten.

Einmal kriegten die ganzen Funktionärskinder in Oberhof den Fimmel, sie äßen gern Brotkanten mit Senf. Nur Senf. Da kamen sie alle in die Küche und wollten einen Kanten und noch einen Kanten. Wir schnitten ringsum die Brote ab, und hatten dann die Innenteile übrig. Wie die Verrückten aßen die Kinder die Senfkanten.

Wir überlegten hinterher, was wir mit dem restlichen Brot machen könnten. Wir verwendeten es für Sauerbraten und kochten eine Brotsuppe. Als wir den Gästen erklärten, warum es die Brotsuppe gab, führte das zu allgemeiner Erheiterung.

Silvester wurde gemeinsam bei uns im Konsumheim gefeiert. Lotte und Walter kamen herüber. Das Fest organisierten immer Ulbrichts Koch und Kellner.

Zuerst wurde gegessen und getrunken, dann wurden Spiele gemacht, zum Beispiel Bleigießen. Es gab viele Belustigungen, weil Kinder dabei waren. Um Mitternacht wurde ordentlich geknallt. Aber am lustigsten wurde es immer, wenn Walter und Lotte wieder gegangen waren.

Während Ulbrichts Zeit wurde in Oberhof ein neues, großes Gästehaus für die Politbüromitglieder gebaut, wo alle gemeinsam wohnten. Aber dort herrschte manchmal eine etwas steife Atmosphäre, wahrscheinlich weil Walter und Lotte immer dazwischen waren und die anderen den Chef spürten. Fakt ist, daß nach Ulbrichts Tod keiner mehr in das Gästehaus gefahren ist. Jeder feierte mehr oder weniger für sich, zum Beispiel auf der Datsche. Zum Teil fuhren Hausangestellte, Kellner und Köche mit, beispielsweise bei Erich Honecker und Willi Stoph.

Nachdem Walter Ulbricht gestorben war, kam Frau Ulbricht noch viele Jahre in die Waldsiedlung zur ärztlichen Betreuung. Dann aß sie immer bei mir und nahm sich etwas mit. Sie meckerte nie, lobte immer. In der Zeit, als Walter noch lebte, da war das etwas anders.

Kochen für Honecker

1971, nach Ulbrichts Ablösung durch Honecker, haben sich unsere Aufgaben nicht wesentlich geändert. Bei mir selbst gab eine einschneidende Veränderung, da ich persönlicher Koch bei Erich Honecker wurde. Eine wichtige Ursache dafür war sicher der Erfolg, den ich mit den Essen auf der Jagd hatte. Dadurch war ich dem Herrn Honecker zur Genüge bekannt. Er wußte, wer ich bin, er wußte, welchen Stil ich habe. Er mochte ihn.

Das war natürlich eine besondere Ehre für mich, wie sie größer eigentlich für einen Koch nicht sein kann. Das muß man mal aus heutiger Sicht betrachten. Wenn ein Koch die Aufgabe bekommt, für den höchsten Repräsentanten des Staates und für dessen Gäste zu kochen, dann ist das eine tolle Sache. Und so habe ich das damals auch empfunden.

Ein beliebtes Sonntagsessen war für Erich Honecker ein schönes Schnitzel, nein, lieber zwei Schnitzel, dazu Kartoffeln, Soße und Gemüse. Das brauchte aber nicht viel Gemüse zu sein, denn im Grunde war ihm das zu gesund. Auch Salat mochte er nicht.

Freitags, wenn es nach Dölln ging, bereitete ich von mir aus Grüne-Bohnen-Eintopf mit einem schönen Stück Rindfleisch. Ich wußte, daß er das mochte.

Pudding als Nachspeise hingegen mochte er nicht. Aber

wenn sein Enkelsohn Roberto zu Besuch war, dann hat der eben zwei Puddings gegessen und sich gefreut, daß er Opas Pudding auch essen konnte. Auch Götterspeise mit Waldmeistergeschmack hat der Kleine geliebt oder rote Grütze.

Honeckers Familienleben

Ich kenne das Ehepaar Honecker als Ehepaar Honecker. Irgendwelche Gerüchte, die nach der Wende herum geisterten, kann ich nicht nachvollziehen. Ich erinnere mich, daß sie jede Mahlzeit gemeinsam einnahmen, wenn wir auf der Datsche waren. Ich erinnere mich auch, wie sie sonntags Pilze suchen gingen. Er ging sonntags nicht auf die Jagd, weil viele Pilzsammler unterwegs waren und er niemanden anschießen wollte. Die Pilze zeigten sie mir stolz und baten: »Genosse Krause, machen Sie uns mal was Schönes daraus.«

Ein wichtiges Familienmitglied war Honeckers Hund Flex. Der Flex wurde von einem Mitglied des Kommandos erzogen. Der war sehr erfahren, denn er besaß selbst Hunde und richtete sie ab. Flex war extrem auf Erich Honecker fixiert und akzeptierte niemanden sonst. Als der Kellner eines Tages ins Wohnzimmer in Dölln kam, um die Speisen zu servieren, biß ihm Flex in die Hose. Danach kam Flex kläffend zu mir in die Küche. Ich griff schnell einen Holzlöffel und zog ihm ein paar über. Ruckzuck war er weg.

Feiern mit Familie Honecker

Es gab den Versuch, in der Waldsiedlung Silvesterfeiern anzubieten, aber das wurde nur von den Mitarbeitern angenommen, so daß Silvester nur im Mitarbeiterklub gefeiert wurde, im Funktionärsklub nicht.

Günter Mittag, Werner Jarowinsky oder Horst Sindermann zum Beispiel feierten in ihren Datschen. Die lagen nicht so

Das Freizeitdomizil Dölln

weit entfernt von der Waldsiedlung, also bekamen sie weiterhin ihr Essen, vor allem zu Mittag, von uns aus der Waldsiedlung gebracht. Jeden Tag kam jemand vom Kommando zu uns und holte das Essen ab, um es auszufahren.

Honeckers verbrachten Weihnachten und Silvester entweder in Dölln oder im Schloß Hubertusstock. In Dölln wurde im kleinen Familienkreis gefeiert. Mit dabei war Tochter Sonja mit Mann und Sohn. Manchmal kam noch die andere Tochter, Erika, mit ihren Kindern zu Besuch. Das war in jener Zeit, als sie ihren ersten Ehemann noch hatte. Später sah ich sie dann nicht mehr.

Weihnachten verlief bei Honeckers genauso wie bei vielen anderen auch, nur daß da eben ein Koch und ein Kellner die eigentliche Arbeit machten.

Am Weihnachtsabend kam Erich dann mit rotem Mantel, Maske, Kapuze und Sack über die Terrasse gestapft und beglückte seine Enkelkinder als Weihnachtsmann.

Ich erinnere mich, daß wir vor dem Fest am Tisch bei mir in der Küche saßen – Margot Honecker, Sonja und die Kinder – und ein Knusperhäuschen bastelten. Ich hatte den Teig und die Klebemasse aus Zucker gemacht und Figuren, Hänsel und Gretel, besorgt. »Besorgt« bedeutete für uns immer »irgendwo im Ausland eingekauft«, denn bei uns gab es solche Figuren nicht. Das Rezept stammte aus der Kinderzeitschrift »Frösi«. Wenn zu Weihnachten mit dem Schwiegersohn noch die ganze chilenische Verwandtschaft anrückte, wurde auf Schloß Hubertusstock gefeiert.

Erich und Margot brauchten viel Ruhe, und da bot sich das Schloß an, denn da wohnten sie im Haupthaus, während die Kinder und Verwandten in Einzelhäusern untergebracht waren. Wenn die beiden allein sein wollten, sind die anderen in ihre Häuser gegangen. Erich hat auch immer gearbeitet. Die Politik hörte an den Feiertagen ja nicht auf. In Hubertusstock wurde üppiger gefeiert als in Dölln.

Zu Silvester war gegen zwei Uhr meistens Schluß. Nur die jungen Leute verzogen sich in ein Einzelhaus und feierten dort weiter bis in die frühen Morgenstunden. Die sangen chilenische Lieder, spielten Gitarre. Erich und Margot gingen derweil schlafen und waren am Neujahrstag wieder pünktlich um acht Uhr zum Frühstück da.

Wenn der Chef schlafen ging, dann konnten auch wir Mitarbeiter abtreten. Dann war der Abend für uns erledigt. Manchmal haben wir uns auch gegenseitig abgelöst, so daß einer von uns ein bißchen früher schlafen gehen konnte. Aber in der Regel sahen wir noch fern und warteten, ob noch etwas zu erledigen war. Honecker trank übrigens kaum Alkohol. Es gab bestimmte Anlässe, wo er mal mit einem Kognak anstieß. Er mochte den Weinbrand »Edel«. Zu Silvester gab es Sekt. Aber er war kein Trinker.

Eine Besonderheit gab es allerdings, die Honecker gewissermaßen für alle einführte. Silvester wurde zweimal angestoßen, einmal nach Moskauer Zeit und einmal nach Berliner Zeit. Das funktionierte folgendermaßen: Zwei Stunden bevor bei uns Jahreswechsel war, prosteten sie sich nach Moskauer Zeit zu. Dafür wurde dieses Signal im Rundfunk

Feiern mit Erich Honecker

eingespielt. Man wollte damit die Freundschaft zur Sowjetunion demonstrieren. Alle hatten irgendwie eine Beziehung zur Sowjetunion, alle bis hin zu Herrn Schabowski, der mit einer russischen Frau verheiratet war.

Unabhängig davon, wo Silvester gefeiert wurde, gab es um Mitternacht ein Treffen aller im jeweiligen Objekt Anwesenden. Wenn die Glocken bei uns schlugen, trafen sich alle Leute, einschließlich der Begleiter, Fahrer, des Försters, manchmal der Waldarbeiter, auf dem Platz, wo das Feuerwerk veranstaltet wurde. Das hatten meist die Förster und Waldarbeiter organisiert. Anschließend wurde angestoßen. Das hat sich Erich nicht nehmen lassen. Er lief mit seinem Glas Sekt herum und prostete jedem einmal zu. Das war für mich ganz schön anstrengend, da ich ewig mit dem Tablett herumgelaufen bin. Dann stieß Honecker auch mit mir an, und wir wünschten uns gegenseitig ein gesundes neues Jahr.

Meine eigene Familie feierte zu Hause. Die hatte sich daran gewöhnt, daß ich Weihnachten und Silvester unterwegs war. Wenn ich mit Honeckers in Dölln oder Hubertusstock war, klappte es meist, daß ich Heiligabend nach Hause fahren konnte – mit dem Auto vom Chef.

Am nächsten Morgen bin ich dann mit dem Schrippenwagen wieder rausgefahren und habe weitergearbeitet. Silvester hingegen kam ich nicht nach Hause.

Nach fünfundzwanzig Jahren wußte ich gar nicht mehr, wie man Silvester privat feiert. Ich wußte bloß, was man dafür zu organisieren hat.

Kostenlos waren die Feiern natürlich nicht. Wir führten über alles Listen; wieviel der Einkauf gekostet hat, und was real verbraucht wurde. Letzteres war die Grundlage für unsere Berechnungen des Preises. Die Rechnungen und Listen gaben wir ins ZK oder in den Staatsrat, je nachdem. Die jeweilige Protokollabteilung prüfte das und leitete weitere Schritte ein. *Wer* das letztlich bezahlte, kann ich allerdings nicht sagen. Ich weiß aber, daß Honecker die Rechnungen selbst bekommen hat, auch jene über den Verbrauch am Wochenende, wenn wir irgendwo draußen waren. Alles, was auf die Datschen ging, wurde in Rechnung gestellt. Wir hatten von jedem Haus Aktenordner, in denen wir die Rechnungen sammelten. Die wurden regelmäßig zusammengefaßt und durch den Kellner in die Häuser verteilt. Die Duplikate gaben wir in die Buchhaltung, und dann wurde das Geld überwiesen. Also, umsonst gab es nichts.

Reisen mit Honecker

Wenn Honecker ins Ausland flog, wie nach Asien oder nach Afrika, das heißt in Länder, in denen es mit der Hygiene Probleme geben konnte, nahm er mich als Koch mit. Für solche Reisen kauften wir alles ein, was wir brauchten, verpackten alles gut, numerierten es und nahmen es im Flugzeug mit. Im jeweiligen Gastgeberland wurden die Sachen dann in die entsprechenden Kühllager gebracht.

In der jeweiligen Residenz bereitete ich die Produkte dann zu. Es gab oft Rouladen, Rotkohl und Kartoffeln. Oder ich kochte Klopse, schön mit Kartoffelbrei und einer Kapernsoße dazu. Erich sollte sich ja in den fremden Ländern nicht den Magen verderben.

Das Flugzeug, mit dem wir flogen, war eine sogenannte Salonmaschine. In diesem Spezialflieger war der große Gastraum dreigeteilt. Im vorderen Teil befand sich der Salon, mit Sessel, Couch und Tisch. Auf der anderen Seite stand eine Liege, wo man sich ausruhen konnte. Das war der Teil, in dem sich Honecker oft aufhielt, weil er sich hinlegen oder vertrauliche Gespräche führen konnte.

Dann kam der zweite Teil, der mit Sitzen ausgestattet war. Dort war die Delegation untergebracht. Im hinteren Teil waren die Sicherheitskräfte und der Arzt untergebracht sowie die Presseleute, die mitfliegen durften.

Das wichtigste war, daß wir für den Genossen Honecker immer Schnittchen parat hatten, die mit Thüringer Wurst belegt waren. Beim Mittagessen mußten wir beachten, daß der Chef keine Pilze und keinen Fisch mochte. Pilzgulasch war also nicht angebracht. Wir bereiteten viel Braten, Rouladen oder derartiges zu, klassisch mit Kartoffeln oder Fertigklößen. Und wir führten immer auch sein Lieblingsgericht mit. Das war Kaßler in allen Varianten. Zum Abendbrot gab es ihn kalt, als Aufschnitt, und mittags gab es den Kaßler warm. Dazu servierten wir richtig ordentliches Sauerkraut, mit Speck und geriebenen Zwiebeln angemacht, und Salzkartoffeln. Das war also Honeckers Lieblingsgericht, und das gab es bei längeren Flügen mindestens einmal. Beim Essen achtete Honecker – um es ironisch zu sagen – unheimlich auf Gesundheit. Er aß wenig Gemüse, kaum Salate. Obst brauchten wir ihm gar nicht vorzusetzen – bis auf den Werderaner Apfel, den roten. Das ganze schöne Obst, das in

West-Berlin eingekauft wurde, auch Weintrauben, Bananen, Birnen, Kiwi, wollte er nicht – aber wir!

Ich erlebte unheimlich viel auf diesen Reisen – auch kuriose Dinge. In Kuwait zum Beispiel wohnten wir in einem phantastischen Haus, einem richtigen Palast. Im Flur hingen Seidenvorhänge, die bewegten sich, damit die Luft immer zirkulierte, damit es angenehm kühl war. Außerdem gab es eine phantastische Klimaanlage.

Erich Honecker mochte jedoch keine Klimaanlagen, denn er fror sofort. An den Tagen, an denen er nicht da war, freuten wir uns, daß die Klimaanlage lief.

Einmal abends, als ich ins Bett gehen wollte, stand Erich Honecker im Flur und erklärte, die Klimaanlage laufe bei ihm. Da sauste ich herum und sorgte dafür, daß die Klimaanlage ausgeschaltet wurde. Es dauerte nicht lange, da war die Klimaanlage vom Hotelpersonal wieder angestellt worden. Also riefen wir im anderen Haus an, wo das Personenschutzkommando wohnte, und bestellten jemanden herüber, der sich in den Schaltraum setzte und den Schaltknopf der Klimaanlage bewachen mußte.

Selbstloser Dienst

Grundsätzlich kann man sagen, daß wir Mitarbeiter uns in der Waldsiedlung und den anderen Objekten unauffällig zu verhalten hatten. Logischerweise erwartete man von uns auch, daß wir unsere Aufgaben zur höchsten Zufriedenheit erledigten und daß wir alle Wünsche erfüllten, die an uns herangetragen wurden. Distanz und Diensterfüllung war oberstes Gebot.

Manchmal taten wir mehr, als unsere Pflicht war. Zum Beispiel wenn der Kellner und ich mit zum Jagdausflug unterwegs waren, machten wir den Herren vom Politbüro auch die Betten. Es sei denn, die Ehefrauen waren dabei, dann war das deren Aufgabe.

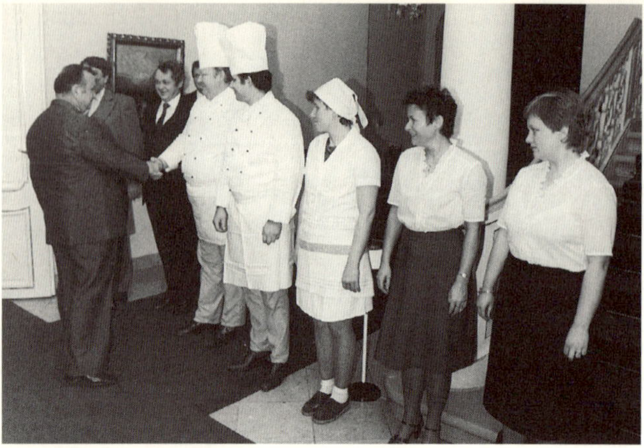

Händeschütttteln mit dem Ministerpräsidenten Bulgariens, Todor Schiwkow, im Spalier 1. v. l. Jürgen Krause, 2. v. r. Ulrike Hainke

Zum einen oder anderen Funktionär war das Verhältnis etwas enger – das lag meist am Charakter der jeweiligen Person. So ein gutes Verhältnis wie zum Beispiel zur Familie Grüneberg hatte ich zu keiner anderen. Wenn ich ins Zimmer kam, dann registrierten die das gar nicht mehr. Ich gehörte eben dazu. Ich, von meiner Seite aus, wahrte trotzdem immer eine gewisse Distanz. Aber sehr engen Kontakt hatte ich zu den beiden Kindern. Gerd Grüneberg wurde später Tierarzt und Wilfried zog nach Erfurt.

Ich war so diszipliniert, daß ich es nicht mal wagte, nach einer Freistellung zu fragen oder nach der Möglichkeit, mir über die Waldsiedlung einen Neuwagen zu besorgen. Bekanntermaßen mußte man auf den zehn bis zwölf Jahre warten – aber über die Waldsiedlung wäre das sehr schnell gegangen. Ich traute mich das blöderweise nicht, andere taten das ganz selbstverständlich.

Wenn ich persönliche Wünsche an die Funktionäre herangetragen hätte, dann hätten sich sicher einige von mir distanziert, obwohl ich ein hervorragendes Verhältnis zu den meisten hatte. Trotzdem hätte ich es niemals gewagt, zu betteln: »Ich koche, ackere und schinde für Sie, ich könnte jetzt mal eine schönere Wohnung gebrauchen oder ein neues Auto.« Um Gottes willen!

Meine Aufgabe bestand darin, die Funktionäre mit Essen und Trinken zu versorgen – egal, welche Politik die machten. Ich schüttelte dem Herrn Sinowatz die Hand und dem Herr Schiwkow – zwei sehr gegensätzliche Politiker. Und die sahen mich durch die gleiche Brille: »Tolles Essen!« So unterschiedlich sind nun einmal die Perspektiven auf Menschen. Das sollte heute jeder versuchen zu verstehen.

Die Hausangestellte: Ulrike Hainke

Ulrike Hainke wird am 19. Juni 1940 in Weischlitz (Vogtland) geboren, die Mutter ist Schneidermeisterin, der Vater fällt im Krieg. Hainke durchläuft von 1954 bis 1957 eine Lehre als Apothekenhelferin, danach nimmt sie eine Arbeit in der Deutschen Handelszentrale für Pharmazie in Plauen auf. 1963 zieht sie mit ihrem Mann nach Wandlitz und arbeitet dort in einem Blumenladen. Ab 1965 ist sie Haushälterin in der Waldsiedlung, bei den Familien Ewald, Warnke und Herrmann. In den letzten Jahren ist sie als Stellvertretende Referatsleiterin verantwortlich für den Einsatz der Hausangestellten und arbeitet selbst nur aushilfsweise in verschiedenen Häusern, unter anderem bei Honeckers. Nach Auflösung der Waldsiedlung arbeitet sie für einige Monate als Hausangestellte in der Kambodschanischen Botschaft, danach für ein Jahr als Direktrice in einem Wandlitzer Hotel. Von 1991 bis 1998 arbeitet sie wieder als Hausangestellte und Reinigungskraft, danach wird sie arbeitslos. Seit Juli 2000 Rentnerin.

Unverhoffte Anwerbung

Anfang 1965 kamen drei Männer zu mir in den Blumenladen, wo ich als Verkäuferin arbeitete, und fragten, ob ich mich verändern möchte. Ich bin eigentlich gelernte Apothekenhelferin, fand aber keine Arbeit, als wir nach Berlin zogen. Die Männer meinten, eine Arbeit in meinem Ausbildungsberuf könnten sie mir nicht bieten, dafür aber eine Tätigkeit im Haushalt. Ich meinte: »Das mache ich gern, ich mache gern sauber, ich koche gern.« Ich wußte nicht, daß ich zu den

Funktionären sollte. »Was die Bezahlung betrifft«, sagten die Männer noch, »so verdienen sie so viel mehr als normal, daß es reicht für einmal schön mit der Familie essen gehen in einem edlen Berliner Restaurant.« So wurde ich Haushälterin, bzw. Hausangestellte nannte sich das damals, in der Waldsiedlung.

Ganz am Anfang waren die Hausangestellten nicht nur in einem Haus tätig und ausschließlich für eine Familie verantwortlich. Da gab es morgens die Einweisung vom Referatsleiter, auf der wir erfuhren, wo wir was zu tun hätten. Wir waren damals nur zwei Frauen. Da bin ich alle drei Tage von einem zum anderen gegangen.

Ich kam an meinem allerersten Tag in der Waldsiedlung ins Haus der Familie Ewald. Da mußte ich gleich mit ihnen frühstücken, wobei sie mich ausfragten, wo ich herkomme und was ich vorher gemacht hatte. Da habe ich mich kaum getraut zu schlucken – es war ja das erste Mal, daß ich bei einem Funktionär saß. Die Ewalds waren sehr nett.

Dann kam ich zu Stoph und zu Mittag. Danach gehörte ich gewissermaßen zu Haus 12, zu der Familie Warnke. Zum Schluß, als ich stellvertretende Referatsleiterin wurde, half ich auch bei den Honeckers aus.

Bis auf eine Ausnahme – bei Honeckers arbeiteten drei Frauen in drei Schichten – waren dann in jedem Haus zwei feste Haushälterinnen beschäftigt. Eine davon war meist sehr früh zugange, die andere etwas später. Die normale Arbeitszeit dauerte von sieben bis etwa siebzehn Uhr. Da fuhr der Bus ab, mit dem die meisten nach Berlin oder in die umliegenden Dörfer fuhren.

Zum Schluß arbeiteten in Wandlitz vierundsechzig Haushälterinnen. Außerdem waren noch einige in den Außenobjekten tätig, in Pankow beispielsweise.

Stoph beschäftigte ständig zusätzlich zu seinen Haushälterinnen in Wandlitz zwei Frauen in seiner Datsche. Und dann gab es noch Ausnahmen. Im Außenring wohnte der Genosse Wolf, der Leiter der Hauptabteilung Personenschutz. Dort gab es auch eine Haushaltshilfe. Die Haushälterinnen blieben in dem jeweiligen Haus meist so lange, bis der Funktionär starb.

Putzen, Waschen, Kehren ...

Wir waren für den gesamten Haushalt zuständig. Zu unseren Tätigkeiten gehörten natürlich Putzen, Waschen, Kochen etc. Wir Hausangestellten haben auch meist die Einkäufe für die Funktionärsfamilien erledigt, ich meine, wir kauften die Dinge des täglichen Bedarfs. Es gab zwei Verkaufsstellen, einmal jene für die Mitarbeiter im Außenring und zum anderen die für die Leute im Innenring. Das war nicht mehr als eine größere Baracke, aber dort gab es jede Menge Westprodukte. Und entgegen anders lautenden Gerüchten gab es dort nichts umsonst. Alles wurde bezahlt, und zwar per Sammelrechnung. Am meisten genutzt haben das Warenangebot jedoch nicht die Funktionäre, sondern deren Kinder.

Natürlich haben meine Verwandten und Bekannten, die mich besuchten, gemerkt, daß ich durch meine Arbeit in der Waldsiedlung an andere Sachen herankam, als es sie in den normalen DDR-Läden gab. Ob das nun Kosmetika waren oder Textilien. Ich legte darauf zwar keinen allzu großen Wert und kaufte viele Kleidungsstücke auch bewußt außerhalb der Waldsiedlung, aber ein paar andere Sachen hatte ich schon.

Da war zum Beispiel dieser Kognak aus dem Westen, »Jacobi 1848«, der war sehr gut und kostete nur zwölf Mark – Ostmark. Diesem Preis muß ein Umrechnungskurs von 1 : 1 zugrunde gelegen haben.

Jedenfalls trank ich mit meinem Nachbarn einmal davon, und da fragte er mich, ob ich ihm nicht auch mal solch eine Flasche besorgen könne. Gesagt, getan, nur fiel mir ein, daß er sicher bei dem niedrigen Preis stutzen würde, denn eine

Schloß Hubertusstock

Flasche »Goldkrone« aus der DDR kostete zwanzig Mark. Und da ich das Geheimnis, daß Westprodukte in der Waldsiedlung so billig waren, nicht preisgeben wollte, schenkte ich ihm die Flasche einfach. Denn mehr Geld nehmen, als ich selbst bezahlte, wollte ich auch nicht.

Meine Nachbarn wußten, wo ich arbeitete. Ich wurde ja manchmal von den Staatslimousinen abgeholt, wenn ich am Wochenende ausländische Gäste in einem der Gästehäuser betreuen oder einem der Funktionäre auf der Datsche helfen sollte.

Als ich die letzten zehn Jahre stellvertretende Referatsleiterin war, wurde ich überall dort eingesetzt, wo sich ausländische Funktionäre aufhielten; in Berlin und Umgebung. Die Mitarbeiter, die die ausländischen Gäste betreuten, bekamen immer Geschenke oder Geld. Ich erinnere mich an den Aufenthalt von Helmut Schmidt auf Schloß Hubertusstock. Ich war in einem der Häuser verantwortlich für zwei Mitglieder

der Delegation, und wir sind prima miteinander ausgekommen. Das waren sehr nette, zuvorkommende Menschen. Zum Schluß schenkte mir der eine Gast einen Kugelschreiber und einen Füllfederhalter in einem Lederetui. Da steckte ein 100-DM-Schein drin und eine Visitenkarte mit Dankeschön. Der andere Gast, ein Ministerialdirektor, beschenkte mich mit einem Fläschchen »4711« und nochmals hundert D-Mark sowie seiner Visitenkarte. Ich sollte ihn besuchen, falls ich mal im Westen sein sollte.

Nun, das »4711«-Fläschchen und das Schreibetui mußte ich abgeben. Es hätte ein Sender oder Sprengsatz drin sein können. Aber ich glaube nicht, daß das der wahre Grund war. Es ging bloß darum, daß da vielleicht Neid im Spiel war und sich so mancher, bei dem die Geschenke dann landeten, sehr darüber freute. Ich weiß es nicht.

Als Mao Zedong zum Beispiel zu Gast war, bekam jeder eine Vase. Die konnten wir behalten, denn die stammte ja aus einem sozialistischen Land. Auch die Geschenke aus der Sowjetunion konnten wir behalten. Nur alle Sachen aus dem kapitalistischen Ausland mußten wir abgeben.

Das Geld wurde uns – manchmal – äquivalent in DDR-Mark ausgezahlt. Als wir einmal einen französischen Gast betreuten, schenkte er uns hundert Francs. Wir gaben sie ab und erhielten dafür hundert Mark. Im Protokoll wurde immer festgehalten, was wir erhielten. Das war uns klar, und keiner traute sich, irgendwas zu behalten. Die Angst war zu groß.

Parteileben

In der Waldsiedlung gab es natürlich auch Parteigruppen, für die gesamte Waldsiedlung und innerhalb der Referate. Die waren eingeteilt in Grundorganisation, kurz GO, und Abteilungsparteiorganisation, abgekürzt APO, und es gab die einzelnen Parteigruppen. In dieser kleinsten Einheit waren bis zu siebzehn Mitglieder organisiert. Bei uns bildeten vier

Gruppen die APO, und ich war der APO-Sekretär. Dann gab es auch noch die Parteizirkel, da war ich Zirkelleiter. Zum Schluß war ich auch in der GO-Leitung.

Ich hatte viel zu tun, weshalb ich im DFD und anderen Sachen nicht mitmachte. Wie sollte das auch alles gehen?! Mit zwei Kindern? Ich kam zwei- bis dreimal in der Woche erst um acht Uhr abends nach Hause und mußte oft am Wochenende arbeiten. Als ich stellvertretende Leiterin war, wurde es ganz besonders schlimm. Da mußte ich immer zu Stophs. Und wenn ich nach Hause kam, mußte ich am nächsten Tag gleich wieder los. Freie Tage waren nicht drin. Das war dann schon sehr anstrengend.

Ich besuchte die Kreisparteischule und die Bezirksparteischule. Dort nahmen wir die alltägliche Politik durch. Was im Fernsehen, in der »Aktuellen Kamera«, lief, wurde Thema in der Parteiversammlung. Wir diskutierten; allerdings natürlich nicht über interne Sachen. Interna gab es überhaupt nicht.

Ich mußte immer Berichte über die Parteiversammlung schreiben. Zum Beispiel kam einmal die Frage auf: Warum sind Brot und Schrippen so billig in der DDR? Viele Leute auf dem Land verfütterten Brot und Schrippen an ihr Vieh. Da kam postwendend zurück: Wie kannst du denn so was in den Bericht schreiben? Ihr werdet doch nicht an den Beschlüssen des Politbüros zweifeln; die werden sich schon was dabei gedacht haben! Mit den Funktionären und ihren Familien haben wir aber kaum über Politik gesprochen.

Vor jeder Parteiversammlung wurden wir geschult. Da erläuterte uns zum Beispiel ein Gärtner, wie man welche Blumen pflegt, wie man die Blätter abwäscht und ähnliches. Oder der Schneider zeigte uns, wie man einen Anzug richtig bügelt. Oder die Kosmetikerin brachte uns bei, wie man sich schminkt.

Ich begann meine ständige Arbeit im Haus 12 bei Warnkes. Es war ein sehr großer Haushalt mit drei Kindern, einer Oma und natürlich Herbert und Lisa Warnke. Es war wunderschön. Es war für mich in Wandlitz die schönste Zeit überhaupt. Wir waren zwei Haushälterinnen und verstanden uns untereinander und mit den Warnkes wunderbar. Die Warnkes waren ganz lieb. Auch die Kinder waren toll. Wir duzten uns alle. Wir gehörten mit zur Familie. Wenn sie zu Hause waren, mußten wir mit ihnen essen und mit Herbert ein Glas Wein trinken.

Meine Kollegin und ich arbeiteten in zwei Schichten. Wenn wir morgens kamen, schafften wir erst einmal den Müll weg und räumten anschließend die Schlafzimmer auf. Wir sahen nach, ob die Betten frisch bezogen werden mußten. Zu unseren Aufgaben gehörte außerdem: Staub wischen, aufräumen, die Schränke auswischen, die Bücher entstauben, Vögel füttern, kochen, einkaufen, Wäsche waschen und, und, und. Wenn Warnkes im Urlaub waren, dann räumten wir sogar den Schreibtisch auf – das durften wir. Nie war etwas verschlossen vor uns.

Mit den Kindern machte ich Schularbeiten, denn Frau Warnke hatte selten Zeit dafür. Sie arbeitete beim Fernsehen, sprach perfekt Russisch und drehte Dokumentarfilme, zum Beispiel über Sibirien. Ich zog mit den Kindern auch los, als es darum ging, sie für die Jugendweihe einzukleiden. Zu diesem Zweck bestellten wir ein Auto und fuhren nach Schönwalde. Dort suchten sich die Kinder selbst aus, was sie anziehen wollten, und das kaufte ich dann. In gewisser Weise erzog ich sie sogar; ich schimpfte auch mal mit ihnen. Da haben sie immer stillgehalten und ihren Eltern nichts erzählt.

Herbert Warnke besaß fast hundert Vögel. Die fütterten wir mit Würmern und Hackepeter. Das Hackepeter rollten wir

Herbert Warnke und Ulrike Hainke

zusammen und steckten kleine Federn darauf. Das mochten die Vögel, denn sie waren kleine Raubvögel, Zwergbussarde und -falken. Zur Fütterung ließen wir sie aus den Vogelkäfigen und rollten die Hackepeterkugeln über den Boden. Die Vögel sind dann danach geflogen oder gerannt. Genosse Warnke war uns immer sehr dankbar, daß wir uns so um die Tiere kümmerten.

Das Haus 12 war sehr groß. Es gab unten eine große Diele, ein großes Speisezimmer, einen Wintergarten und ein großes Wohnzimmer mit großen Fenstern hinten raus. Nach vorn sahen die Häuser nicht sehr schön aus mit den kleinen, vergitterten Fenstern unten. In einem barackenartigen Anbau befanden sich das Bad sowie vier kleine Zimmer. Auf der oberen Etage waren zwei Arbeitsräume, ein kleines Zimmer mit einem extra Bad, ein großer Flur, ein Ankleidezimmer, ein Bad mit Toilette und die Schlafzimmer.

Die Einrichtung war insgesamt eher spartanisch. Da standen Schrankwände, die zur Einrichtung des Hauses gehörten. Jeder Bewohner konnte entscheiden, ob er sie stehen lassen wollte oder nicht. Viele, vor allem die älteren, wie

Lisa Warnke mit den Kindern

Honeckers und Mielkes, brachten ihre Sachen damals mit und haben sie auch bis zum Schluß in ihren Wohnungen gehabt. Dann gab es Funktionäre, die sich jedes Jahr Neues bestellten, auch über Schalck-Golodkowski.

Zunächst waren alle Haushälterinnen Zivilangestellte in der Waldsiedlung. Zivilangestellte verdienten nicht so viel. Damit wir besser bezahlt werden, übernahm uns die Staatssicherheit, wir wurden also Angestellte des MfS. Ich begann als »Soldat«, und dann veränderten sich die Dienstgrade nach Leistung und nach Dauer der Dienstzugehörigkeit. Als Hausangestellte konnte man es bis zum Leutnant bringen.

Auch wenn wir bei der Staatssicherheit angestellt waren, so mußten wir doch keine Leute belauschen und Berichte schreiben. Klar, unsere unmittelbaren Vorgesetzten, die hätten das natürlich gern gehabt, wenn wir alles erzählt hätten, was im Haus los war.

Westbesuch beim Politbüro

Herbert Warnke hatte Verwandtschaft in Hamburg, einen Neffen mit Frau und zwei Söhnen. Der Neffe kam mit seiner Frau öfter zu Besuch. Einmal war dessen Sohn da, der war zu dem Zeitpunkt vielleicht dreißig Jahre alt. Frau Warnke hatte aber keine Zeit für ihn und meinte: »Also wißt ihr was, Kinder, ich habe keine Zeit, ich nehme seinen Westwagen, ihr nehmt meinen Wartburg, damit ihr keinen Ärger kriegt. Ihr fahrt mit ihm nach Berlin, geht schön mit ihm essen und zeigt ihm was.« Und Herbert Warnke kam noch und gab uns Geld. Und da haben wir natürlich ganz mächtigen Ärger gekriegt, daß wir darüber nichts berichtet haben.

Grundsätzlich durften die Funktionäre ihre Westverwandtschaft empfangen, aber nur die Funktionäre. Die hatten alle eine kleine Einzimmerwohnung in Berlin, in der Friedrichsgracht. Das war gedacht als Ort zum Duschen und Umziehen, wenn sie längere Zeit in Berlin zu tun hatten oder etwas Besonderes anstand. In dieser Wohnung empfing Lisa dann ihre Leute aus dem Westen. Das waren oft auch Kollegen vom Fernsehen. Und das war allen ein Dorn im Auge. Der Besuch – nicht nur Lisas – wurde immer beschattet. Deswegen wußten die ja auch, daß wir mit Herbert Warnkes Verwandten in Berlin waren.

Bei Familie Herrmann

Nach Warnkes zog Joachim Herrmann mit seiner Frau im Haus 12 ein. Die Anbauwand, die schon bei Warnkes im Salon stand, übernahmen also Herrmanns. Sie brachten eine Couchgarnitur mit, sonst blieb alles so, wie es war. Das Arbeitszimmer war bereits eingerichtet, da stand ein Schreibtisch drin, ein Sessel und ringsum Regale.

Auch bei ihnen fing es schön an. Sie baten mich, den Haushalt so einzuräumen, wie ich es für richtig hielt. Was ich wegschmeißen wollte, das sollte ich wegschmeißen und dafür neue Dinge kaufen. Das tat ich. Ich besorgte neue Töpfe und Geschirr, alles, was man so brauchte. Sie lobten mich und meinten, ich solle weiter machen. Sie überließen mir das alles. Wir hatten ein wunderbares Verhältnis. Ich wurde zu jedem Geburtstag eingeladen.

Herrmann kam früh immer runter und fragte: »Ulli« – alle nannten mich Ulli, ich war nie Genossin Hainke oder so –, »Ulli, sagen Sie mal, kann ich so gehen, wie sehe ich denn aus?« Ich antwortete: »Gut sehen Sie aus.« Er: »Dank Ihnen, weil Sie meinen Anzug und die Hemden wieder so prima gebügelt haben.«

Herrmann mußte das machen, was Honecker wollte. Seine Frau erzählte mir manchmal davon. Zum Beispiel, daß Honecker mitten in der Nacht Herrmann anrief, weil irgend etwas nicht richtig in der Zeitung stand oder ein Foto nicht richtig war. Herrmann sollte das verändern. Herrmann hat trotzdem nur in den höchsten Tönen von Honecker gesprochen. Und das, obwohl Honecker vielleicht ein bißchen eifersüchtig auf ihn war. Joachim Herrmann und Margot Honecker hatten vor langer Zeit in Moskau zusammen studiert, und sie verstanden sich sehr gut. Genosse Herrmann erzählte mir, daß sie sich auch mal umarmt haben. Aber sonst war da nichts.

Honecker

Erich Honecker war ein ganz netter Mensch. Wie er im Politbüro auftrat, weiß ich nicht, aber zu Hause, in seiner Privatsphäre, war er nett und liebenswert zu allen.

Später, im Jahr 1989, hatte er schon ganz schön abgebaut. Wenn er früh herunterkam, mit Schlafanzug und Latschen, und mir einen guten Morgen wünschte, da dachte ich manchmal: ›Oh Gott, du armer alter Mann, du weißt bestimmt nicht mehr, was du regieren sollst, oder das machen längst andere.‹ Ich glaube, er begriff gar nicht, was im Land wirklich los war.

Wir bekamen in jener Zeit natürlich mit, was sich in Leipzig tat und daß eine große Unruhe in der Bevölkerung herrschte. Außerdem mußten wir Frauen in Wandlitz plötzlich an solch eigenartigen Schulungen teilnehmen. Dort erfuhren wir, wie wir uns auf bestimmten öffentlichen Veranstaltungen, wie Demonstrationen und Feiern, zu verhalten haben. Zum Beispiel was zu tun sei, wenn eine Frau aus ihrem Kinderwagen plötzlich ein Plakat herauszieht und kurz vor der Tribüne hochhält.

Erich aber bekam von all dem nichts mit. Er wirkte auch nicht mehr wie ein Staatsmann, sondern wie ein gutmütiger alter Opa. Margot, die sehr viel jünger und auch sehr klug war, bemerkte schon, was los war. Die Anspannung sah man ihr an. Einmal erlitt sie einen Kreislaufkollaps und fiel abends im Bad um. Sie fiel auf die Kante des Waschbeckens und verletzte sich. Da hat sich Erich große Sorgen gemacht, das war tragisch für ihn.

Es wird ja immer gesagt, die Honeckers hätten eine Zweckehe geführt. Das glaube ich so nicht. Es gingen nach der Wende auch Gerüchte um, er hätte ein Verhältnis zu seiner Masseuse gehabt. Ach, i wo! Sie hatten vielleicht ein Vertrauensverhältnis, frühstückten miteinander, aber mehr?! Die Frau war einfach ein ruhiger, ausgeglichener Mensch, bei dem man sich wohl fühlte. Sie hat mich auch manchmal massiert, daher kannte ich ihre angenehme Art.

Honecker war sehr, sehr bescheiden. Was Genossin Honecker ihm kaufte, das zog er eben an. Er ging nicht gern einkaufen. Auch Rasierzeug kaufte er sich nie selbst – das taten die meisten Funktionäre übrigens auch nicht. Die nahmen über Jahr und Tag immer das gleiche, und die Frauen besorgten es. Margot Honecker hingegen legte sehr viel Wert auf ihre Kleidung. Sie kaufte sie immer selbst, im »Exquisit«, nicht bei uns im Laden, denn sie wollte keine Westsachen.

Einmal kam sie zu mir und hielt mir ihre grüne Lieblingsbluse aus Seide unter die Nase: »Ulli, hier ist eine Bluse, die die Frauen immer in die Waschmaschine stecken. Dabei ist sie nur für Handwäsche geeignet. Nun ist sie verfärbt.« Wenn sie mit etwas nicht zufrieden war, sagte sie es den Frauen nie selbst, sondern mir. Ich antwortete: »Genossin Honecker, die ist nicht verfärbt, das macht das Licht hier im Keller.« – »Na wenn du meinst. Dann kannst du sie ja haben.« Also nahm ich die Bluse.

Honeckers Tochter Sonja – wir nannten sie Sonni – war recht schwierig. Sie war wirklich ein Kind von Kommunisten – vom Westen wollte sie nichts wissen und auch nichts haben. Da war sie wie ihre Mutter. Sie bekam mit ihrem chilenischen Mann in Berlin, direkt an der Mauer, eine Wohnung. Und da hatten doch die Handwerker, die ihr die Wohnung renovierten und einrichteten, ein Waschbecken und ein Toilettenbecken westlicher Fabrikation installiert. Das mußte also wieder rausgenommen werden, was viel teurer war, als wenn sie es dringelassen hätten.

Sonni war auch schwierig, was ihre Tochter Mariana betraf. Als das Mädchen mit zwei Jahren an einer Viruserkrankung starb, hätte sie im Regierungskrankenhaus die Köpfe rollen lassen. Margot und Erich verhinderten das, denn niemand konnte etwas dafür, daß das Kind starb.

Bei Mielkes

Mielkes bewohnten ein kleines Haus. Ihre Einrichtungsgegenstände waren sehr alt. Da kam von Anfang bis zum Schluß nichts anderes dazu. Ihn hat man kaum gesehen. Ich kenne ihn eigentlich nur von Telefonaten, da mußte ich ihn mit »Genosse Minister« ansprechen. Als ich einmal »Genosse Mielke« sagte, betonte er: »Ich bin Minister«.

Ich kannte ihn privat nicht, aber seine Frau kannte ich. Sie war eine unglückliche alte Dame, die den ganzen Tag zu Hause saß und nichts mit sich anzufangen wußte. Manchmal hat sie sich bei mir ausgeweint. »Wissen Sie, Ulli, mein Mann erzählt mir nichts. Er geht am Morgen schon so zeitig aus dem Haus. Wenn ich nicht immer die ›Aktuelle Kamera‹ gucken und die Zeitung lesen würde, erführe ich gar nicht, was draußen passiert.«

Vor lauter Langeweile ging sie immer mal in die Verkaufsstelle und kaufte sich schöne rote Hüte. Von hinten sah sie aus wie eine Achtzehnjährige, doch wenn sie sich umdrehte, war sie halt eine über siebzigjährige Frau.

Im Grunde genommen war sie sehr gutmütig. Ich bin phantastisch mit ihr ausgekommen. Sie war sehr einsam und hat vermutlich deshalb so eine Art Putzfimmel entwickelt. Meine Mädels sollten, als ich dann stellvertretende Leiterin war, im Winter ihre Terrasse wischen. Sie kamen und beschwerten sich über die unnütze Anordnung. Da setzte ich mich mit der Genossin Mielke zusammen und erklärte ihr: »Das geht aber nicht, Genossin Mielke, das Wischwasser gefriert doch gleich. Erstens gehen die Steine kaputt, und zweitens fallen die Frauen aus, weil sie sich erkälten.« Das hat sie dann eingesehen.

Bei Mittags

Über die Familie Mittag könnte ich ein ganzes Buch schreiben. Sie horteten in ihrem Haus in der Waldsiedlung und auch auf der Datsche verschiedene Sachen. Das kann man sich nicht vorstellen: kofferweise Quarzuhren, die eigentlich für die Erbauer des Palastes der Republik oder zum 25. Jahrestag der Kampfgruppen gedacht waren. Irgendwann sollten die Begleiter das alles vergraben. Ob sie es gemacht haben, weiß ich nicht.

Ich erinnere mich an eine ganz komische Geschichte: Warnke bekam von Mittag mal einen Kassettenrecorder mit Holzgehäuse geschenkt, von Grundig oder so. Als ich einmal zufällig auf der Datsche der Mittags war, sah ich dann Hunderte von diesen Apparaten in der Garage stehen. Warum Mittag die dort stapelte, weiß ich nicht.

Mittag bekam Werbegeschenke aus dem Ausland, selbst

Heidelbeeren und Erdbeeren. Sie konnten das gar nicht alles allein essen, also verteilten sie es auch an uns. Es war manchmal so viel, daß selbst ich etwas davon verschenken konnte.

Die Genossin Mittag hat immer gekriegt, was sie wollte. Kostüme und Kleider, dazu passende Schuhe, Handtasche und Schmuck. Das paßte alles zusammen. Das war toll.

Beide Mittags waren sehr nett. Ich weiß von den Hausangestellten, daß vor allem er sehr zugänglich, leutselig und großzügig war. Als er noch gesund war, trank er auch mal mit seinen Fahrern und Begleitern und hat alles bezahlt. Am Wochenende auf seiner Datsche hat er manchmal richtig auf den Putz gehauen.

Mittags hatten zwei Töchter. Einmal kamen beide mit ihren Männern zu Besuch, und Genossin Mittag bat mich, nach eigenem Ermessen etwas zum Mittag zu kochen. Da Gurkenzeit war, entschied ich mich für Schmorgurken. Die kannte sie nicht.

Ich bereitete eine große Pfanne voll zu – schön süßsauer mit Klößchen aus Hackfleisch. Es schmeckte allen, und was übrigblieb, packten sie ein, um es mit nach Berlin zu nehmen.

Ich ging wieder in den Keller und bügelte. Plötzlich kam eine der Töchter und sagte: »Ulli, ich habe hier ein Kleid. Das hatte ich mir gekauft, aber es paßt nicht. Eigentlich wollte ich es wieder in den Laden schaffen. Aber du hast so toll gekocht, und uns hat es toll geschmeckt. Wenn du mir noch das Rezept aufschreibst, dann schenke ich dir das Kleid.« Das Kleid bestand aus reiner Wolle und kostete zweihundertvierzig Mark. Das habe ich ewig getragen. Es war wunderschön.

Als ich einmal mit im Schloß Hubertusstock war, gab es einen Empfang für Gäste aus der Sowjetunion. Sie wollten jagen gehen. Ich hatte im Haus zu tun, die – männliche – Jagdgesellschaft versammelte sich gerade. Da kam Mittag rein, nahm mich und küßte mich. Die anderen Männer lachten sich ins Fäustchen. Was sollte das?

Familiäres Verhältnis zu den Bediensteten: Günter Mittag mit seinen Bodyguards

Und irgendwann rief mich Frau Mittag an und fragte, ob ich ihre Haushälterinnen vertreten könne. Die eine hätte Urlaub, die andere sei krank – und sie selbst fahre an die Ostsee zur Kur. Ich möge doch bitte ihren Mann in der Zeit versorgen und betreuen. Ich sorgte mich, ob er mich dann, wenn das Haus leer war, wohl noch mehr bedrängen würde, sagte aber trotzdem zu.

Ich dachte: Wer weiß, jetzt mit dem Mann allein, aber er war ganz nett. Die vierzehn Tage liefen prima, und meine Angst erwies sich als total unbegründet. Wer weiß, was damals in Hubertusstock mit ihm los war.

Als Mittag krank wurde, veränderte er sich; vor allem, als ihm wegen seiner Zuckerkrankheit der Fuß amputiert werden mußte, nachdem ihn ein sowjetischer Gast aus Versehen bei der Maifeier getreten hatte. Er zog sich immer mehr zurück.

Er konnte wegen der Diabetes keinen Alkohol mehr trinken und nicht alles essen. Als ich bei ihm aushalf, kam ich einmal auf die Idee, Apfelmus für ihn einzukochen. Da hat er sich gefreut. Ich dachte, hoffentlich bricht er jetzt nicht in Tränen aus. Dann aß er fast ausschließlich das Apfelmus mit Zucker für Diabetiker. Er freute sich so sehr, daß er mich sogar mit Ringen und Uhren beschenkte.

In den letzten Jahren ließ er jedes Jahr das Arbeitszimmer neu herrichten. Da kam Schalck-Golodkowski, und sie besprachen gemeinsam, was wie zu tun sei. Schalck-Golodkowski zeigte ihm Prospekte. Auch die Küche wurde umgebaut.

Alle Funktionäre ließen ihre Häuser noch in den Achtzigern umbauen, auch Egon Krenz. Die haben nicht damit gerechnet, daß alles so schnell zu Ende gehen könnte.

Anfang und Ende

In den ersten Jahren schien es so, als verstünden sich die Funktionärsfamilien prima. Sie feierten zusammen, einer spielte auf dem Schifferklavier. Das muß ganz lustig zugegangen sein. Da waren die Kinder klein; die Verbindung entwickelte sich durch die Kinder. Später, als die Kinder aus dem Haus waren, gab es Reibereien und kaum noch Zusammenhalt.

Mit der Zeit kristallisierte sich heraus, daß man doch nicht so gut miteinander klarkam, teilweise aus Eifersucht, Neid und Ehrgeiz. Manch einer spekulierte, wenn ein Funktionär starb, auf dessen Posten. Zum Beispiel dachte Stoph immer, daß er der Chef würde, wenn Ulbricht geht oder abdankt oder stirbt. Als das nicht der Fall war, wurde Stoph ganz grantig. Ab da war er mit der Welt unzufrieden und machte alle verrückt.

Später wurden die Begehrlichkeiten immer größer. Alle wollten Datschen und ließen sich teure Häuser bauen. Der Staat bezahlte es. Siehe Konrad Naumann – der hatte eine so teure Hütte! Mit eigenem Trafohäuschen! Das Problem an den Datschen war, daß, wenn die Funktionäre in Rente gingen, ihnen die Datschen abgenommen wurden, denn die gehörten ihnen nicht.

Ich denke, es war für einige Leute nicht einfach, in der Waldsiedlung zu wohnen. Die waren auch der Meinung, daß es in Pankow viel schöner war, auch für die Kinder.

Hatten die Kinder hier zum Beispiel Freunde, die im Außenring – nur im Außenring! – wohnten, wurde jedes Mal von der Wache angerufen: »Dürfen die rein?« Ich sagte: »Mein Gott, ihr wißt, daß die schon jahrelang befreundet sind. Ihr müßt doch nicht immer anrufen. Geht das nicht einfacher?« Das konnten einige Funktionäre auch nicht verstehen, die waren damit nicht einverstanden. Aber was sollten sie machen, das war Gesetz. Sie hatten das ja selbst so im Politbüro beschlossen.

Es gingen immer viele Gerüchte über die Waldsiedlung um. Was die da alles hätten und ähnliches. Der pure Luxus! Das stimmt so nicht. Was gab es denn wirklich? Ein Hallenbad für alle? Es hatte nur einer, nämlich der Stoph, ein eigenes Schwimmbecken im Haus – und auch das war ziemlich mickrig. Die hätten die Waldsiedlung nicht so abschotten sollen, das wäre besser gewesen.

Ganz zum Schluß, zum Ende der DDR hin, herrschte großes Chaos. Die Funktionäre wußten nicht, wo sie hin sollten. Honeckers wußten es nicht, keiner wußte es. Sie mußten ihre Häuser verlassen, durften nicht viel mitnehmen und sollten ganz kleine Wohnungen beziehen. Herrmanns beispielsweise bekamen eine Zweiraumwohnung. Als sie ausgezogen waren, riefen die Hausangestellten bei mir an und fragten, was sie tun sollten, es wären noch so viele Dinge in den Häusern. Da stürmten alle möglichen Mitarbeiter hin und holten sich, was noch drinnen war. Das war wie ein Tag der offenen Tür.

Von Honeckers weiß ich nur so viel, daß Margot zu den

Haushälterinnen gesagt hat: »Kümmert euch um eine andere Arbeit, ehe das hier ganz und gar zusammenbricht, da findet ihr vielleicht noch was.« Die zwei älteren Frauen gingen in Rente, die waren schon an die sechzig Jahre alt. Und die eine jüngere Frau wechselte in ein Interhotel in Berlin.

Ich habe meine Arbeit als überzeugte Kommunistin getan. Ich bin stolz, daß ich in der Waldsiedlung arbeiten durfte und daß meine Arbeit dort anerkannt wurde.

Honeckers Bodyguard: Bernd Brückner

Bernd Brückner wird am 6. November 1948 in Magdeburg geboren, der Vater ist Polizist, die Mutter Angestellte. Nach der Schule lernt er den Beruf des Rinderzüchters. 1967 leistet er seinen Armeedienst im Wachregiment »Feliks Dzierżyński«. Von dort kommt er zum Personenschutz, zur Abteilung Verkehrspolizei. Von 1971 bis1973 studiert er, während er weiter beim Personenschutz tätig ist. Von November 1976 bis Oktober 1989 arbeitet er als Personenschützer von Erich Honecker.1990 wird Brückner arbeitslos, von 1996 bis 2000 ist er als Dozent für Unternehmenssicherheit an der TÜV-Akademie tätig. Danach gründet er die »Agentur für Sicherheit GmbH« und das »Bildungsinstitut Brückner«.

Die Laufbahn

Mein direkter Einstieg in den behördlichen Personenschutz fand im November 1976 statt. Während der ersten Arbeitstage wurde ich in die Dienststelle, die Abteilung und alle Bestimmungen, Vorschriften und Anweisungen eingewiesen. Danach fuhr ich als Funker oder als Kommandomitarbeiter im Reservewagen, im Sicherungswagen oder auch im zeitweiligen Sicherungskommando bestimmter Repräsentanten mit. Die Kommandosache Honecker übernahm ich kurze Zeit später. Das sollte wohl ursprünglich nur eine Zwischenstation sein, dann aber wurden dreizehn Jahre daraus.

Die Aufgabe des Personenschützers bestand darin, die Schutzperson, aber auch deren Familienangehörige vor jeglichen Übergriffen zu schützen. Das konnten Beleidigungen, tätliche Angriffe bis hin zu Attentaten sowohl auf dem eigenen Staatsgebiet als auch bei Auslandsaufenthalten sein.

Dienst bei Honecker

Erich Honecker verhielt sich uns, also auch mir gegenüber neutral. Nicht ein einziges Mal während meines dreizehnjährigen Dienstes bei ihm übertrug er persönlichen oder politischen Ärger auf uns. Trotzdem erkannten wir anhand seiner Mimik oder seiner Formulierungen, wenn etwas nicht so lief, wie er wollte. Wir reagierten mit Fingerspitzengefühl darauf. Ich kann sagen, daß er ein normaler, ein guter Chef war.

Der Dienst bei Honecker unterschied sich deshalb von den Aufgabengebieten der anderen Personenschützer, weil Honecker von einem ganzen Sicherungskommando geschützt wurde, während für die anderen Persönlichkeiten im allgemeinen nur ein Personenschützer bereitgestellt wurde.

Das Sicherungskommando von Honecker bestand im täglichen Dienst aus zwei Fahrzeugen, dem Hauptwagen und dem Sicherungswagen. Der Hauptwagen, in dem Honecker mitfuhr, war gepanzert. Außer Honecker saßen in diesem Wagen ein Fahrer und ein Begleiter, beide vom Sicherungskommando. Im nachfolgenden Sicherungswagen, damals ungepanzert, fuhren vier Mitarbeiter. Zum weiteren Kommando gehörten zwei Fahrzeuge Verkehrspolizei, die sogenannten Vorläufer und Nachläufer, sowie mehrere zivile Fahrzeuge, welche die Kolonne vorn und hinten absicherten.

Unsere Arbeit verlief wie folgt: Wir trafen uns und fuhren zum Einsatzort, der Fahrbereitschaft in Wandlitz. Dort erfolgte die Einweisung in die tägliche Fahrstrecke, das Koordinieren mit den Zivilfahrzeugen, die Koordination mit der Verkehrspolizei, der Austausch der Funkschlüssel usw.

Dann gingen wir zur Wache, übernahmen die dort stationierten Waffen und plazierten sie in den Fahrzeugen. Dann

Im Gefolge des Staatschefs Erich Honecker, ganz rechts Bernd Brückner

fuhr das Hauptfahrzeug zum Haus 11, zum Wohnhaus von Erich Honecker, um ihn abzuholen. Das Sicherungskommando und ein Fahrzeug der Verkehrspolizei verblieben an der Wache, die Zivilfahrzeuge warteten draußen auf der Fernverkehrsstraße.

Im allgemeinen fuhren wir montags, mittwochs und freitags um 8.30 Uhr los, dienstags und donnerstags 7.45 Uhr.

Erich Honecker las während der Fahrt die Tageszeitungen, arbeitete gegebenenfalls noch etwas durch, er besann sich ruhig auf die Tagesaufgaben. Er war vor dem Arbeitsbeginn immer ziemlich angespannt.

Wir fuhren mit normaler Geschwindigkeit und ohne Sondersignal. Normale Geschwindigkeit, das hieß zeitweise bis zu 130 Stundenkilometer – in der Stadt natürlich weniger. Aber auch hier zeitweise über 60 oder 70 Stundenkilometer, je nach Verkehrslage.

Sondersignale wurden eingesetzt, um in bestimmten Verkehrssituationen – bei Stau oder Verkehrsunfällen oder ähnlichem – Freiraum zu schaffen. Manchmal setzten wir sie auch ein, wenn es zu protokollarischen Engpässen kam. Zum Beispiel, als Honecker nach Bukarest fliegen wollte. Ich erhielt zweimal die Meldung vom Flughafen Schönefeld, daß sich ein Gewitter nähert und der Flugplatz in wenigen Minuten gesperrt werden müsse. Ich sagte Honecker also sofort Bescheid, und wir brausten los. Wir fuhren mit ziemlich hoher Geschwindigkeit und eben mit Sondersignal Richtung Flugplatz.

Alle Mitarbeiter hatten eine persönliche Dienstwaffe, eine Pistole, und im Sicherungswagen befanden sich noch drei Maschinenpistolen. Außerdem führten wir diverse Führungsketten, Handfesseln, Spray, Paralyser und bei bestimmten Aktionen auch Langwaffen mit. Später setzte sich durch, daß in den Zivilfahrzeugen, also den SEG-Fahrzeugen, Scharfschützengewehre und Maschinenpistolen mitgeführt wurden.

Wenn Erich Honecker mit seiner Familie auf die Insel Vilm fuhr, wollte er auf der Fahrt keinerlei Sicherungsmaßnahmen. Wir konnten ihn aber davon überzeugen, daß zumindest in der Kolonne Zivilfahrzeuge der Polizei mitfuhren, um ein sicheres Durchkommen zu gewährleisten. Mielke wies aber daraufhin ohne Kenntnis von Honecker an, daß sämtliche Sicherungsmaßnahmen auf ein paar hundert Meter entfernt von der gesamten Fahrstrecke realisiert werden sollten. Die Sicherung lief also ohne Wissen von Erich Honecker und so, daß keine Posten an der eigentlichen Strecke zu sehen waren. Dahinter steckte vielleicht Mielkes Honecker-Verklärtheit oder sein Feindbild oder sein Altersstarrsinn.

Aufgepaßt!

Wenn wir im Alltag mit dem Auto unterwegs waren, gab es fast täglich kritische Situationen. Nicht selten entstand aus der normalen Ordnungswidrigkeit eines fremden Kraftfahrers eine Gefährdung für die gesamte Kolonne. Das heißt natürlich nicht, daß das Leben Erich Honeckers gefährdet war. Aber es kam zu Zeitverzögerungen.

Es war nicht selten, daß auf der Autobahn ein Trabantfahrer mit 70 Stundenkilometern ohne Vorankündigung von der rechten auf die linke Spur wechselte. Wir fuhren im Schnitt 130 auf der Überholspur und mußten dann plötzlich bremsen.

Ein weiteres Gefährdungsmoment waren die Straßenbahnen. Manchmal kamen sie aus Seitenstraßen oder fuhren rückwärts beim Rangieren, so daß es zu Blockierungen der Strecke kam. Deswegen begleiteten uns dann ja die zwei Fahrzeuge Verkehrspolizei, die in dem Augenblick mit Sondersignal den Weg frei machten.

Sparen contra Sicherheit

Von der Partei wurde einmal die Direktive ausgegeben: Spare mit jeder Minute, mit jedem Pfennig, jedem Gramm. »Koste es, was es wolle«, haben wir immer spaßhaft angefügt. Das Sparen traf natürlich auch uns; auch bei uns wurde auf jedes Quentchen geachtet – selbst wenn wir das für unsinnig hielten.

Ein Beispiel war der Frostschutz für Scheibenwaschanlagen im PKW. Wir bekamen die Flüssigkeit kontingentiert. Das paßte überhaupt nicht zu unseren eigenen Erfahrungen, wieviel wir brauchten. Man weiß ja, daß es auf das Mischungsverhältnis ankommt. Zuwenig Frostschutz – und dann geht nichts mehr. Jedenfalls bekamen wir viel zuwenig Frostschutzmittel.

Es kam, was kommen mußte: Beim ersten Wintereinbruch sahen wir nichts mehr durch unsere Frontscheibe, weil sie zugefroren war. Und wir mußten oft die Scheibenwischer anschalten, da wir immer kurz hinter dem Hauptwagen fuhren und den ganzen Dreck, Matsch, Salz und Lauge abbekamen. Einmal mußten wir sogar anhalten, um die Scheiben frei zu kratzen, so daß der Hauptwagen mit Honecker allein weiterfuhr. Wir beschwerten uns bei unserem General, daß durch das unsinnige Sparen Unsicherheit produziert wurde. Daraufhin wurden wir vom Sparwahn befreit.

Ein anderes Exempel: Wir schlugen vor, Sondersignale, das heißt Sirenen, in die PKW einzubauen. Es wurde eine DDR-Sirene entwickelt. Die hatte jedoch den entscheidenden Nachteil, daß sie im Winter nicht funktionierte. Der Grund: Die Sirene hing im Motorraum, und das Streugut, das waren kleine Steine, setzte sich in ihr fest. Und die im Kofferraum befindliche Sicherung brannte durch.

Honecker, die Freizeit, die Jagd und der Schutz

Erich Honecker arbeitete auch im Urlaub ständig. Heute würde man ihn einen Workaholic nennen. Er empfing Kurierpost und sandte auch Kurierpost nach Berlin. So passierte es einmal, daß er das dritte Kurierpaar verlangte, mit Fahrzeug, mit Bewaffnung, ich aber keine Leute und Fahrzeuge mehr zur Verfügung hatte. Da wurde er leicht ärgerlich. Am nächsten Tag meldete er seine Kurierpost für Berlin an, so daß ich mich drauf einstellen konnte.

Wenn Honecker in der Schorfheide unterwegs war, war er grundsätzlich sehr freundlich, denn Schorfheide bedeutete für ihn Freizeit. Und in der Freizeit gab es für ihn nur gute Menschen. Ab und zu machte er Radtouren oder ging Pilze sammeln. Uns hat es natürlich nicht ganz so gepaßt, daß er sich so offen und frei bewegte.

Auf, auf, zum fröhlichen Jagen: Günter Mittag, der sowjetische Botschafter Pjotr Abrassimow, Erich Honecker und Erich Mielke

In Wildfang konnte es passieren, daß er nach der Ankunft sofort spazierengehen wollte, ohne Personenschutz. Das war oft der Fall, wenn Margot Honecker bei ihm war. In den Anfangsjahren war es so, daß sie beide zeitweise mehrere Stunden unterwegs waren. Manchmal ging Honecker aber auch ganz allein. Dann bat er uns um eine Pistole – und ich gab ihm dann meine Dienstwaffe. Im Laufe der Jahre veränderte sich das, vermutlich durch die Attentate auf Olof Palme und Indira Gandhi. Dann kam er zu uns und sagte: »Ich gehe nachher mal spazieren, damit ihr Bescheid wißt.« Wir begleiteten ihn dann diskret. So ähnlich war es beim Radfahren. Wenn Erich Mielke zu Gast bei Erich Honecker war, wurde das Objekt Schorfheide von bis zu fünfundsiebzig Mann gesichert. Im Gegensatz zu diesem Aufwand stand der Schutz von Erich Honecker, wenn er sich allein dort aufhielt. Da waren nur zwölf Sicherheitsleute im Einsatz.

Wenn Honecker nach der Politbürositzung zur Jagd in die Schorfheide fahren wollte, bereiteten wir das nicht nur sicherheitsmäßig vor. Wir bestellten das Personal, die Fahrer, die Sicherungsleute, die Jagdtechnik, die Forstleute. Außerdem organisierten wir die Jagdverpflegung. Da wurden in der Waldsiedlung spezielle Pakete gepackt, nicht zu vergessen das berühmt-berüchtigte Kaßler für Erich Honecker.

Als ich ins Kommando kam, hatte Honecker als Jagdwagen einen GAS-69, einen russischen Militärjeep einfachster Ausführung. Der hätte ihm eigentlich auch gereicht. Aber dann ging es weiter: Dieses Fahrzeug besaß keinen Funk, also wurde ein Funkgerät eingebaut. Dann war unsere Basisstation zu schwach, also wurde eine starke Basisstation sowie eine zweite Funkstation im Objekt Groß-Dölln eingerichtet.

Dann wurde Honecker ein Landrover auf den Hof gestellt; ob es ein Geschenk oder ein Kauf war, weiß ich nicht. Zwischenzeitlich kam ein ARO, ein Wagen aus Rumänien, zum Einsatz. Zum Schluß gab es einen Range Rover und danach einen Mercedes-Geländewagen, die beide als Jagdwagen ausgerüstet wurden.

Wenn Honecker jagen wollte, fuhr ein Fahrer von uns den Wagen, mit voller Bewaffnung einschließlich Maschinenpistole. Außerdem fuhren der Förster mit Hund und manchmal auch ein Jagdgast, meistens Günter Mittag, mit. Wir durften aus jagdlichen Gründen nicht mitfahren. Der Fahrer meldete sich aber regelmäßig über Funk und gab die Standorte durch. Wenn Wild erlegt wurde, waren wir vom Personenschutzkommando dafür zuständig, es waidgerecht zu behandeln, aufzubrechen und auf dem Anhänger in die Wildhalle zu transportieren.

Bei großen Jagden konnte es vorkommen, daß bis zu drei

solcher Jagdkommandos draußen waren, die an strategischen Punkten in der Schorfheide stationiert waren. Zu großen Sperrungen kam es bei Honecker nicht. Vollsperrungen gab es nur, wenn Mielke mal Jagdgast bei Honecker war.

Bei der Ankunft nach der Jagd nahmen wir Honecker seine Jagdwaffe ab und reinigten sie. Er ging immer gleich freudestrahlend in die Wildhalle und begutachtete genau das erlegte Wild. Wenn er einen Gast dabei hatte, hing das Wild separat, so daß erkennbar war, wer was geschossen hatte. Und dann wurde gefachsimpelt – das reichte manchmal bis zum Jägerlatein. Danach ging Honecker – allein oder mit Gast – in die Jagdstube zum Abendbrot.

Wenn Honecker auf die Jagd fahren konnte, wurde er ein anderer Mensch. Er saß im offenen Jeep immer hinten, auch bei Wind und Wetter. Da konnte es stürmen, schneien, regnen – er saß hinten mit seiner Pelzmütze, mit hochgeschlagenem Kragen, seinen Jagdkarabiner zwischen den Knien.

Das war für ihn eine ganz andere Welt als im Büro. Er konnte sich ein bißchen gehenlassen und war auch ausgelassener als gewöhnlich.

Bestieg er beispielsweise einen Hochsitz, der bereits besetzt war, erkannte ihn der »Besetzer« entweder sofort und räumte höflich das Terrain, oder Honecker nickte freundlich und ließ ihn sitzen. Er spielte sich jedenfalls nie auf. Auch sprach er immer leise, was sicher damit zu tun hat, daß er sonst das Wild verjagt hätte.

Einmal kletterte er die Leiter zu einem Hochsitz hinauf, um zu schauen, ob Wild in der Nähe war, als ihm von oben jemand entgegenkam. Honecker ließ ihm den Vortritt, kletterte also wieder runter, und dann begrüßten sich beide freundlich. Das war ein einfacher Spaziergänger!

Manchmal kam es vor, daß ein Spaziergänger Honecker darauf hinwies, daß er einen toten Hirsch gesehen habe. Dann antwortete Honecker wahrheitsgetreu: »Ja, den habe ich gerade geschossen, den suchen wir«, und bedankte sich höflich für die Auskunft.

Meist hatte Honecker eine Flasche grusinischen Brandy dabei. Und den verschenkte er gern. Er gab auch mal jemandem sein Jagdmesser. Er wollte den Leuten immer Gutes tun.

Manchmal fuhr Honecker mit dem Motorboot. Anfänglich war das ein alter Kahn, der uns nicht sehr vertrauenswürdig vorkam. Wir vom Personenschutz versuchten, ihn davon zu überzeugen, ein anderes Boot zu nehmen.

Er bekam dann – wahrscheinlich von Mittag – sein erstes großes Boot mit einem Außenbordmotor geschenkt, so daß das Motorbootfahren zu einem Hobby von ihm wurde. Wir brauchten dann natürlich auch ein Motorboot, um ihn auf dem Wasser beschützen zu können, ohne zu nahe bei ihm zu sein.

Einmal beispielsweise wagte er sich zu nahe an den Schilfgürtel heran, und die Schraube verfing sich, so daß er nicht weiterfahren konnte. Er war allein und hatte damals kein Funkgerät. So mußte er mit dem Hilfspaddel über den See zurückpaddeln. Danach war er richtig schön fertig. Später hatte er immer ein Funkgerät mit im Boot.

Honecker, Mittag, Mielke

Günter Mittag dominierte Honecker ziemlich stark. Wenn es um Wirtschaft ging, hat das grundsätzlich Mittag bestimmt. Manche Informationen bekam zuerst Mittag, und er entschied, ob Honecker sie auf den Tisch bekam. Aber der Chef blieb trotzdem Honecker.

Erich Mielke war außen vor. Er versuchte aber, sich an Mittag zu halten, während Mittag auch den Mielke dominierte. Die Rangordnung war so: Honecker, Mittag, und weiter unten kam Mielke.

Margot Honecker verhielt sich zu Günter Mittag korrekt, aber auf keinen Fall überschwenglich oder freundlich. Sie traf auch ganz selten mit Mittag zusammen. Margot Honecker war strikt gegen die Jagd. Da sie deshalb eigentlich nie dabei war, sahen sie sich auch privat kaum. Das gleiche galt für Erich Mielke. Margot Honecker war die einzige Person in der DDR, die es sich leisten konnte, laut zu sagen: »Der Mielke spinnt.« Wir haben darüber immer gelächelt.

Erich Honecker und Günter Mittag verband eine freundschaftliche Beziehung. Wenn die beiden zur Jagd gingen, hatten sie nicht nur ihren Spaß, sondern sie machten da draußen auch Politik. Niemand war mit Honecker so vertraut wie Mittag. Das setzte sich dann dahingehend fort, daß Mittag für Erich Honecker bestimmte Produkte westlicher Produktion besorgte. Dieses Verhältnis ging 1989 jäh in die Brüche, als Mittag auch gegen Honecker auftrat. Das muß sehr schmerzhaft für Honecker gewesen sein.

Honecker und seine Familie

Ich glaube, Honeckers waren ein ganz normale Familie. Da kam es natürlich auch vor, daß es Meinungsverschiedenheiten gab. Aber die trugen sie ganz normal aus.

Honeckers Verhältnis zu seiner Tochter Sonja würde ich als gut bezeichnen. Als Sonja ausgezogen war, sahen sie sich hin und wieder, sprachen miteinander, stritten aber auch manchmal.

Margot Honecker war dahingehend selbständig, daß sie auch uns gegenüber mehrmals betonte, sie sei Ministerin für Volksbildung und möchte so behandelt werden wie die anderen Minister im Ministerrat und nicht als Gattin des Generalsekretärs. Sie wollte nicht hofiert werden oder irgendeine Form von Personenkult.

Sie hatte einen Wartburg und fuhr zum Wochenende zeitweise allein los. Als aber Anfang der achtziger Jahre diese ganzen Attentate in der Welt passierten, schlugen wir ihr vor, daß bei Auslandsaufenthalten ein Mitarbeiter des Sicherungskommandos mit ihr fährt. Sie akzeptierte das.

Erich Honecker hatten ja eigentlich mehrere Enkel, nämlich noch jene aus der ersten Ehe. Honecker versuchte, alle Enkel gleich zu behandeln.

Aber Enkel Roberto war Honeckers Ein und Alles. Daß Honecker zu Roberto eine innige Beziehung hatte, sah man auch daran, daß er viele Zeichnungen von Roberto in Wildfang und im Haus in der Waldsiedlung hängen hatte.

Roberto wurde mit Spielzeug überhäuft. Das wurde von Günter Mittag besorgt – nicht gerade bescheiden und auch nicht immer altersgerecht. Er bekam funkferngesteuerte Hubschrauber, Tretautos und elektrische Autos – alles aus dem Westen.

Obwohl Honecker nicht aktiv Sport trieb, war sein gesundheitlicher Zustand für sein Alter sehr gut. Durch seine Wanderungen, das Radfahren, auch durch die Jagd war er körperlich ziemlich fit. Aber er hatte große Angst vor Erkältungskrankheiten, so daß wir, wenn irgendeiner von uns auch nur hüstelte, diesen Mitarbeiter sofort aus seinem Umfeld entfernten.

Auch hatte Honecker Angst vorm Zahnarzt. Bohren am Zahn war für ihn – wie für sehr viele Menschen – ein Horror.

Roberto genoß zeitweise Narrenfreiheit, die uns wiederum nicht ganz so paßte. Zum Beispiel zog er mit einer scharfen Winchesterbüchse durch die Welt und spielte Indianer. Er wollte dafür scharfe Munition von uns haben. Die gaben wir ihm natürlich nicht und nahmen ihm statt dessen das Gewehr weg. Er beschwerte sich darüber bei seinem Großvater, der uns jedoch recht gab.

Oder ein andermal fuhr Roberto mit einem Moped, das Honecker von Mittag geschenkt bekommen hatte, so ein japanisches. Roberto fuhr also los und zum Tor hinaus. Und

Honeckers Enkel Roberto mit Hund Flex

weil ein paar Jungs von der Wache nicht richtig aufpaßten, kam es, daß er im Alter von vierzehn Jahren plötzlich mit dem Moped durch die Schorfheide fuhr. Und wir mußten hinterher und ihn einfangen.

Manchmal fuhr die gesamte Familie mit dem Auto zum Urlaub in die Schorfheide. Da reichte der Citroën natürlich nicht aus, dann wurde der Volvo genommen. Wir holten Sonja, Leo und die Enkel in der Leipziger Straße ab. Wir klappten den Reservesitz aus, und dort nahm Erich Platz, denn er wollte, daß seine Enkel auf den Hauptsitzen saßen.

Erich Honecker war ein großer Freund von Hüten. Im Sommer, wenn die Sonne schien, trug er gern leichte Strohhüte. Im Winter liebte er Pelzmützen. Wir mußten immer darauf achten, daß der jeweilige Hut im Auto ordentlich auf der Ablage abgelegt wurde. Und jedes Mal, wenn er ausstieg, verlangte er nach seinem Hut. Hüte waren für ihn eine Art Heiligtum.

Seine Enkeltochter Mariana aber sah einmal einen Hut als Spielzeug an und zerstampfte ihn. Da hat ihr Großvater gelacht. Hätte jemand anders den Hut lädiert, wäre aber ein Donnerwetter losgebrochen!

Als Mariana 1989 starb, wurden wir nicht informiert. Das hätte heikel werden können. Man stelle sich vor: Wir scherzen oder sind ausgelassen, und Honecker leidet! Das paßt nicht! Das wäre wirklich pietätlos gewesen. Das war wieder dieser verfluchten Geheimniskrämerei der Staatssicherheit zuzuschreiben. Man wußte es in der Dienststelle, aber man unterrichtete uns nicht. Weder berichtete die Presse davon, noch wurde im Politbüro darüber gesprochen. Die einzigen, die eingeweiht wurden, waren Mielke und Mittag. Mittag hielt dann auch die Grabrede vor einem ganz engen Personenkreis.

1989 merkte man Honecker die doppelte Last sehr deutlich an. Zum einen den Tod seiner Enkeltochter, zum anderen die Bewegungen im Lande, die für ihn nichts Gutes verhießen. Dazu kam noch seine Krankheit. Er baute langsam ab und zog sich zurück.

Beide Großeltern trauerten sehr um die Enkeltochter. Margot übertrug ihre Trauer mehr auf die Familie, auf Sonja, Leo und Roberto. Erich versorgte das Grab und war dort oft für sich. Das war für ihn ein Ritual. Er pflanzte und pflegte alles selbst, besorgte Blumen, er ließ da niemanden ran.

Manchmal sagte er plötzlich, wenn wir vom Büro nach Wandlitz fuhren: »Ach, laßt uns doch nochmal am Friedhof vorbeifahren.« Der lag außerhalb der Protokollstrecke, aber wir taten es natürlich. Manchmal fuhren wir auch im Dunkeln zum Friedhof, wenn das Friedhofstor geschlossen war. Am Anfang haben wir es mit Tricks geöffnet, dann besorgten wir uns einen Schlüssel.

Honecker hatte, im Vertrauen darauf, daß es in seinem Staat keine Kriminalität gibt, an Marianas Grab eine herrliche große Kristallvase aufgestellt. Wir zweifelten, daß die Vase dort lange stehen würde. Und es kam, wie es kommen mußte: Die Vase wurde gestohlen.

Die Protokollabteilung besorgte sofort eine neue Vase und stellte sie wieder auf das Grab, aber immer wenn Erich Honecker den Friedhof verlassen hatte, wurde sie sofort im Büro des Friedhofs eingeschlossen. Und wenn er wiederkam, riefen wir die Friedhofsverwaltung an: »Achtung, Erich Honecker kommt.« Dann wurde diese Vase hingestellt. Der Dieb wurde übrigens von der Kriminalpolizei gefaßt.

Honeckers Hund

Erich Honecker legte sich nach dem Tod von Mariana einen Hund zu, einen roten Cockerspaniel-Rüden: Flex. Von dieser Rasse weiß jeder Fachmann, daß sie ab einem bestimmten Zeitpunkt ziemlich unkontrollierbar wird.

Honecker verwöhnte den Hund, auch die Haushälterinnen verwöhnten ihn. Mein Stellvertreter war Hundefachmann und beschäftigte sich intensiv mit Flex. Er konnte aber nicht verhindern, daß Flex fast die gesamte Familie Honecker biß und auch versuchte, uns, die Personenschützer, ab und zu mal anzugreifen. Da ich selbst einen Hund hatte, wußte ich, wie ich mit dem Tier umzugehen hatte. Mich hat er nicht gebissen.

Sehr zum Bedauern der Fahrer durfte dieser Hund auch mit in die Staatskarosse, und er blieb natürlich nicht im Fußbereich, sondern stieg auf die herrlichen Polster, so daß die Chauffeure hinterher zu tun hatten, die Polster zu reinigen.

Als Honecker feststellte, daß der Hund nicht so gehorchte

wie er sollte, versuchte er ihn zu Disziplin zu erziehen. Das war aber neu für den Hund, und er bellte, knurrte, schnappte zu. Flex wurde zum absoluten Problem in der Waldsiedlung. Bei uns draußen in Wildfang nicht, wir kannten ihn und konnten mit ihm umgehen. Aber in der Waldsiedlung terrorisierte Flex die Leute, viele hatten regelrechte Angst vor ihm.

Sicherungsobjekt Drewitz

Mielke ließ das Objekt, das zunächst Grüneberg gehört hatte, für Honecker großzügig ausbauen. Dafür wurden von fast allen Dienststellen der Staatssicherheit handwerklich begabte Leute abgezogen und auch mehrere Spezialbauunternehmen beschäftigt. Denn neben dem eigentlichen Jagdhaus und den Gästeunterkünften mußte der gesamte sicherstellende Komplex errichtet werden. Dazu gehörten Abzäunung, Alarmanlagen, Stege, Funkstationen, Unterkünfte für die Personenschützer und andere Mitarbeiter – bis hin zu großen Parabolspiegeln für den Empfang von Fernsehprogrammen aus dem Westen.

Rein sicherungstechnisch war es das am besten gesicherte Objekt auf dem damaligen Staatsgebiet der DDR. Es gab da völlig verrückte Dinge. Zum Beispiel war die Anlage durch einen doppelten Zaun gesichert. Innerhalb dieser Zaunanlage befanden sich Erdsensoren. Außerhalb befanden sich – taktisch gut angebracht – verdeckte Fernsehkameras. Zwei verdeckte Kameras befanden sich auch an den Bootsstegen, so daß die Wasserseite ebenfalls konsequent abgesichert wurde. Und das alles zusätzlich zu den Sicherungsposten, die dort Tag und Nacht standen, obwohl Honecker anfänglich nur einmal im Jahr nach Drewitz kam. Das heißt, die meiste Zeit wurde mit riesigem Aufwand ein leeres Objekt bewacht.

Die Leute vom dortigen Wachdienst mußten durch die Parteileitung ständig motiviert werden, trotzdem mit großer Energie an der Absicherung dieses Objektes zu arbeiten.

Häufig aber kamen Anfragen von den Mitarbeitern, ob sie nicht auf andere Objekte umgesetzt werden könnten.

In Wildfang hingegen sah es mit der Sicherung ganz anders aus. Da gab es nur einen einfachen Holzzaun um das Objekt. Das wollte Honecker auch so. Er untersagte uns, die Leute, die am Zaun standen, wegzuscheuchen. Die Leute grüßten ihn über den Zaun: »Hallo, Herr Honecker« oder »Erich, wie geht's?« Und er antwortete freundlich von der Terrasse: »Na, schönen guten Tag auch« oder »Guten Weg« oder so.

In den letzten Jahren hielt sich Honecker öfter in Drewitz auf. In den Sommerferien verbrachte er hier mit seiner Familie auch mal vierzehn Tage. Er fuhr mit dem Motorboot, ging angeln oder auf die Jagd. Das Schwimmbad wurde gern von der gesamten Familie genutzt. Roberto war ständig im Wasser, auch Margot Honecker fühlte sich hier wohl. Sie fuhr zum Beispiel mit der Physiotherapeutin in die nächstgrößere Stadt – ohne Personenschutz –, um dort ganz in Ruhe einen Einkaufsbummel zu machen, sehr zum Erstaunen der dort wohnenden Leute.

Honecker fuhr in Drewitz gern Fahrrad. Wir planten also extra für ihn verschiedene Fahrstrecken auf der Karte. Denn dort gab es sehr viel Sand, wo das Radfahren sehr anstrengend ist, und wir wollten vermeiden, daß er sich längere Zeit abstrampeln mußte.

Wenn Margot Honecker mitfuhr, kam es nicht selten vor, daß sie schimpfte, weil ihr die Strecke zu lang erschien. Anhand unserer Karten konnten wir ihr zeigen, daß wir genau das bedacht hatten. Da gab es verschiedene Touren, vom kurzen Rundweg bis hin zu längeren Strecken.

Manchmal war es aber auch gefährlich. Einmal fuhren wir rund fünf Kilometer auf einer Fernverkehrsstraße, heute Bundesstraße. Da gab es jede Menge LKW-Verkehr. Ich war der Meinung, wir müßten die hochrangige Radgruppe per Blaulicht auf Zivilfahrzeugen absichern. Als Honecker das erfuhr, wehrte er sich. Er wollte kein solches Aufsehen. Ich befand mich also im Zwiespalt: auf der einen Seite der schnelle

LKW-Verkehr, auf der anderen Seite Honeckers mit den Fahrrädern an der Straßenkante. Ich war sehr erleichtert, als wir endlich von der Straße abbogen.

Alle Freizeitobjekte der Politbüromitglieder befanden sich in der Nähe von Ortschaften. Da man aber stark auf Geheimhaltung setzte, wußten die Anwohner nichts oder nur Diffuses. Auch wir sowie das gesamte Personal wurden zum Schweigen verpflichtet.

Aber die Anwohner der Ortschaften ahnten natürlich, daß da spezielle Objekte waren. Es gab ja diese verräterischen Spuren: gute Straßen ohne Schlaglöcher, Strom- und Telefonleitungen. Da fanden ständig Transporte kleinerer oder größerer Art mit gepflegten und relativ neuwertigen Fahrzeugen statt.

Diese ganze Heimlichtuerei fiel den Repräsentanten 1989 auf die Füße. Die Anwohner stürmten die Objekte, weil sie hier riesengroße Reichtümer, Bunker, Hubschrauberlandeplätze und ähnliches erwarteten.

An keinem Objekt war ein eingerichteter Hubschrauberlandeplatz vorhanden. Die führenden Genossen hatten schlichtweg Angst vor Hubschrauberflügen. Es gab mehrere Abstürze von Politikern zur damaligen Zeit mit Hubschraubern, so daß kaum einer mit dem Hubschrauber flog.

Der kranke Honecker

Ich begleitete Honecker einmal auf einer Reise nach Bukarest, wo sich die Staatsoberhäupter der sozialistischen Länder trafen. Das war zu Gorbatschows Zeit.

Schon bei der Planung der Reise war eine gewisse Anspannung zu bemerken, denn Honecker war krank. Wir wurden durch Schulungen im Krankenhaus sowie durch die zwei Leibärzte auf alle möglichen Situationen vorbereitet.

Was politisch in Bukarest passierte, haben wir gar nicht

mitbekommen. Die Männer von der alten Garde, Honecker, Kádár, Husák, Schiwkow, kamen gut miteinander aus. Zumindest nach dem, was öffentlich bekannt war. Auch mit Gorbatschow verstand sich Honecker – rein äußerlich – gut. Was sich hinter den Kulissen abspielte, konnten wir natürlich nicht nachvollziehen. Bei den offiziellen Reden herrschte sowieso Friede und Freude, während es in den Vier-Augen-Gesprächen wohl manchmal ziemlich hart zuging.

In Bukarest dann bekam Honecker in der Nacht einen starken Schmerzanfall. Da kam uns zugute, daß wir ein paar Jahre früher eingeführt hatten, daß Tag und Nacht ein Mitarbeiter des Kommandos vor seiner Tür stand. Als der Mitarbeiter ein lautes Stöhnen und leises Schreien hörte, öffnete er die Tür.

Er verständigte sofort die Ärzte und das komplette Kommando. Wir hatten Schwierigkeiten, die rumänische Seite zu überzeugen, daß ein Krankenwagen kommen muß. Es dauerte Ewigkeiten, und dann kam statt des erwarteten großen Krankenwagens ein Polski-Fiat-Krankenwagen mit nur einem Fahrer und ohne Pfleger. Also mußten wir Erich Honecker vom Bett ins Auto transportieren. Das hatten wir zum Glück vorher alles trainiert. Es war ziemlich schwer, die Trage heil die Treppe runterzuschaffen. Es war eine Marmortreppe mit einem dicken Läufer, der aber nirgends befestigt war und gefährlich rutschte. In den Wagen paßten wir nicht mit hinein, so daß wir mit anderen Fahrzeugen, die vor Ort waren, hinterherfuhren.

Also, die Organisation von rumänischer Seite war denkbar schlecht. Am Krankenhaus mußten wir erst warten, da das falsche Tor besetzt war, und dann dauerte es auch noch lange, bis die Ärzte kamen.

Honecker wurde untersucht, und im Laufe des Tages kam Ceauşescu, um ihn zu besuchen. Als Resultat der Untersuchung stellte sich heraus, daß Honecker reisefähig war. Da die Telefonverbindung nicht funktionierte, regelten wir über unsere neuen Funkgeräte, daß das Flugzeug am Flughafen startklar gemacht wurde, und starteten innerhalb kürzester Zeit mit dem Patienten Honecker Richtung Berlin. Der Rest der Delegation blieb in Bukarest.

Nach der Bukarest-Reise, als der Unmut in der DDR zunahm, wurde Honecker immer nachdenklicher. Er zog sich immer mehr zurück, lachte nicht mehr so oft, wurde still und verschlossen. Das kam zwar keiner Depression gleich, aber es machte uns schon stutzig. Seine Krankheit wurde immer schlimmer, und er mußte operiert werden.

Er ergab sich völlig den Ärzten, obwohl er das sehr ungern tat, und hatte nur noch Kontakt zu Günter Mittag. Auf ärztliche Weisung durften wir nichts an ihn herantragen, beispielsweise Kuriermaterial oder Tagesinformationen. Es gab eine komplette Informationssperre um ihn herum.

Im Regierungskrankenhaus gab es für uns Personenschützer nicht viel zu tun, weil es ja als ständiges Sicherungsobjekt des Personenschutzes galt. Hier waren uniformierte Kräfte stationiert, und Honecker lag in einer Extraabteilung, die über einen codierten Zugang abgesichert war.

Organisation und Ordnung im Krankenhaus basierten generell auf Sicherheit, so daß wir sowohl im Bereitschaftszimmer saßen, die Fahrzeuge ständig abfahrbereit, als auch im Außenstreifenbereich zugange waren.

In der »Bild«-Zeitung war nach der Operation übrigens zu lesen, daß Honecker Krebs habe. Wie die »Bild«-Zeitung an diesen Fakt herankam, kann ich nur vermuten. Das war wahrscheinlich ein Eigentor der Geheimhaltung in der DDR. Die Probe, die man Honecker entnommen hatte, wurde nicht im Krankenhaus in Buch analysiert, sondern in einem anderen Institut. Auf die Probe wurde aus Geheimhaltungsgründen nicht Honeckers Name geschrieben, sondern ein Code. Aufgrund dessen ahnte der Zuträger – es muß ein Mitarbeiter des Instituts gewesen sein – offenbar, daß es sich um eine hochrangige Person handelte. Nun war es ein leichtes herauszufinden, wem die Probe entnommen worden war, denn trotz

Geheimhaltung hatten die Mediziner ja auch ihre Kontakte untereinander.

Hätte man also Paul Müller draufgeschrieben, dann wäre Paul Müller als Krebskranker benannt worden, und es hätte nichts in der »Bild«-Zeitung gestanden.

Wie Personenschützer zu Gärtnern werden

So wie sich die Staatsführung zum Wohnen in Wandlitz verschanzt hat, so hat sie sich auch in den Freizeitobjekten eingebunkert. Es gab auch hier Sonderversorgung und spezielle Sicherungsmaßnahmen.

Die Objekte waren unterschiedlich gestaltet – je nach dem Charakter des Besitzers bzw. Nutzers. Erich Honecker zum Beispiel lebte in seinem Objekt in Wildfang relativ einfach, sowohl von der Ausstattung als auch von der Absicherung. Willi Stoph dagegen ließ im Objekt Birkenheide sehr großen Aufwand betreiben – sowohl was die Technik als auch was das Personal betraf. Alles hier war sehr teuer. Das reichte vom Hausbau, über Wegebau bis hin zu Instandhaltung, Stromkosten und weiteren Unterhaltungskosten.

Der Dienst bei Stoph war unter den Personenschützern nicht beliebt. Denn da hieß es immer, sich das Wochenende um die Ohren zu schlagen und alles zu tun, was Stoph wollte. Freitagmittag ging es nach Birkenheide. Dort hieß es dann: Raus aus dem Wagen, umziehen und Arbeiten im Garten übernehmen. Danach hieß es: Jagdbekleidung anziehen und mit zur Jagd gehen. Kein Personenschützer durfte dabei selbst Wild schießen. Und natürlich mußte auch in der Nacht die Sicherheit gewährleistet werden.

Viele Kollegen beschwerten sich über dieses Arbeitspensum sowohl bei der Dienststelle als auch bei der Partei. Aber sie prallten immer ab. Es hieß, es sei nun mal ihre Aufgabe, auch wenn es für Personenschützer untypische Arbeiten waren, die sie ausführten. Das muß man sich mal vorstellen.

Ein Bodyguard, der Beete jätet, Erde umgräbt, Bäume beschneidet, Früchte an den Bäumen zählt und erntet!

Herr Stoph behandelte den Personenschutz ziemlich stiefmütterlich. Er war für ihn zeitweise nicht existent. Es herrschte keine gute Kommunikation. Stoph zählte manchmal sogar die Äpfel an den Bäumen, um festzustellen, ob es einen Diebstahl durch die Personenschützer gegeben habe. Er hatte kein Vertrauen zu seinen Leuten.

Günter Mittag

Mittag war unnahbar. Wer zum Beispiel einmal bei ihm in Ungnade gefallen war, der hatte für längere Zeit nichts zu lachen. Also handhabten wir alles, was mit der Person Mittag zu tun hatte, grundsätzlich mit ziemlich großem Abstand.

Also, Mittag hat – meiner Kenntnis nach – zum Schluß nur noch Westprodukte benutzt, bis hin zum Selterwasser. Er hatte fünf verschiedene Arten Selterwasser, aber keines aus der DDR. Er ließ sich zu allen möglichen und unmöglichen Jahreszeiten Erdbeeren kommen. Alles, was er an Technik besaß, stammte sowieso nicht aus der DDR – es sei denn, es waren ganz ausgewählte Exportartikel.

Mit der Zeit, vor allem nachdem er beide Beine verloren hatte, wurde er griesgrämiger und heimtückischer. Mittag war kein ausgeglichener Chef. Zum Beispiel bei der Vorbereitung der Leipziger Messe muß er immer sehr schulmeisterlich gegenüber den Leuten aufgetreten sein, ohne andere Meinungen zu akzeptieren.

Lamberz kam grundsätzlich als letzter zu protokollarischen Terminen. Er fuhr mit großem Reifenquietschen vor, erst im Tschaika, später im Volvo. Sein Fahrer war später unser Parteisekretär und wies uns immer auf die Straßenverkehrsordnung hin. Das parierten wir, indem wir ihn daran erinnerten, wie er für Lamberz fuhr – mit Volldampf um die Kurven und so.

Lamberz hatte zwei Personenschützer bei sich, als er 1978 nach Libyen flog. Der eine sprach sogar arabisch. Von seinem Absturz haben wir nur über die Medien erfahren, weil bei uns in der Dienststelle höchste Geheimhaltungsstufe galt. Bei einer dienstlichen Einweisung erwarteten wir von unserer Dienststelle dann Genaueres. Aber man konnte oder wollte uns nichts mitteilen.

Lamberz' Personenschützer hatten das große Glück, daß sie nicht an ihrem Platz waren als das Unglück geschah. Der wäre nämlich im Hubschrauber bei Lamberz gewesen. Doch Lamberz hatte einen Dolmetscher und einen Fotografen bei sich, um mit ihnen Absprachen zu treffen. Die beiden Personenschützer flogen mit einem zweiten Hubschrauber hinterher und sind heute noch am Leben.

Daß in der Waldsiedlung nach Bekanntwerden von Lamberz' Tod alles hin- und herlief und riesengroße Tränen vergoß, das kann ich nicht sagen. Einige Angestellte bezeugten große Anteilnahme und auch jene Mitglieder des Politbüros, die Lamberz etwas näherstanden. Da er aber ein bißchen als Kronprinz gehandelt wurde, gab es auch Neider. Bei denen beschränkte es sich auf ein allgemeines, protokollarisches Mitleid.

Konrad Naumann

Von Konrad Naumann, damals Sekretär der Bezirksleitung Berlin, war uns bekannt, daß er einen ziemlich starken Alkoholkonsum hatte. Sein Personenschützer aber war Antialkoholiker. Er trank gern Milch, und das führte mehrmals zu wüsten Beschimpfungen von seiten des Herrn Naumann.

Naumann wurde 1985 ja abgesetzt. Honecker begründete es mit der mangelnden Vorbildhaltung eines Genossen der SED. Naumann habe gegen die Disziplin und die Moral der Partei schwerwiegend verstoßen. Honecker hielt zu diesem Fakt sogar eine Rede auf einer Versammlung. Vierzig Minuten referierte er frei – und das, obwohl man immer behauptete, er könne nur ablesen.

Konrad Naumann mit seiner zweiten Frau Vera Oelschlegel

Über Konrad Naumann wurde viel getuschelt unter uns Kollegen. Neben dem Alkohol hatte er eine Schwäche für Frauen. Wenn er im Ausland weilte, begleitete ihn meistens eine von den Damen, die jeweils zu der Zeit bei ihm hoch im Kurs standen. Das hieß für unsere Kollegen mitunter auch, daß sie mal frei hatten, weil Naumann seine Ruhe wollte.

Es ging das Gerücht, Naumann hätte eine Liaison mit der Schlagersängerin Regina Thoss gehabt. Das kann ich nicht bestätigen. Ich wohnte sieben Jahre mit ihr in einem Haus. Ich kann bezeugen, daß Konrad Naumann hier nie aus und ein ging. Wenn, dann müßte es zu Treffen außerhalb des Hauses gekommen sein. Aber meine Kollegen meinen, das waren ganz normale, freundschaftliche Kontakte, mehr nicht.

Auf der anderen Seite galt Naumann in der Bevölkerung immer als einer, der offen und klar über die Politik sprach – also auch mal kein Blatt vor den Mund genommen hat. Das war sein Faustpfand.

Kohl in der DDR

Helmut Kohl besuchte im Jahre 1988 die DDR. Es war ein geheimer, rein privater Besuch. Er traf sich mit keinem der Repräsentanten der DDR. Ihn begleiteten seine Frau Hannelore, sein Sohn Peter und der damalige Regierungssprecher Friedhelm Ost. Sie fuhren nach Erfurt, Weimar und Dresden und sahen sich die Sehenswürdigkeiten an.

Ich war zu dieser Zeit Kommandoleiter und wurde zur Absicherung von Kohl abkommandiert. Er hatte keine eigenen Personenschützer mit, nur zwei Fahrer für die zwei gepanzerten Limousinen.

Kohl kam in Wartha/Herleshausen über die Grenze. Dort versuchten wir die Route abzustimmen. Wir hatten auch ein Fahrzeug der Verkehrspolizei bei uns, das vorneweg fahren sollte. Kohl meinte aber gleich, daß er das nicht braucht, daß wir, wenn es unbedingt sein müsse, ihm hinterherfahren könnten. Er ging mit seinen Leuten zunächst zu der Stelle, wo der berühmte Zwangsumtausch stattfand, und dann fuhren wir los. Nun passierte es, daß in die Funkleitstelle der Bezirksverwaltung Suhl der Blitz einschlug und den gesamten Funkverkehr der Region lahmlegte. So gab es für Stunden keinen Funkverkehr in der Kolonne.

Wir bauten aber beim ersten Halt einen sehr guten Kontakt zu den beiden Fahrern von Kohl auf, so daß wir nachher alle unseren Job gut machen konnten.

Wir erhielten die Aufforderung von unseren Vorgesetzten, bei den Gesprächen Kohls mit Leuten aus der Bevölkerung, bestimmte Erkenntnisse abzuschöpfen und sie intern sofort weiterzugeben. Aber das unterließen wir tunlichst, denn wir wollten einen guten Draht zu unserer Schutzperson Kohl bewahren. Er war bekannt dafür, daß er mit dem Personenschutz nicht viel am Hut hatte.

Die Leute erkannten Kohl schnell, schon wegen seiner Größe und seiner Ausstrahlung. So kam es in Erfurt und Weimar immer wieder zu freudigen Begrüßungen. Einige traten auf ihn zu und baten ihn um Hilfe, beispielsweise in Sachen Ausreise oder ähnliches. Manchmal wurden Kohl auch Briefe zugesteckt.

Letzte Tage in der Waldsiedlung

Wir Personenschützer fühlten in den achtziger Jahren zunehmend, daß irgend etwas schiefläuft. Wir fanden auch, daß Honecker die Lage in Leipzig und im ganzen Land nicht richtig beurteilte. Für ihn waren beispielsweise die Demonstranten in Leipzig nur geschulte Vertreter des Imperialismus.

Als Honecker abgesetzt wurde, hatte ich keinen Dienst. Ich fuhr in einem Lada Niva auf Streife im Staatsjagdgebiet und hörte im Radio, daß Erich Honecker seinen Rücktritt eingereicht habe. Die Kollegen berichteten mir hinterher, er sei relativ gefaßt in den Saal gegangen, um mitzuteilen, daß er nicht mehr zur Verfügung stehe. Dann nahm er seine Tasche und verließ unter Beifall das Haus, ohne noch einmal ins Büro zu gehen. Er soll noch gesagt haben: »Na, nun macht mal euer Zeug alleine.« Er stieg ins Auto und wurde nach Wandlitz gefahren.

Für mich war das alles sehr widersprüchlich. Auf der einen Seite stand die Person Honecker, der ich ja irgendwie sehr nahe war. Auf der anderen Seite sah ich auch die politische Misere, die ebenjene Person mit zu verantworten hatte.

Die Absetzung Honeckers berührte mich trotzdem sehr. Ich hatte das Gefühl, daß ihm die Leute, die noch vor kurzem zu ihm hielten, nun den Dolchstoß versetzten. Und das ganz bewußt, um ihre eigene Haut zu retten. Und das stellten sie dann auch noch als großen Sieg hin!

Nach Honeckers politischem Ende fragten wir Personenschützer uns, was mit uns passieren würde. Die Umstrukturierung erfolgte anfänglich unter der Prämisse: Honecker bleibt auf Sparflamme auf der politischen Bühne. Er wird – wenn auch verringert – weiter über Personenschutz und Fahrzeuge verfügen können. So stellten wir uns die Frage, wer im Umfeld Honeckers bleiben und wer das Kommando mit anderen Aufgaben verlassen würde.

Es wurde aber festgelegt, daß Erich Honecker noch einen bestimmten Mannschaftsbesatz an Sicherheitsleuten behält. Es war der ausdrückliche Wunsch von Honecker, daß ich zu diesem Kreis gehören sollte, und ich informierte meinen Vorgesetzten darüber. Der aber entschied, daß ich in der Dienststelle für weitere Aufgaben verbleiben sollte.

Die letzte Begegnung mit Honecker in Wandlitz hatte ich, als wir bereits abgezogen waren und unsere Sachen zusammensammelten. Wir trugen Zivil, also ganz normale Tagesbekleidung.

Da erreichte mich ein Anruf, daß Honecker in die Schorfheide fahren wolle und sofort Personenschutz brauchte. Ich fragte: »Warum braucht Honecker das?« Da war wohl irgend jemandem aufgefallen, daß Honecker zwar als Generalsekretär und Staatsratsvorsitzender abgesetzt war, aber in seiner dritten Funktion noch Vorsitzender des Nationalen Verteidigungsrates war. Er war also immer noch oberster Befehlshaber und konnte demzufolge Personenschutz beanspruchen.

Wir stiegen also in einen normalen Wartburg, in Jeans und T-Shirt, fuhren nach Wandlitz und sicherten Honecker nochmal einen Tag ab. Das war meine letzte Begegnung behördlicher Art mit Erich Honecker.

Danach hatte ich keinerlei persönlichen Kontakt mehr zu Honeckers. Ich sah sie erst wieder in Lobetal, im Pfarrhaus, wo sie Asyl gefunden hatten. Wir saßen oben im Giebel mehrere Stunden zusammen und tauschten uns über bestimmte Themen oder Probleme aus.

Bei der Pfarrersfamilie führte Margot Honecker sowohl das Wort als auch den Haushalt. So paradox es ist, für die Ehe Erich und Margot Honeckers brachte der Zusammenbruch der DDR etwas Positives. Sie sind mehr aufeinander zugegangen. Sie hat ihn stark gestützt und unterstützt. Dann traf ich Erich Honecker noch einmal in Moabit in der Justizvollzugsanstalt auf der Krankenstation, während der Zeit seiner Verhandlung. Ein weiteres Treffen war geplant, aber dann reiste Honecker nach Chile aus.

Ich bin dann im Dezember 1989 das erste Mal suspendiert worden. Ich war sehr wütend, aber auch sehr niedergeschlagen. Ich hatte mir doch ausgerechnet, daß wenigstens meine Ausbildung und Erfahrung noch etwas wert sind. Ich dachte mir: Okay, du wirst wohl nicht mehr Personenschützer eines Staatschefs. Aber du kannst allemal noch in die Ausbildung gehen. Ich war damals vierzig Jahre alt.

Und schließlich: Personenschutz gibt es immer und überall. Der Personenschutz der DDR ging fast nahtlos über in den Personenschutz von Frau Bergmann-Pohl oder Herrn de Maizière. Qualität setzt sich eben durch. Die Personenschützer unterstanden dann natürlich nicht mehr dem Ministerium für Staatssicherheit. Die Abteilung wurde zur polizeilichen Einheit umstrukturiert.

Im Januar 1990 wurde ich wieder als Oberleutnant eingestellt. Ich wurde wieder suspendiert und dann als Polizeimeister eingestellt. Nach ein paar Wochen wurde ich wiederum entlassen. Alles mit der Begründung: Nähe zu Honecker.

Aber trotzdem kann ich sagen, es ist schon ein erhebendes Gefühl, daß man bei einem Staatsoberhaupt, das von vielen anerkannt wurde, seinen Dienst leisten durfte. Wir haben Erich Honecker von seiten des Personenschutzes keinen Kummer bereitet. Wir hatten eine gute Truppe. Wir waren sehr oft im Ausland. Wir hatten einen guten Job.

Der Jäger: Günther Wlost

Günther Wlost wird am 20. Dezember 1929 in Radensee (Mecklenburg) geboren. Sein Vater ist Maurer, die Mutter Hausfrau. Von 1936 bis 1944 besucht er die Schule und beginnt danach eine Lehre als Waldarbeiter, die ab Januar 1945 durch den Armeedienst unterbrochen wird. Er schließt die Lehre 1946 ab und arbeitet dann als Waldarbeiter. Von 1953 bis 1956 qualifiziert er sich an der Forstschule Tharandt zum Forstingenieur und ist bis 1992 als Revierförster, im Staatsjagdgebiet als Oberförster und Forstmeister mit der Tätigkeit als Jagdleiter in Wucker beschäftigt.

Vom Forstwirtschaftsbetrieb zur Staatsjagd

Zur Gründung des Staatsjagdgebietes Schorfheide sind die Reviere Lindhorst, Kienhorst, Michen, Hubertusstock, Wildfang, Rarangsee, Rehluch und Lotzien von den Flächen des Staatlichen Forstwirtschaftsbetriebes (STFB) Joachimsthal und Groß Schönebeck sowie vom STFB Templin das Revier Wucker abgetrennt worden. Die Fläche betrug insgesamt etwa 15 000 Hektar. In diesen Revieren waren zur Durchführung der forstlichen Produktion durchschnittlich zwanzig Arbeitskräfte für den Holzeinschlag, die Wiederaufforstung und sonstige Arbeiten beschäftigt. Die Einschlagsmenge je Revier betrug etwa 6000 Festmeter Derbholz.

Mit der Gründung des Staatsjagdgebietes änderte sich an der Durchführung der laufenden Produktionsaufgaben in den betroffenen Revieren nichts. Hinzu kamen kurzfristige Maßnahmen für die Durchführung von Jagden.

Oberste Jagdbehörde
der Deutschen Demokratischen Republik

URKUNDE

Der Jäger Genosse Erich Honecker

erlegte am 4. 8. 1987 um 19.30 Uhr

einen **Rothirsch**

im Staatsjagdgebiet Schorfheide Revier:

Trämmersee, Abt. 19

Gewicht 152 kg Alter 8 Jahre

Bewertung der Trophäe

Rothirsch	Messungen	Punkte
1. Länge der rechten Stange Länge der linken Stange	97,5 94,5	48,00
2. Länge der rechten Augsprosse Länge der linken Augsprosse	36,0 23,0	7,38
3. Länge der rechten Mittelsprosse Länge der linken Mittelsprosse	37,6 35,0	9,08
4. Umfang der rechten Rose Umfang der linken Rose	25,7 24,3	25,00
5. Umfang der rechten Stange zwischen Aug- u. Mittelsprosse	15,3	15,30
Umfang der linken Stange zwischen Aug- u. Mittelsprosse	15,8	15,80
6. Umfang der rechten Stange zwischen Mittelsprosse u. Krone	16,5	16,50
Umfang der linken Stange zwischen Mittelsprosse u. Krone	18,5	18,50
7. Gewicht des trockenen Geweihs in kg	8,0	16,00
8. Zahl der Enden	9/10	19,00
9. Auslage	72,0	2,00
10. Zuschläge		
a) Farbe		2,00
b) Perlung		2,00
Übertrag		196,56

Trophäenausweis von Erich Honecker

Die Eröffnungsjagd fand am 16. Mai 1962 in Hubertusstock statt. Es waren etwa zwanzig Gäste anwesend, die Erich Honecker dazu eingeladen hatte. Zur Durchführung der Jagd wurde jedem Gast mit Begleiter ein Militär-PKW zur Verfügung gestellt. Die Jagd war für alle Beteiligten erfolgreich, erlegt wurden etwa 25 Rehböcke und zehn Sauen. Für den Abschluß der Jagd hatten die Köche in Hubertusstock ein reichhaltiges Buffet aufgebaut – selbst Kaviar fehlte nicht –, und zur Krönung war in der Mitte der Tafel ein Spanferkel plaziert. Das Buffet war so elegant, daß selbst die Gäste darüber staunten.

Das Staatsjagdgebiet wurde geschaffen, um den in- und ausländischen Gästen optimale Jagd- und Aufenthaltsbedingungen bieten zu können. Die Gründung erfolgte keineswegs spontan, die Herren Honecker, Mittag und Menzel hatten jagdliche Erfahrung durch ihre längere Mitgliedschaft in der Jagdgesellschaft Reiersdorf/Schorfheide gesammelt.

Die ersten jagdlichen Aufgaben konnten sich nur auf dem Niveau der Jagdgesellschaften weiterentwickeln. Mit Beginn der Vegetationszeit wurden die Flächen auf das Äsungsangebot kartiert, um den Grundbestand des Wildes zu errechnen. Zusätzlich bestellten wir die forstlichen Ackerflächen, um das Äsungsangebot zu bereichern und das Wild von den angrenzenden landwirtschaftlichen Nutzflächen fernzuhalten. In den darauffolgenden Jahren wurde die gesamte Fläche mit einem massiven Knüpfzaungeflecht umgeben. Außerdem wurden in den Revieren auf geeigneten Flächen Wildäcker angelegt. Parallel dazu wurden jagdliche Einrichtungen aufgestellt. Dazu zählten Kanzeln, Schirme und Stände, die in einer betriebseigenen Werkstatt angefertigt wurden. Zu diesen Einrichtungen wurden Pirschsteige gebaut.

Die Wildentwicklung war so weit vorangeschritten, daß wir Ende der sechziger Jahre das Wild zusätzlich füttern mußten. Die Sauen bekamen an gesondert eingerichteten

Hasenjagd im großen Stil

Kirrplätzen Körnermais, und für das Rotwild wurde ein Futterpellets-Gemisch nach dem Versuchsgehege vom Schneeberger Gatter hergestellt. Die Fütterung für das Rotwild war mit einem 135 Zentimeter hohen Zaun umgeben, das Futter wurde in Holztrögen angeboten.

Die jagdlichen Tätigkeiten wurden durch einige Drückjagden erweitert, an denen auch Walter Ulbricht teilnahm. Dadurch angeregt, wurde er auch zum Einzeljäger. Aus Gründen der Sicherheit wurde an einigen Kanzeln die allgemein übliche Leiter durch eine Treppe, die mit Eichenbohlen verbaut war, ersetzt. Jagdlicher Erfolg war Ulbricht jedoch selten beschieden, bis auf einen Damhirsch hat er in meiner Gegenwart nichts erlegt.

Arbeitsbedingungen

Wir wurden normal nach dem Forsttarif bezahlt und erhielten auch im Laufe der Jahre laut Armee-Besoldungsgesetz eine Treueprämie. Sie wurde immer zum Jahresende ausgezahlt und entsprach einem Monatsgehalt. Das waren am Anfang etwa siebenhundert Mark und steigerte sich bis zum Schluß auf eintausenddreihundert Mark netto. Wenn alles gut lief, dann hat es sich Honecker nicht nehmen lassen, uns zum Jahresende eine rein jagdliche Prämie zu zahlen; etwa vierhundert Mark. Vielleicht bedeutete es für ihn eine Art Äquivalent für das, worauf unsere Familien manchmal verzichten mußten, wenn wir viel unterwegs waren.

Fremde Tiere

1964 hatte der sowjetische Botschafter Pjotr Abrassimow dem Staatsjagdgebiet und somit auch dem Genossen Honecker ein Rudel Elche geschenkt. Es kamen im Laufe des Jahres 30 Elchkälber aus einem sibirischen Eingewöhnungsgatter. Sie wurden je zur Hälfte in einem Quarantänegehege im Revier Eichheide und in einem am Wuckersee, auf der Grabseite, untergebracht. Die Kälber sind mit Knäckebrot und Mohrrüben als »Babynahrung« gefüttert worden. Nach der Quarantänezeit kamen die Elche in ein etwa zwanzig Hektar großes Eingewöhnungsgatter auf dem Ruinengelände in Carinhall. Ein später eingetroffener Elchtransport, etwa fünfzehn Schmaltiere, männliche und weibliche, haben wir sofort in das Eingewöhnungsgatter gegeben. In diesem Gatter sind etwa acht Elchkälber geboren worden, die erfolgreich aufwuchsen. Die vorgesehene Auswilderung der Elche schlug jedoch fehl, wir haben sie wieder eingefangen und zu Professor Dathe in den Tierpark Friedrichsfelde gegeben.

1967 wurden zwischen der Ungarischen Volksrepublik und der DDR Verhandlungen über den Ankauf von Rotwild geführt. Zu diesem Zweck fuhr ich mit zwei Kollegen von unserem Betrieb nach Ungarn. Wir besuchten die Oberförsterei Telki südöstlich von Buda, die auch ein Staatsjagdgebiet war.

Die Hirsche selbst holten wir aus Jarmapuszta, das etwa siebzig Kilometer südwestlich von Budapest liegt. Das war früher das Jagdgebiet des österreichischen Kanzlers Metternich, etwa fünfhundert Hektar groß und mit einer massiven Mauer umgeben. Dort wuchsen fast ausschließlich Eichen, diese typisch ungarische Art, krumm und krüppelig gewachsen. Hier gab es einen guten Rotwildbestand.

Die ungarischen Kollegen hatten schon eine Fangvorrichtung angelegt. Innerhalb von zwei Tagen wurden etwa fünfundzwanzig verwertbare Hirsche gefangen. Jedes Tier bekam eine Kiste für den Transport per LKW und Bahn in die DDR.

Am dritten Tag verluden wir die Tiere in Budapest auf dem Hauptbahnhof. Die Waggons wurden einem sogenannten Schnelläufer angehängt, der kam aus Bulgarien und hatte verderbliche Waren geladen. Bevor wir an die tschechisch-deutsche Grenze kamen, stellte ich fest, daß ein Hirsch verendet war. Ich befürchtete, daß das Ärger mit den Hygiene-

Jäger Wlost mit Familie in der Försterei Hubertusstock

behörden geben könnte. Der tschechische Zoll und ein Tierarzt kamen zur Begutachtung, und der Arzt fragte mich, ob alles in Ordnung sei. Ich antwortete mit ja. Er kontrollierte die Transportkisten; überall standen die Hirsche. Nur das tote Tier lag auf dem Boden. Der Tierarzt konstatierte vage, daß der Hirsch schlafen würde. Ich bestätigte ihm das schleunigst und sagte noch, daß das Tier vor kurzem erst eingeschlafen sei und daß wir es bis zur Ankunft schlafen lassen sollten. Er beließ es dabei. Auch das Rotwild kam in das Eingewöhnungsgatter, das vor allem durch die schon mit den Menschen vertrauten Elche Besucher anzog.

Als die Familien Honecker und Keßler sich ein Wochenende lang im Schloß Hubertusstock aufhielten, kamen sie auf die tolle Idee, die Elche zu besuchen. Sie ließen sich die Kutschpferde anschirren und fuhren mit zwei Mecklenburger Braunen und ohne Kutscher zum Gehege. Etwa zwanzig Meter vor dem Gehege machten sie halt. Honeckers und Keßlers stiegen aus und gingen an das Gehege. Als die Elche zum Zaun kamen, reagierten die Pferde panisch, sie stellten die Lauscher hoch und trabten scharf an, auf das Gehege zu. Vielleicht hatte Honecker oder Keßler sie mit erhobenen Armen stoppen wollen, vielleicht haben die Pferde aber auch die Umzäunung des Geheges bemerkt – jedenfalls wichen sie aus und trabten in einen Bestand starker Kiefern, wo die Kutsche zu Bruch ging. Es war nichts mehr zu gebrauchen. Daraufhin kam Honecker allein und zu Fuß hoch zu mir in die Försterei. Ich hatte gerade Verwandte aus Fürstenberg zu Besuch. Meine Tante schaute hinter der Gardine auf den Hof und meinte im schönsten Platt: »Du, Günther, da ist ja wedder einer uppn Hoff. Die wolln woll Holt ham. De set ut as Honecker.« Ich sah zum Fenster raus und parierte: »De süt nich nur so ut as Honecker, das is auch Honecker.« Ich fuhr Honecker mit meinem Privatwagen zurück nach Hubertusstock, wo er alles organisierte, damit die Familien wieder wohlbehalten vom Elchgehege zum Schloß kamen. Daß sie allein mit der Kutsche gefahren sind, war sträflich und leichtsinnig. Sie hatten sich damit über jedes Protokoll hinweggesetzt und sich auch verbeten, daß man ihnen mit einem Dienstfahrzeug folgte. Es hätte ganz schlimm ausgehen können.

Mitte der sechziger Jahre wurden die Reviere Prötze und Trämmersee im Raum Zehdenick vom Staatsjagdgebiet übernommen. In das Revier Trämmersee wurde Günter Mittag als ständiger Gast eingewiesen. Dies schloß die Bejagung durch Honecker jedoch nicht aus.

Ab Mitte der sechziger Jahre bestand die Jagd aus dem Führen der Gäste zum Einzelabschuß des Wildes. Die letzte großangelegte Drückjagd wurde 1973 mit Gästen aus der Sowjetunion und Vertretern aus der DDR-Regierung durchgeführt. Der jagdliche Erfolg war gut, das Schüsseltreiben fand im Gebäude am Großen Döllnsee statt.

1974 wurde die Jagdfläche durch Gebiete der Oberförsterei Reiersdorf nochmals um 3000 Hektar erweitert, es entstanden die Reviere Schwarzer Tanger und Ringenwalde. In diesem Gebiet lag auch das Seebruch mit einer offenen Wasserfläche von einem Hektar und durch Anflug von Espe, Erle, Birke, Kiefer und Weide lückig bestockt. Diese Fläche wird zur Brunftzeit des Rotwildes bevorzugt aufgesucht. Hier haben sich während der Blütezeit des Staatsjagdgebietes um 1980 zweihundert Stück Rotwild eingefunden, darunter etwa fünfzig Hirsche. Diese Flächen für Dam- und Rotwild sowie auch ähnliche an anderen Stellen in der Schorfheide sind während der Brunft bevorzugt bejagt worden. Am Seebruch steht noch eine Kanzel aus der Staatsjagdzeit, die auch mit einer Treppe versehen ist, speziell für Günter Mittag gebaut, der damals schon beinamputiert war. Von dieser Kanzel aus hat auch Berthold Beitz mit seiner neuen Doppelbüchse einen Hirsch erlegt.

Für die Versorgung des durch Honeckers Gäste erlegten Wildes gab es ein Räumkommando, das den Schützen unmittelbar folgte und das Wild versorgte. Für die vorläufige Aufbewahrung des erlegten Wildes gab es im Jagdhaus Wildfang eine kleine Wildhalle, von der aus es am folgenden Tag in das Kühlhaus der Jagdwirtschaft transportiert wurde, das schon 1970 nach der heutigen EG-Norm gebaut wurde. Wild, das übrige Gäste und der Jagdleiter erlegten, wurde nach Bedarf und Erfordernis von den Förstereien abgeholt und zur Wildhalle gefahren. Von dort aus wurde es nach Berlin verkauft.

Das Staatsjagdgebiet Schorfheide war für die Bevölkerung als Naherholungsgebiet offen. Es gab weder Schranken noch Verbotsschilder. Gesperrt war die Schorfheide nur, wenn hochrangige ausländische Gäste zur Jagd unterwegs waren.

Ulbricht und die Jagd

Wie schon erwähnt, hatte Ulbricht durch die Teilnahme an einigen Gesellschaftsjagden in der Schorfheide auch persönliches Interesse an der Jagd entwickelt. Ich bin daher öfter zu seinem Sommersitz am Döllnsee beordert worden und habe mich in längeren Gesprächen mit Ulbricht über die Jagd unterhalten. Er hat in den darauffolgenden Jahren mehrfach zur Einzeljagd eingeladen. In der Handhabung der Jagdwaffe war er ungeübt, so daß das Jagdergebnis recht bescheiden ausfiel.

Anläßlich einer Jagd mit Ulbricht fuhren wir – Ulbricht, seine Frau, der Fahrer und ich – mit einem Tatra in die Schorfheide. Uns folgte ein Auto mit seinem persönlichen Arzt und ein drittes Fahrzeug mit seinen Sicherheitskräften. In Wucker gingen wir, den Schirm als Deckung benutzend, einen äsenden Schaufler an. Ulbricht legte an, und ich mußte das Gewehr und den Schützen selbst in der Schießhaltung korrigieren. Im Schuß ging der Schaufler ohne groß zu zeichnen nach rückwärts ab. Ulbricht erkundigte sich, ob das Tier tot sei. Ich antwortete: »Noch nicht.« Nach 300 Meter Fluchtweg brach der Schaufler dann verendet zusammen.

Ich habe den Schaufler dann an Ort und Stelle aufgebrochen und überreichte Herrn Ulbricht einen Schützenbruch.

Nachwuchsjäger Ulbricht

Dann fuhren wir zum Haus am Döllnsee zurück und drapierten dort den Schaufler; rechts und links ein Feuer und zwei Soldaten mit einer Fackel. Das war im Protokoll so verankert. Damit hatte ich nichts zu tun. Dann stand ich allein hinter dem Schaufler und habe die Strecke verblasen. Ulbricht stand mit seiner Frau vor dem Gebäude.

Als das Signal »Damwild tot« vorbei war, füllte sich plötzlich die Terrasse. Ich wußte nicht, daß Ulbricht an diesem Tag dort eine Politbürositzung anberaumt und sie nur für kurze Zeit unterbrochen hatte, um mit mir zur Jagd zu gehen. Es waren fünfzehn Leute aus dem Politbüro und aus dem Zentralkomitee da. Einschließlich Köchen und Reinemachfrauen standen dort vielleicht fünfundzwanzig Leute,

Männerfreundschaft: Günter Mittag und Erich Honecker

und ich mußte allein auf weiter Flur den Schaufler verblasen. Anschließend wurde ich von Ulbricht zum Abendessen eingeladen; der Arzt und seine Frau nahmen auch teil.

Honecker und Mittag – die passionierten Jäger

Honecker und Mittag waren jagdliche Autodidakten, die ständig bemüht waren, ihre Kenntnisse zu vervollkommnen. Als Mitglieder der Jagdgesellschaft Reiersdorf hatten sie den Grenzstein oft im Rucksack – nach dem Motto: So weit die braune Heide reicht, gehört das Jagen mir. Beide haben schon damals die Schorfheide von Reiersdorf bis zum Werbellinsee bejagt.

Als Zeichen der Verbundenheit mit der Jagdgesellschaft nahmen sie 1958 an einem Jägerball im Templiner »Alten Postheim« teil. In den folgenden Jahren bis zur Gründung der Staatsjagd haben Honecker, Mittag und Menzel nach eigenem Ermessen die Schorfheide bejagt.

Bei den späteren Jagden im voll funktionierenden Staats-

Günther Wlost mit Willi Stoph in der Schorfheide

jagdgebiet war der Ausgangspunkt in der Regel die Jagdhütte in Wildfang, nur selten das Jagdschloß Hubertusstock. Von Wildfang aus fuhren Honecker oder auch seine Gäste in den Zuständigkeitsbereich des begleitenden Jagdleiters, und nach erfolgter Jagd war wiederum Wildfang der Treffpunkt. Das Schüsseltreiben war immer im engsten Teilnehmerkreis, wenig üppig, aber gut.

Ich selbst war nie mit Honecker auf der Jagd. Sein ständiger Begleiter war Hans Ulrich Weber, der schon 1970 zum Generalforstmeister befördert wurde.

Willi Stoph jagt

Ich nehme an, daß die Eröffnungsjagd im Staatsjagdgebiet 1962 die erste jagdliche Tätigkeit von Stoph war. In den folgenden Jahren bin ich dann des öfteren als Begleiter mit Willi Stoph zur Jagd gegangen. Diana war uns eigentlich immer gut gesonnen, ein Stück Wild brachten wir immer mit nach Hause. Auf einer kleinen Drückjagd im Revier Rarangsee war Willi Stoph mein Gast. Ich hatte meine eigene Doppelflinte mit, und wir schossen zur gleichen Zeit auf einen Überläufer. Mielke, der plötzlich dazukam, als wir an dem erlegten Überläufer standen, kontrollierte den Einschuß und bemerkte: »Stoph schießt aber eine großkalibrige Büchse!« Damit war gemeint, daß der tödliche Einschuß aus meiner Doppelflinte stammte und nicht aus der von Stoph.

Mielke

Mielke war ein recht verwöhnter Jäger, er hatte im Raum Wolletz sein eigenes Staatsjagdgebiet des Ministeriums für Staatssicherheit. Bei Einladungen zu Honecker in die Schorfheide kam er immer mit einer entsprechenden Erwartungshaltung. Ein von mir in Wucker bestätigter starker Hirsch sollte von Mielke erlegt werden. Am Abend der Jagd kam der Hirsch aber nicht – wie es manchmal auf der Jagd so ist. Plötzlich tauchte ein guter Sechzehnender auf, der jedoch nicht die Qualität des bestätigten Hirsches hatte, und Mielke sagte zu mir: »Das ist ein Försterhirsch!« Und er bot mir an, ihn mit seinem Stutzen zu erlegen. Ich habe darauf verzichtet, um einer Diskussion aus dem Wege zu gehen. Im Laufe des Jagdtages brachte ich Mielke zweimal auf anderes Wild zum Schuß, jedes Mal ohne Erfolg. Schließlich kam uns ein zweijähriger Sechser vor die Büchse. Das Angebot, ihn zu schießen, lehnte Mielke sofort ab. Nach langem Zureden, daß auch ein kleiner Hirsch ein Hirsch sei, haben wir den Hirsch erlegt. Zurück in Wildfang, waren wir an diesem Abend die einzigen, die einen Hirsch, wenn auch von geringer Größe, erlegt hatten. Mielke ist als Jagdkönig des Abends entsprechend zur Kasse gebeten worden.

Ein anderes Mal schoß Mielke in meiner Begleitung auf einen Schaufler. Nach dreißig Fluchten brach der Schaufler in einer Dickung zusammen. Das Wackeln der Kiefernwipfel verriet mir, wo das Stück Wild lag. Wir sind beide zu dem gestreckten Hirsch gegangen, ich überreichte Mielke einen Bruch, ließ ihn am Hirsch Aufstellung nehmen und habe den Schaufler auf meinem kleinen Taschenhorn verblasen. Mielkes Bemerkung war: »Mensch, bei dir ist es ja richtig feierlich!«

Berthold Beitz

Auch Krupp-Chef Berthold Beitz residierte einmal als Jagdgast in der Schorfheide. Ausgangspunkt war Hubertusstock, wo wir den Herrn Beitz mit dem Signal »Begrüßung« emp-

Erich Honecker mit Krupp-Chef Berthold Beitz

fingen. In dem schon erwähnten Seebruch und vor der Kanzel mit den Treppenstufen war vom zuständigen Jagdleiter ein guter Hirsch bestätigt, auf den er Berthold Beitz auch selbst führte. Der Hirsch hielt sich ständig in etwa 300 m Entfernung vor der Kanzel auf. Beitz wollte schon aufgeben, weil die Auflage auf der harten Kanzel ungünstig war. Der begleitende Jagdleiter breitete seinen Lodenmantel als Unterlage auf der Kanzelkante aus, und als der Hirsch wieder einmal auf 290 Meter bereitstand, streckte Beitz ihn mit einem gut gezielten Schuß aus seiner Doppelbüchse.

Mit dem Ende der DDR und damit auch des Staatsjagdgebietes erfolgte zunächst die Rückübertragung der Flächen an die ursprünglichen Forstbetriebe. Alle Kollegen aus dem Staatsjagdgebiet sind, mit unterschiedlichen Aufgaben betraut, wieder in diesen Forstbetrieben eingesetzt worden. Ich persönlich habe viel Glück gehabt und bin in Wucker wieder als Revierförster tätig gewesen, bis ich 1992 freiwillig aus dem Dienst ausschied.

Der Freizeitorganisator: Ralf Opitz

Ralf Opitz wird am 11. November 1940 in Henriette bei Finsterwalde geboren. Der Vater arbeitet als Schlossermeister, die Mutter als Köchin, später in einer Maschinenfabrik. Er absolviert 1958 im Wachregiment »Feliks Dzierżyński« seine Grundausbildung zum Wachsoldat. Nach elf Monaten wird er zur Hauptabteilung Personenschutz des Ministeriums für Staatssicherheit versetzt. Er beginnt seine Arbeit als Posten beim Zentralkomitee der SED. 1961 besucht er einen Lehrgang, durch den er stellvertretender Wachhabender im Ministerrat wird. 1962 wird er nach Wandlitz in die Waldsiedlung versetzt. Nach zwei Jahren Dienst dort holt er die zehnte Klasse an der Abendschule nach und beginnt dann eine Tätigkeit im Referat Bauwesen in der Waldsiedlung. Von 1972 bis 1974 besucht er die Fachschule und steigt 1978 zum Referatsleiter für die Freizeitobjekte der führenden Repräsentanten auf. Von 1985 bis zur Auflösung der Waldsiedlung ist er Offizier für Sicherheit. Nach der Wende arbeitet er als Vorarbeiter in der Landschaftsgestaltung und im Straßenbau. Von 1998 bis 2001 ist er arbeitslos. Rentner.

Die Struktur

Es gab in der Waldsiedlung zwei Sicherheitsbereiche. Der eine wurde durch Kräfte des Wachregimentes »Feliks Dzierżyński« Berlin gesichert. Das war die Einfahrt an der B 273. Sie verlief entlang der Mauer, die von innen beleuchtet war und an der Postenwege entlangführten. An jeder Ecke stand ein Posten. Die Einfahrten selbst und die Personenzugänge zum Außen- oder Innenring wurden hingegen durch Sicherungskräfte der Hauptabteilung Personenschutz gesichert.

Die Mauer war zwei Meter hoch und etwa sieben oder acht Kilometer lang. Es gab vier Aus- bzw. Eingänge. Weil die Waldsiedlung – wie der Name schon sagt – Waldcharakter besaß und die Mauer nicht von jedem wahrgenommen werden sollte, wurde sie grün und braun gespritzt.

Die Freizeitobjekte

Wir waren hauptsächlich für die Datschen der Funktionäre verantwortlich. Die hatten sie zum Teil selbst errichtet, geerbt oder vom Staat bekommen. Es gab immer wieder mal Kleinigkeiten, die dort gemacht werden mußten. Aus dieser Tatsache erwuchs der Gedanke, innerhalb der Waldsiedlung einen Bereich aufzubauen, der diese Objekte ständig betreute. Der Freizeitbedarf wurde größer, dementsprechend wuchs die Anzahl der Objekte. Ein großer Teil der führenden Repräsentanten nutzte die Datschen hauptsächlich im Urlaub und an Wochenenden. Bei einigen wurden später Jagdgebiete angegliedert, die dem Bereich Staatsjagden oder den NVA-Forstbetrieben unterstanden. Die Schorfheide zum Beispiel war ein NVA-Forstbetrieb.

So entstand 1978 das »Referat Sicherung der Freizeitobjekte/Betreuung der Freizeitobjekte« mit einem ausgewählten Personalstamm, der die Objekte kannte. Wir waren dort zunächst vier Mitarbeiter. 1985 waren es dann schon 55 Mitarbeiter. Dementsprechend hatte sich auch der Fuhrpark vergrößert. Das reichte von PKW, die die ständigen Hausmeister fuhren, über PKW-Kombis, Barkas B 1000 bis hin zu LKW, die direkt zu unserem Bereich gehörten.

Später bauten wir sogar größere Objekte, zum Beispiel das von Konni Naumann, von Stoph oben in Birkenheide oder in Drewitz das neue Objekt für den Generalsekretär Honecker.

Mitte der siebziger Jahre kam die Weisung, die Sicherheit zu erhöhen. Es hatte Anschläge auf führende Repräsentanten im Ausland gegeben, in der Sowjetunion, in Ungarn und Rumänien. 1981, nach dem Attentat auf Reagan, den damaligen US-Präsidenten, wurde uns regelrecht eingebleut, die Sicherheitsstandards zu erhöhen. Eine Sicherungsanlage in einem Objekt reichte nicht mehr. Wichtig wurde nun die Verbindung von Sicherungstechnik und geschultem Personal. Dementsprechend wurde dann umgestaltet. Waren früher bloß der Fahrer und ein Begleiter mit auf dem Objekt, wurde nun ein Häuschen gebaut, in dem zwei Mann von der Sicherheitseinheit rund um die Uhr Dienst tun mußten, ob das Objekt belegt war oder nicht.

Insgesamt betreuten wir rund zwanzig Objekte, davon waren ungefähr siebzehn ständig mit Wachpersonal besetzt. Die Wachen mußten sich in der Regel selbst versorgen. Wenn allerdings die Repräsentanten auf den Objekten weilten, wurden die Wachen vom angereisten Küchenpersonal mit verpflegt. Wenn Baumaßnahmen anstanden, bei denen mehr Mitarbeiter beteiligt waren, wurde immer ein Koch mitgeschickt.

Leben und Wohnen der Mitarbeiter

Viele von unseren Mitarbeitern haben in Wandlitz gewohnt. Die Wandlitzer wußten, daß in der Waldsiedlung die Regierung lebte. Sie wußten auch, daß dort Mitarbeiter wohnen und daß die bei der Staatssicherheit sind. Auch in Basdorf war das bekannt. In Bernau ist es erst in den späten sechziger Jahren populär geworden, nachdem dort ein Wohnblock mit drei Aufgängen und vierundzwanzig Wohnungen für Mitarbeiter gebaut wurde. Es ging darum, daß die Mitarbeiter nicht immer aus Berlin kommen, sondern in der Nähe der Waldsiedlung wohnen sollten. Schräg gegenüber wurde dann noch ein Wohnblock errichtet, mit sechzehn Wohnungen. Wenn im Stadtzentrum von Bernau Neubauten errichtet wurden, bekamen wir, in Absprache mit dem Ratsvorsitzenden und dem Bürgermeister, immer einen ganzen Aufgang mit acht Wohnungen.

Selbst die Verwandten der Mitarbeiter wußten nicht, wo wir arbeiteten. Wir waren zum Schweigen verpflichtet. Absolute Geheimhaltung also.

Meine Schwiegereltern haben es jedoch durch meinen Sohn erfahren. In der Waldsiedlung, im Innenring, gab es ein Hirschgehege. Wir mußten die Tiere versorgen. Einmal erledigte ich das mit meinem Sohn; da war er vielleicht drei Jahre. Auf dem Rückweg vom Gehege zum Außenring kam uns der damalige Generalsekretär und Vorsitzende des Staatsrates entgegen, Walter Ulbricht. Und ich sage zu meinem Sohn: »Wenn der Onkel kommt, geh mal schön zur Seite, damit er gut an uns vorbeikommt, und grüße ihn freundlich.« Ich trete also zur Seite, stehe stramm, wie sich das für einen Militärangehörigen gehört, und mein Sohn stellt sich mitten auf den Weg und hält dem Walter Ulbricht die Hand hin. Und der nimmt die Hand, schüttelt sie und unterhält sich mit meinem Sohn.

Kurze Zeit darauf besuchten wir die Schwiegereltern in Dresden. Dort lief der Fernseher, und Ulbricht war zu sehen. »Oh, den Onkel kenne ich, mit dem habe ich mich schon unterhalten«, rief mein Sohn freudig. Da war die Bombe geplatzt.

Das Prinzip der Geheimhaltung galt auch bei uns in der Dienststelle. Jeder durfte nur das wissen, was er zur Ausführung seiner Tätigkeit brauchte, so daß es viele Mitarbeiter gab, die wirklich nur ihre Arbeit als Gärtner oder Maurer machten und sonst nichts wußten.

Ich habe mich an alle Regeln gehalten, zum Beispiel auch daran, daß es in der Waldsiedlung grundsätzlich verboten war zu fotografieren. Warum sollte ich meinen Arbeitsplatz aufs Spiel setzen? Was ich nicht durfte, durfte ich nicht. Wenn man nichts anderes kennengelernt hat – und ich habe ja mit siebzehn Jahren zu dienen angefangen –, geht das in Fleisch

Ralf Opitz mit seinem Sohn

und Blut über. Ich habe mich von Anfang an als Diener des Politbüros gefühlt. Das war meine Aufgabe.

In den Anfangsjahren herrschte eine verhältnismäßig offene und gute Atmosphäre unter den Mitgliedern des Politbüros. Auch zwischen Funktionären und Mitarbeitern war der Kontakt gut, ob zu Walter Ulbricht und seiner Frau, zu Otto Grotewohl mit seiner Frau oder zu Hermann Matern. Wir hatten fast alle persönlichen Kontakt zu den Funktionären.

Wenn wir in ein Haus bestellt wurden, um bestimmte Arbeiten zu verrichten, haben sie klar ihre Wünsche geäußert. Das änderte sich später. Den persönlichen Kontakt übernahm der Abteilungsleiter, wir machten die Arbeit.

Anders allerdings war es in den Freizeitobjekten. Dort hatten wir als die Ausführenden den direkten Kontakt zu den Familien und zu den Repräsentanten. Dementsprechend schneller und unkomplizierter konnten wir uns auf ihre Wünsche und Forderungen einstellen. Nur bei den Sonderobjekten, beispielsweise dem von Herrn Honecker, liefen die Absprachen grundsätzlich über den Leiter der Verwaltung. Und der hatte einen direkten Draht zu Minister Mielke.

Mielke wollte alles wissen, was sich in Sachen Honecker tat. Das beste Beispiel dafür ist der gesamte Anbau im Objekt Wildfang, wo für die Begleiter, für das ganze technische und das Sicherungspersonal ein größeres Gebäude errichtet wurde. Das lief alles über den Tisch des Ministers.

Jagddatsche in Drewitz

Das Objekt in Drewitz im Kreis Waren/Müritz wurde extra für Honecker gebaut, man hat es jedoch immer als allgemeines Ferienobjekt deklariert. Dort gab es fünf Appartements. Honecker lud zur Jagd unter anderem Günter Mittag, Erich Mielke und den damaligen sowjetischen Botschafter Abrassimow ein. Die anderen Politbüromitglieder wurden nicht eingeladen. Honecker bedankte sich jedes Mal bei uns Mitarbeitern für die gute Betreuung. Er sprach dabei aber immer von »Kollegen«, nie von »Genossen«.

Anfangs nutzte Genosse Grüneberg das Objekt. Zu seiner Zeit war es bloß eine Hütte, die mal von Forstarbeitern aufgebaut wurde, wo man, wenn man zur Jagd kam, mal übernachten konnte. Es gab keinerlei Komfort. Der Fahrer schlief mit dem Begleiter im Nachbarzimmer des Funktionärs. Das Plumpsklo war draußen. Nach und nach wurde angebaut; zuerst ein Vorbau mit Bad. Es folgten Warmwasserspeicher, Elektroheizung und ähnliches.

Als Gerhard Grüneberg das Objekt noch nutzte, äußerte er einmal den Wunsch, er wolle unter der Terrasse einen Kinoraum haben. Er verbrachte ja sehr viel Zeit dort.

Doch es gab ein Problem: Unser Abteilungsleiter war nicht gut auf Grüneberg zu sprechen, denn nachdem er Grüneberg einmal bei einer Jagd einen Hirsch weggeschossen hatte, was einem Sakrileg gleichkam, hatte dieser ihm jede weitere Teilnahme an der Jagd verboten. Also stellte sich unser Chef stur. Er wollte den Kinoraum nicht bauen lassen. Aber Gerhard Grüneberg war Mitglied des Politbüros und hatte den längeren Arm. Er setzte sich durch.

Wenn Jagd war, saßen dann alle, auch die Bewohner des Ortes, mit im Kino und sahen die Filme, die der Filmvorführer von der Hauptabteilung aus Berlin-Weißensee, der dazu eigens nach Drewitz kam, zeigte.

Als Grüneberg 1981 starb, kam Mielke auf die Idee, das Objekt Drewitz zu einem exklusiven Jagddomizil auszubauen. Er befahl, neben dem alten Haus ein völlig neues Gebäude zu errichten. Ein Ferienhaus mit allen Schikanen für seinen Generalsekretär Erich Honecker. Honecker selbst bekam gar nicht mit, daß das nur für ihn errichtet wurde.

Im neu gebauten Objekt gab es fünf Appartements, einen Kinoraum, Sauna, Schwimmhalle. Das Haus stand am Hang, ein Weg führte zum Bootshaus. Das Bootshaus hatte eine Sonnenterrasse, einen Wohnraum, eine kleine Küche, Umkleideräume und Dusche. Zwei Motorboote ankerten dort.

Außerdem standen noch ein paar Häuser auf dem Gelände, in denen unsere Mitarbeiter untergebracht waren, wenn sie dort Dienst hatten. Im Ort Drewitz wohnte der Leiter der Staatsjagd sowie der Revierförster. Alle Leute, die dort wohnten, lebten von der Staatsjagd. Auch die Ortschaft Nossentiner Hütte, die in der Nachbarschaft liegt.

Wir taten vor Ort auch immer etwas für die Bevölkerung. Die Straßen wurden verbreitert. Es wurden auch Wohnhäuser gebaut, in die Dorfbewohner zogen. Oder es wurden bestimmte Gelder oder Baumaterialien zur Verfügung gestellt, um die Schule zu renovieren oder am Kindergarten einen Raum anzubauen usw. So bekamen auch die kleinen Leute etwas vom Lebensstil der hohen Funktionäre ab, wenn es auch nicht viel war.

Honecker nutzte das Objekt in Drewitz zwei- bis dreimal im Jahr. Wenn er kam, war alles vorbereitet. Die Zimmer wurden vorher sauber gemacht, es wurde alles noch mal technisch überprüft, von der Stehlampe bis zum Fernsehapparat, so daß der verantwortliche Begleiter dem Generalsekretär melden konnte: »Das Objekt ist in Ordnung, es ist alles zu Ihrer vollsten Zufriedenheit erledigt.«

Honecker fühlte sich in Drewitz immer schnell »wie zu Hause«, wie in der Waldsiedlung. Vieles war auch ähnlich eingerichtet wie dort. Zum Beispiel das Telefon. Wenn er zum Hörer griff und einen bestimmten Knopf drückte, wußte er, wen er dran hatte. Es gab diese speziellen Sonderleitungen für Politbüromitglieder. Darüber wachten spezielle Kräfte von der Abteilung Nachrichten.

Unser Kontakt zu Honecker und seiner Familie lief in Drewitz über die Hausangestellte, über den Kellner, über den Koch oder den Begleiter. Sie übermittelten uns Honeckers Wünsche. Ob es darum ging, Getränke bereitzustellen oder eine Bootsfahrt zu machen oder nach Rostock zu fahren, das wurde anstandslos geregelt.

Über die Betreuung Honeckers ließ sich Minister Mielke täglich informieren. Dafür war Generalleutnant Wolf zuständig. Der mußte ihm Rede und Antwort stehen, wie das Essen war, ob es bemängelt wurde, wie das Wetter ist, ob es Wünsche gab. Mielke wollte immer auf dem laufenden sein.

Und bei den Jagden war es so, daß der Mielke immer wartete, bis der Generalsekretär geschossen hatte – auch wenn Mielke den Hirsch direkt vor sich hatte. Die waren untereinander über Funk verbunden. Wenn der Generalsekretär seinen Hirsch geschossen hatte, der für ihn bereitgestellt wurde, dann hat auch Mielke endlich geschossen. Das war ein ungeschriebenes Gesetz. Wenn der Generalsekretär zur Jagd geht, hat er den ersten Schuß und hat den auch anzubringen. Und die anderen durften erst nach ihm schießen.

Der Generalsekretär besaß zum Schluß vielleicht vierzig oder sechzig Jagdwaffen. Einen Teil davon hat er redlich erworben, einen großen Teil bekam er auf Auslandsreisen geschenkt, weil die damaligen Repräsentanten der einzelnen Länder – Rumänien, Sowjetunion usw. – alle Jäger waren.

Honeckers vorwiegend genutzte Anwesen – Wildfang, Dölln, aber auch Hubertusstock – waren immer für die Jagd präpariert. Dazu gehörte zum Beispiel, daß Jagdbekleidung in ausreichender Menge vorhanden war, falls Jagdgäste kamen.

Ein Beispiel: Einmal war Andrej Gromyko zu Gast und ging mit den Genossen Honecker und Mittag zur Jagd. Dort trafen sie ungestört Absprachen und tauschten interne Informationen aus. Ich glaube, Gromyko kam gerade von der UNO-Vollversammlung. Und natürlich mußten alle, die mit zur Jagd gingen, auch Fahrer und Begleiter, erst einmal neu eingekleidet werden. Die Sachen waren ja vorhanden und die entsprechenden Waffen auch. Honecker schoß in der Regel mit zwei oder drei Waffen, alle anderen waren Gästewaffen.

Besondere Jagdtrophäen wurden präpariert und auf Geweihbretter aufgesetzt. Da wurde belegt: wann, wo und aus welcher Entfernung geschossen. Die Teile wurden in einer Werkstatt in Berlin-Hohenschönhausen angefertigt, von begabten Häftlingen, die damals im dortigen Gefängnis saßen.

Wir richteten in Drewitz einen Stützpunkt ein, von dem aus wir auch die anderen Objekte betreuten, wie Stophs Objekt

Birkenheide oder das Objekt von Günther Kleiber, das auf der anderen Seite der Autobahn lag. Wir kümmerten uns außerdem um das Objekt von Margarete Müller in Friedland sowie um zwei Objekte an der Ostsee, von Harry Tisch und Gerhard Schürer. Das war so etwas wie eine kleine Reserve für die Nordbezirke. Aber das ist trotzdem immer eine ganz schöne Fahrerei gewesen, von hier bis zur Ostsee, um beispielsweise irgendeinen Kühlschrank auszuwechseln oder ein Fenster zu reparieren.

Familie Honecker

Honeckers Tochter Sonja lernte ich kennen, als sie noch in den Kindergarten in der Waldsiedlung ging. Sie war mit Mittags Kindern sehr gut befreundet, die Familien hatten auch persönlich engen Kontakt. Einmal wollten die Kinder sich im Wald eine kleine Hütte bauen. Also ging Sonja Honecker zu meinem Abteilungsleiter. Der sagte wohl: »Mädel, du kriegst von mir keine Bretter und keine Balken, keine Nägel und keine Hämmer, um eine Hütte zu bauen im Wald. Was soll denn das?« Darauf erwiderte sie: »In Ordnung, dann rufe ich meinen Papa an.« Darauf er: »Bitte.« Sonja nahm das Telefon und beschwerte sich bei ihrem Vater. Daraufhin brachten wir alle Baumaterialien in den Wald. Das lief ein wenig wie das Räuber-und-Gendarm-Spiel: Nur zwei Mann durften wissen, wo die Hütte stand, und das Material bringen. Gebaut haben die Kinder dann zusammen mit Günter Mittag und Erich Honecker, der zu diesem Zeitpunkt noch nicht Generalsekretär war. Wir sind dann später noch einmal hingegangen, um eventuell noch eine Schraube nachzuziehen oder einen Nagel richtig reinzuklopfen, damit wirklich nichts einstürzte.

Honeckers Tochter Sonja besaß zwei oder drei Karnickel, für die wir einen Stall hinter dem Haus gezimmert hatten. Eines Tages war der Karnickelstall aufgerissen, und ein Tier fehlte.

Wir fragten uns, wie das passieren konnte. Wer klaut denn hier Kaninchen? Und das ausgerechnet von Honeckers Tochter?

Schließlich fand sich der Täter: Dem Mielke, der jeden Morgen mit seinem Hund eine Runde in der Waldsiedlung drehte, war der Hund abgehauen und hatte die Kaninchen aus dem Käfig geholt. Da sagte der Generalsekretär zum Minister: »Entweder dein Hund verschwindet, oder ich erschieße ihn morgen früh, wenn er wiederkommt.« Daraufhin brachte Mielke seinen Hund nach Wolletz. Danach hielt Mielke sich in der Waldsiedlung nur noch einen kleinen Dakkel.

Willi Stoph

Manche Leute wurden mit den Jahren richtig eigenartig, so wie Willi Stoph als Ministerpräsident. Der entwickelte ein solches Mißtrauen, dachte immer, alle trachteten nach seinem Leben und arbeiteten gegen ihn. Diesen Mann zufriedenzustellen war sehr kompliziert.

Der Genosse Stoph hatte in Zernsdorf ein Privatgrundstück von seinen Schwiegereltern geerbt. Das nutzte er anfänglich sehr oft. Er legte häufig selbst Hand an, half bei Umbau und Anbau und Renovierung. Er fragte freundlich an, ob mal ein oder zwei Maurer am Wochenende helfen können; die hat er auch entlohnt.

Später änderte sich Stoph völlig. Da nahm er alle Dienste als selbstverständlich in Anspruch. Da stritt er sich sogar um ein Bund Petersilie, das ihm geliefert wurde, nach dem Motto: Das wächst im Garten, das bezahle ich nicht.

Mitte der sechziger Jahre nutzte er das Objekt Hubertusstock und fing plötzlich mit der Jagd an. Keiner konnte sich erklären, warum er das tat, denn vorher hatte er kaum an den Staatsjagden teilgenommen. Doch das mit Stophs neu entdeckter Jagdleidenschaft ging nicht lange gut, weil er sich mit Honecker überwarf. Die Ursache für das Zerwürfnis war, daß er sich nicht an die Jagdgesetze hielt. Dazu gehört unter anderem die Einhaltung der Schonzeit sowie Hege und Pflege der Tiere. Da machte er nicht mit, weil er es nicht kannte.

In Hubertusstock grenzte sein Jagdgebiet unmittelbar an das Jagdgebiet von Erich Honecker. Und Honecker kritisierte Stoph wegen seines Verhaltens. Daraufhin wurde für Stoph ein neues Objekt am Ostufer der Müritz ausgesucht. Schön weit weg, so daß sie sich nicht mehr begegnen konnten.

In der Zeit, als Willi Stoph noch das Objekt Hubertusstock nutzte, wurden für ihn zwei Bootshäuser gebaut. Eins war für ihn, das andere für die Begleiter, Fahrer und Sicherheitsleute bestimmt. In seinem Bootshaus ankerten zwei Boote; außerdem gab es einen kleinen Aufenthaltsraum, Toilette, Dusche und eine Freiterrasse. Hundert Meter entfernt lag das andere Bootshaus. Aber das war dem Genossen Stoph nicht recht; das war ihm zu dicht dran. Also mußte das Haus wieder abgerissen und noch weiter weg wiederaufgebaut werden.

Ein Bootshaus umzusetzen ist gar nicht so einfach. Da rückte extra eine Pioniereinheit des Wachregiments an. Das Haus wurde in der Mitte durchgesägt, auf Pontons und Schlauchboote geschoben und über das Wasser gezogen – per Hand.

Bauen im Sumpf von Birkenheide

Das Ostufer der Müritz war ein Naturschutzgebiet, ein Sonderjagdgebiet der Bezirksleitung Neubrandenburg – ein riesiges Wald- und Sumpfgebiet, ohne befestigte Straßen. Dort stand schon eine Holzhütte aus den dreißiger Jahren, eine Jagdhütte von irgendeinem Nazi. Göring soll dort schon zur Jagd gegangen sein.

Wir wurden beauftragt, die Hütte abzureißen. Zu Weihnachten – ich glaube, es war 1969 – sollte das erste neue Haus stehen. Den Auftrag erhielten wir im November, und Weih-

Im Dienst für die Erholung der Repräsentanten: Ralf Opitz

nachten wollte Stoph schon dort feiern! Wir bauten also in viereinhalb Wochen ein Haus; mit eigenen Kräften aus Wandlitz, mit einem kompletten Bataillon der NVA. Es mußten ja auch Wege gemacht werden, die zum Objekt führten, die auch mit schweren Fahrzeugen befahrbar waren.

Dort waren ständig dreißig Mann beschäftigt, die nur die Wege instand gehalten haben, damit die Baufahrzeuge fahren konnten. Das Baumaterial wurde aus dem ganzen Kreis herangefahren. Das Haus selbst wurde in Leichtbauweise errichtet, Typ HW 100, das in Wernigerode produziert wurde.

Einen Tag vor Heiligabend war das Haus eingeräumt, die Wege waren fertig, so daß der Genosse Stoph mit seiner Familie dort Weihnachten verbringen konnte. Es gab unten ein Wohnzimmer mit Kamin und eine Küche, oben waren zwei Zimmer und das Bad.

In der zweiten Bauphase, die dann im nächsten Jahr losging, wurde auf gleicher Ebene in dreißig Metern Entfernung das nächste Haus aufgestellt, auch ein HW 100, das dann von seinen Kindern genutzt werden sollte, die ja auch schon mit Ehepartnern kamen. Dann wurde noch schräg gegenüber ein

Objekt hingestellt, ein HW 90, das für Stophs Schwiegereltern bestimmt war. Außerdem wurden gebaut: Garagen, ein Wachgebäude, ein Hausmeisterhaus, eine Wasseraufbereitung – im Sumpfgebiet brauchbares Wasser zu bekommen, ist kompliziert. Später wurde noch ein Raum angebaut, in dem er seine ganzen Jagdtrophäen unterbringen konnte.

Dann mußten wir den Kanal ausbaggern, damit die Boote von der Müritz bis zum Specker See fahren konnten. Wir bauten Brücken und noch etwas später eine Notstromanlage, wie sie alle größeren nach 1975 gebauten Objekte hatten, ob bei Gerhard Schürer in Dierhagen oder bei Günther Kleiber oder bei Konni Naumann in Serwest oder in Wildfang, Schluft, Rehluch.

Die meiste Zeit verbrachte Stoph in Birkenheide, als er noch Staatsratsvorsitzender war. Da blieb er in der Regel von Dienstagnachmittag bis Sonntagnachmittag. Als Stoph Vorsitzender des Ministerrates war, fuhr er von Donnerstagabend bis Sonntag nach Birkenheide. Das heißt, er arbeitete pflichtschuldigst die Sitzungen ab, und das war es. Dienstags fanden die Sitzungen des Politbüros statt, donnerstags die des Ministerrats.

Unsere Abteilung hatte Devisen für bestimmte Reparaturen. Wenn mal ein Haushaltsgerät aus dem Westen kaputtging, reparierten wir es. Dafür waren aber Teile aus dem Westen nötig. Zum Beispiel paßten DDR-Kontrollampen nicht in westliche Geräte oder ähnliches. Auch die Bootsmotoren, das waren alles entweder japanische oder schwedische Maschinen, mußten gewartet werden. Also planten auch wir als Abteilung bestimmte Devisen ein.

In der Zeit um die Weltfestspiele 1973 hatte man in der DDR die ersten großen Plastikmöbel entwickelt, solche Sessel, die man einklappen konnte, die dann wie ein Ei aussahen. Genau solche Möbel wollte Stoph für sein Objekt in Birkenheide haben. Es gab sie aber nur zu den Weltfestspielen, sonst nicht.

Da beauftragte mich mein Abteilungsleiter, daß ich drei Garnituren verladen und in der Früh nach Birkenheide fahren solle. Stoph wolle sich eine Garnitur aussuchen.

Stoph legte großen Wert darauf, daß man pünktlich war, ließ einen dann aber warten. Gegen Mittag endlich sah er sich die Möbel an. Er suchte gemeinsam mit seiner Tochter die Garnitur aus, die in die Veranda gestellt werden sollte. Ich sagte, daß ich nun die restlichen beiden Garnituren einpacken und wieder mitnehmen würde. »Nein«, herrschte er mich an, »bestell mal deinem Chef einen schönen Gruß. Was bei mir auf dem Objekt ist, bleibt hier.« Also fuhr ich mit einem leeren LKW zurück.

Noch eine Episode: Es gab eine Zeitlang Glühbirnen von NARVA, die nicht allzu lange hielten. Ich wechselte in Birkenheide die Glühbirnen aus, da sagte Stoph: »Genosse Opitz, merk dir eins: Bestell deinem Chef einen schönen Gruß. Ich möchte OSRAM-Lampen für meine Zimmer haben.«

Schließlich äußerte Stoph den Wunsch: Es muß eine Schwimmhalle her. Also wurde ein Schwimmbecken gebaut, das zunächst mit Folie abgedeckt wurde, später bauten wir eine Überdachung aus Plexiglas. Dieses Schwimmbad sollte dann auch noch mit einer Heizung ausgestattet werden.

Ein regelrechter Spleen von Herrn Stoph waren die Gewächshäuser. Er hatte auf einer Messe ein Gewächshaus aus Dresden gesehen, das aber nie in Produktion gegangen ist. Das wollte er unbedingt haben. Aber dieses Haus gab es nur als Muster. Es existierten gerade mal die Zeichnungen dafür. Also schaltete Stoph den Minister für Bauwesen, Genossen Junker, ein. Der wiederum schickte seinen Staatssekretär Martini nach Dresden, um zu verhandeln, daß das Gewächshaus wirklich gebaut wurde. Die Geräte, mit denen Stoph seinen Garten bearbeitete, waren natürlich ebenfalls von höchster Qualität. Die Bodenfräsen, Heckenscheren usw. stammten ebenfalls nicht aus DDR-Produktion. Auch Fachbücher ließ er sich von überallher kommen. Das lief alles über Minister Mielkes Tisch – der teilte die Devisen auf.

Stoph ließ all die Früchte, die er erntete, von seinem Koch einwecken und später dann auch einfrieren. Nicht, daß er irgend etwas davon seinen Begleitern oder den Mitarbeitern gab! Stoph behielt alles für sich, präsentierte jedem voller Stolz seine Erträge. Und im nächsten Jahr mußte der Koch alles wegkippen; dann wurde wieder neu eingeweckt. Das war sein Zeitvertreib, einen Nutzen hat es nicht gebracht. Er proklamierte zwar immer, daß er zur Forschung beitragen wolle, aber das nahm niemand recht ernst.

In Birkenheide waren ständig zwischen fünfzehn und zwanzig Mann tätig, nur um für Stophs Bedürfnisse zu sorgen, seine Launen abzusichern. Es wurde sogar ein ehemaliger Abteilungsleiter dort als verantwortlicher Leiter eingesetzt, ein Oberstleutnant.

Niemand, wirklich niemand, wagte, Kritik an Stophs Extravaganzen zu äußern.

In den letzten Jahren wurde es immer schwerer, die Leute zu motivieren, bei Stoph zu arbeiten. Zu Weihnachten etwa fuhr Stoph nach Birkenheide. Normalerweise hielten es alle Repräsentaten so, daß sie am Heiligabend allen Mitarbeitern, die sie begleiteten, ihre Ruhe ließen und ihnen kleine Freuden bereiteten. Immerhin hatten die Mitarbeiter ja kein Weihnachtsfest in Familie. Nicht so Stoph!

Er hatte für seinen Garten Mist anfahren lassen, so daß die Begleiter am 24. Dezember bis zur Dämmerung Mist verteilen mußten. Das war bei Stoph gang und gebe.

Diejenigen, die in Birkenheide die letzten Jahre arbeiteten, haben es sehr, sehr schwer gehabt. Nicht bloß, daß sie zehn bis zwölf Stunden arbeiten mußten. Nein, wenn Stoph nicht schlafen konnte, dann ging es eben nachts raus zur Jagd und früh wieder an die Gartenarbeit.

Stoph selbst wähnte sich fehlerfrei; Fehler machten immer nur andere. Ein Beispiel war die Sache mit der elektrischen

Heckenschere. Er wollte eine neue Heckenschere westlichen Fabrikats ausprobieren. Auf einmal ging sie nicht mehr. Er rief seinen Begleiter. Der Begleiter holte einen Elektriker, der alles, bis hin zu den Sicherungen, prüfte. Stoph verschwand. Die beiden suchten und suchten, und plötzlich entdeckten sie das Problem. Stoph hatte versehentlich das Kabel mit der Heckenschere durchtrennt. Das hat er sehen müssen. Aber er tat so, als wäre es nicht seine Sache gewesen.

Konrad Naumann

Konni Naumann zog mit seiner Frau ins Haus 16 der Waldsiedlung. Das Haus wurde natürlich den Wünschen des Ehepaars entsprechend eingerichtet. Als dann Naumanns Beziehung zu Vera Oelschlegel begann, zog diese in das Haus ein, und die andere Frau zog aus. Da wurden wieder Veränderungen im Haus vorgenommen – das war ganz normal.

Wenn ein Repräsentant abgewählt wurde oder starb, zog die Familie aus. Dann wurden Umbauarbeiten vorgenommen. Da war zum Beispiel das Haus von Alfred Kurella, der damals für Kultur zuständig war und sehr viele Kinder hatte. Dementsprechend klein waren die Zimmer. Als der neue Nutzer kam, konnte der mit den kleinen Schachtelbuden natürlich nichts anfangen. Also wurden die Trennwände rausgenommen und aus drei Zimmern eins gemacht.

Nun wollte Naumann auch eine Datsche, aber alle Ferienhäuser waren vergeben. Also suchten wir wochenlang ein Gelände, auf dem die Datsche für Konni Naumann gebaut werden sollte. Das war gar nicht so einfach, denn man mußte es mit Elektroenergie, mit Telefonleitungen, mit Wasserversorgung ausstatten können, und es sollte gut erreichbar sein. Wir fanden unweit des Dorfes Serwest etwas, in »Parsteinwerder«, einer Halbinsel am Ufer des Parsteiner Sees.

Den Standort hatte sich Konni Naumann persönlich ausgesucht. Doch es gab dort mehrere Probleme. Das Objekt

Bau der Naumann-Datsche

befand sich in einem Naturschutzgebiet. Von der Straße kommend, befanden sich vor dem Standort ein paar Privatgrundstücke. Die Nutzer wurden entschädigt und zogen dort weg, damit Naumann seine Ruhe und Sicherheit hatte. Neben dem Grundstück befand sich ein Freizeitobjekt von den Streitkräften der Roten Armee, das mußte auch beseitigt werden. Es ging schließlich nicht an, daß dort die Offiziere ihre Feten feierten, und nebenan fühlt sich Konni Naumann gestört. Zwar feierte der auch gerne, aber das duldete er nicht.

Ungefähr zwei Kilometer vor dem Objekt von Konni Naumann befand sich eine Datschensiedlung. Dort gab es einen verhältnismäßig befestigten Weg. Trotzdem kam der Begleiter mit der Order, eine komplette Straße bis zu Konni Naumanns Anwesen zu bauen. Wir protestierten: »Nitschewo. Das haben wir auf keinem Objekt – also auch dort nicht.« Dann würde er das von seinen Berliner Kräften machen lassen, von Tiefbau Berlin, ließ uns Naumann wissen. Und eines Tages war die Straße fertig. Die Vera fand das übrigens nicht gut. Sie hat sich wegen der Straße mit ihrem Mann gestritten.

Es wurde ein schönes Objekt gebaut, mit allem, was dazu gehört, Begleiterunterkunft, Wache, Netzersatzanlagen, Stromversorgung, Wasserwerk. Unten am See wurde ein Bootshaus errichtet.

Das Haus wurde Naumann im September übergeben, zu einem Zeitpunkt, wo wir nach und nach alle Datschen der führenden Repräsentanten winterfest machten. Das bedeutete für uns, alle Heizungsanlagen und Netzersatzanlagen zu überprüfen und eventuell auf Winterdiesel umzustellen. Das hieß auch, die Beregnungsanlagen in den Gärten zu entleeren, damit sie der Frost nicht zerstörte. Die Bootshäuser und Stege mußten gesichert werden. Um das alles ordentlich zu schaffen, erarbeiteten wir jährlich einen zentralen Plan, der zwischen allen Abteilungen abgestimmt war.

In dieser Phase platzte der Begleiter von Konni Naumann zu mir ins Büro und überreichte mir eine zwei Seiten lange Liste mit Wünschen, was Konni Naumann alles an seiner Datsche gemacht bzw. geändert haben wollte, und zwar sofort. Ich erinnerte den Begleiter an unseren Plan und sagte noch: »Das Objekt vom Naumann ist erst vierzehn Tage oder drei Wochen alt. Der kann doch nicht so viele Veränderungen haben wollen.«

Ich wendete mich an den Abteilungsleiter. Wir überlegten gemeinsam, was zu tun war. Wir wollten den Konni Naumann ja nicht verärgern. Er war ja schließlich wer. Wir beschlossen, ihm jene Sachen zu verändern, die mit Vera zu tun hatten. Ein Dekorateur, ein Schlosser, ein Tischler und ein Maler sollten abgezogen werden, um die beiden Arbeitszimmer der Naumanns umzugestalten – aber erst nach einer Weile. Am nächsten Tag ließ mir Naumanns Begleiter ausrichten, daß ich bei seinem Chef vorstellig werden solle. Ich informierte vorsichtshalber den Abteilungsleiter und ging zu Naumann. Er kam die Treppe runter, der Begleiter stellte mich vor: »Genosse Naumann, das ist der Genosse Opitz.« Naumann darauf: »Und dem soll ich die Hand geben?« Ich: »Genosse Naumann, Sie brauchen mir die Hand nicht geben, ich werde trotzdem leben.« Ich wußte in dem Moment genau, das könnte mein letzter Auftritt gewesen sein in der Waldsiedlung.

Dann setzten wir uns ins Wohnzimmer und diskutierten. Ich bekam ein Glas Selters, das war alles. Ich hätte sowieso nichts getrunken. Wenn Naumann nämlich mit seiner Meinung nicht durchkam, dann füllte er die Leute ab, so daß sie mit seiner Meinung das Haus verließen. Nach zwei Stunden hatten wir uns auf die wesentlichen Punkte geeinigt, die sein Arbeitszimmer und das seiner Frau betrafen, und mehr nicht. Alles andere sollte dann im Dezember und Januar gemacht werden.

Ich muß sagen, daß wir, nachdem wir diese erste Episode überstanden hatten, immer gut ausgekommen sind.

Vor allem wenn Konni Naumann auf seiner Datsche und mit allem zufrieden war, konnte man gut mit ihm auskommen, fast wie unter Kumpeln. Man konnte mit ihm offen reden und auch mal widersprechen.

Vera Oelschlegel war ganz normal, höflich, zuvorkommend und nicht überkandidelt, wie es viele behaupteten. Wenn wir auf der Datsche waren, zu Absprachen oder zu Arbeiten, gab es in den Sommermonaten immer kühle Getränke oder Kaffee.

Günter Mittag

Mittag verwendete in der Waldsiedlung und in seiner Datsche grundsätzlich nur Artikel aus dem Westen. Auch in den Häusern seiner Kinder war es so. In Schluft, in seiner Datsche, gab es eine Sauna und ein kleines beheizbares Schwimmbekken. Die technischen Geräte stammten im Prinzip alle aus der Bundesrepublik.

Das war wirklich nicht normal. Wir stellten in der DDR doch auch gute Sachen her! In Leegebruch zum Beispiel produzierte man hervorragende Jagdmesser. Eines Tages reichten die eben Herrn Mittag nicht mehr, da mußten Messer aus dem Westen besorgt werden. Dann wurde auch das gesamte Jagdkommando – inklusive Erich Honecker – mit Puma-Messern aus der Bundesrepublik bestückt.

In seinen Wohnräumen hortete Mittag auch hochwertige Produkte aus DDR-Produktion, vor allem Armband- und Taschenuhren verschiedener Fabrikate. Die Schränke waren voll von neuen Produkten, die in der DDR neu entwickelt wurden, beispielsweise in Glashütte. Wenn er aus dem Ausland kam, brachte er auch die entsprechenden Sachen von dort mit. Er rechtfertigte das damit, einen Vergleich ziehen zu wollen.

Sozialistisches Menschenbild und reales Verhalten

Wir führten viele Aussprachen im Kollektiv. Viele Kollegen wunderten sich über das, was sie in der Waldsiedlung bemerkten. Einmal zum Beispiel fragte ein Kollege: »Warum haben die Genossen Honecker und Mittag so viele Westsachen? Und das, wo es sonst im Land nicht gutgeheißen wird?«

Was sollte man darauf erwidern? Wir haben versucht, das mit der Rolle Mittags als Wirtschaftschef zu erklären. Aber das war mehr als fadenscheinig, vor allem, wenn dann wieder solche Sachen passierten wie mit den Jagdautos. Mittag kaufte für Honecker und sich je einen Mercedes, einen Jagdwagen. Bei Honeckers Mercedes war vorn eine Seilwinde dran, bei Mittags Wagen nicht. Der Machtunterschied sollte zunächst, zumindest äußerlich, präsent bleiben. Ein halbes Jahr später hatte Mittags Wagen auch eine Seilwinde.

Honecker und Mittag waren wie ein Paar linke Latschen. Was der eine im Haus hatte, mußte der andere auch haben. Was der eine auf der Jagddatsche hatte, mußte der andere auch haben. Besorgt hat es Günter Mittag.

Vor allem Willi Stophs Verhalten hatte für uns nichts mit Sozialismus zu tun. Stoph tat, was er wollte, und alle ließen ihn. Wir Mitarbeiter versuchten mehrmals, das im Beisein unseres damaligen Parteisekretärs anzusprechen. Aber alle haben vor Stophs Wünschen oder seinem Starrsinn kapituliert. Außerdem glaube ich, daß von den anderen Politbüromitgliedern keiner wußte, was Willi Stoph in Birkenheide alles tat und besaß. Er empfing dort ja niemanden. Es kam keiner zur Jagd, es kam keiner zu Besuch. Nichts.

Das Ende

Als Honecker als Generalsekretär abgesetzt wurde, änderte sich in der Waldsiedlung erst einmal gar nichts. Er war weiterhin Mitglied der Partei, wohnte weiter in seinem Haus, gehörte weiterhin zu dem Kreis, der versorgt und betreut werden mußte und Hausangestellte behielt. Fahrer und Begleiter aber wurden ihm genommen.

Wir merkten, daß die rechte Hand nicht mehr wußte, was die linke tat. Man konnte doch den Honecker nicht als Generalsekretär absetzen, ihn aber als Vorsitzenden des Nationalen Verteidigungsrates im Amt lassen?! Aufgrund dieser Tatsache bekam er seine Fahrer und Begleiter wieder. Zwei Tage darauf wurde er auch von dieser Funktion entbunden.

Als am 9. November die Mauer fiel, haben das die Älteren von uns ruhig aufgenommen. Die Sicherungsmaßnahmen wurden erhöht, da niemand wußte, ob eine Besetzung der Waldsiedlung durch die Bevölkerung, so wie bei manchen Objekten in Berlin, zu erwarten war.

Die jüngeren Genossen waren damit überhaupt nicht einverstanden. Außerdem wollten sie die führenden Repräsentanten jetzt nicht mehr bedienen.

Am 10. November wurden wir in erhöhte Alarmbereitschaft versetzt. Kräfte vom Wachregiment kamen, weil sich in Berlin Demonstrationen gebildet hatten mit dem Ziel, die Waldsiedlung zu besetzen. Bis dahin war noch niemand in die Waldsiedlung gekommen.

Zu diesem Zeitpunkt waren bestimmte Funktionäre aus dem Politbüro, einige sogar aus der Partei ausgeschlossen worden. Die Frage war: Wie verhält man sich jetzt bei denen? Wir waren ja von unseren Aufgaben noch nicht entbunden. Also gingen wir in Bereitschaft und harrten der Dinge, die da kommen mochten. Glücklicherweise ist nichts gekommen. Es geschah nichts. Alle Arbeiten liefen weiter. In dieser Hinsicht war es verhältnismäßig ruhig.

Richtig los ging es erst, als später die ersten Gespräche mit den Mitarbeitern geführt wurden. Ein Staatssekretär vom Ministerium für Gesundheitswesen erklärte uns, daß das Objekt zu einer Kureinrichtung umgebaut werden solle und daß alle, die hier wohnen, ausziehen müßten.

Einer der ersten, die ausgezogen sind, war Egon Krenz, dessen Haus wir, kurz nachdem er Regierungschef geworden war, noch umgebaut hatten. Er zog nach Niederschönhausen, in sein Haus, das er dort gekauft hatte, und nahm die Badewannen, die wir ihm noch ein Jahr zuvor eingebaut hatten, mit. Das waren keine kleinen mit Emaille beschichteten Wannen, wie wir sie aus der DDR kannten, sondern große aus Kunststoff. Ich habe mich an den Kopf gefaßt: dieser Aufwand!

Im Innenring entstand eine gewisse Hektik. Wir Mitarbeiter aber haben unsere Arbeit weitergemacht.

Was sollte nun aus uns werden? Wer stellt uns ein? Das wurde zur Existenzfrage. Wir waren alle um die fünfzig Jahre alt. Von da an gab es für uns nur noch eins: durchkommen.

Ich bemühte mich ab Dezember 1989, eine Arbeitsstelle zu finden, und bewarb mich bei einer Landschafts- und Gartenbaufirma, die über viele Jahre für uns im Objekt gearbeitet hatte. Die nahmen mich. Ich bat um meine Entpflichtung beim MfS. Das fanden viele nicht schön, daß ich einer der ersten war, die gegangen sind.

Ich fuhr nach Berlin ins Ministerium für Staatssicherheit, gab dort meinen Dienstausweis ab und war entbunden von allen bisherigen Befehlen und Weisungen des Ministeriums. Dann verabschiedete ich mich von meinen Mitarbeitern.

Ich war ein wenig wehmütig. Immerhin hatte ich hier achtundzwanzig Jahre gearbeitet. Ich habe viele kommen und gehen sehen, im Innen- wie im Außenring.

Ulbrichts Koch: Helmut Bäuml

Helmut Bäuml wird am 7. September 1936 in Ebersdorf (Vogtland) geboren; beide Eltern arbeiten in der Landwirtschaft. Der Vater fällt im Krieg. Bäuml absolviert von 1951 bis 1954 eine Lehre als Melker, danach geht er zum Wachbataillon Potsdam und wechselt 1956 zum Wachregiment »Feliks Dzierżyński«. Dort erhält er eine Ausbildung zum Koch. Er kommt 1961 in die Waldsiedlung und arbeitet im dortigen Klubhaus im Innenring. Er bildet sich in Bad Liebenstein und Berlin zum Diätkoch weiter und wird dadurch 1965 Leibkoch im Wohnhaus Nummer 7, dem der Ulbrichts. Nach Ulbrichts Tod 1973 geht er zurück ins Klubhaus, im April 1975 wechselt er als Küchenleiter ins Krankenhaus Berlin-Weißensee. 1992 Vorruhestand.

Die Siedlung

1961, zu Beginn meiner Tätigkeit in der Waldsiedlung, wohnte ich noch in Berlin, und nicht nur ich, sondern auch andere Mitarbeiter. Wir wurden immer mit dem Bus nach Wandlitz gefahren und arbeiteten dort in zwei Schichten.

Die Wohnhäuser im Innenring waren alle fertig, die medizinischen Einrichtungen, Schwimmbad und Sauna auch, das Klubhaus, wie wir es nannten, war vollendet. Das Umfeld war ordentlich hergerichtet. Meine Dienststelle war das Klubhaus im Innenring. Zum Klubhaus gehörte eine sehr gut ausgerüstete Küche, ein großer Gästeraum, einige Spielräume und ein Kinosaal. Der Gästeraum war eigentlich dafür gedacht, daß die Funktionäre dorthin zum Essen gehen, aber

Mit vereinten Kräften für das leibliche Wohl des Politbüros: das Personal des Funktionärsklubs Wandlitz

das kam sehr selten vor. Die meisten Essen, die wir zubereiteten, wurden in die Wohnhäuser gebracht.

Wir mußten die Wünsche und Sonderwünsche der Politbüromitglieder und ihrer Familien praktisch auswendig lernen, von Haus 1 bis Haus 23.

Am Wochenende gab es für uns mächtig viel zu tun; in der Küche ging es – im wahrsten Sinn des Wortes – heiß her. Dann war nämlich das Politbüro mitsamt Familien zu Hause, und zum Mittag bestellten alle bei uns Essen. Grundlage war eine Speisekarte, die in allen Wohnhäusern auslag und die jede Woche neue Gerichte enthielt. Danach wählten die Familien ihre Speisen.

Wenn alle da waren, kamen zwischen dreißig und vierzig Essen zusammen. Familie Stoph bestand beispielsweise aus fünf Personen, Familie Jarowinsky aus drei, Familie Mittag auch aus drei Personen. Jeder aß möglicherweise etwas anderes, da mußten wir ganz schön köcheln. Aber wir ha-ben alles geschafft. Das hing vielleicht auch damit zusammen, daß das Verhältnis unter den Mitarbeitern sehr gut war.

Im Gegensatz dazu war das Klima unter den Mitgliedern des Politbüros nicht gerade freundschaftlich. Es gab unter den hochrangigen Bewohnern der Waldsiedlung wenige Familien, die sich gegenseitig besuchten; bei Ulbrichts zum Beispiel war es gar nie der Fall. Besuch empfingen die Ulbrichts nur von der Tochter Beate, die in Berlin lebte. Aber sie kam nur selten, nur sonntags. Kurz bevor sie eintraf, mußten wir Angestellten aus dem Haus sein. Dann wollten sie keinen mehr im Haus sehen.

Die Gästehäuser

Häufig hielten sich die Politbüromitglieder im Gästehaus in Dölln auf. Sie trafen sich dort am Wochenende, um Beschlüsse und ähnliches zu erarbeiten. Da war auch jede Menge Personal vor Ort. Wir Köche hatten zu zweit dort immer vierzig bis fünfzig Personen zu versorgen. Ich war übrigens auch in Dölln zugegen, als die Gespräche zum Bau der Mauer stattfanden. In dem Moment wußte ich natürlich nicht, worum es ging, das habe ich erst hinterher erfahren.

Wir durften an diesem Wochenende das Objekt nicht verlassen, was uns schon etwas verwunderte. Sonst sind wir manchmal abends nach Hause gefahren, aber dieses Mal durften wir nicht weg. Es herrschte großes Schweigen im Objekt, und keiner wußte, warum. Den Grund erfuhren wir am anderen Tag, als wir nach Hause kamen.

Aber wir hatten an dem Beschluß nichts auszusetzen, damals. Wir waren ja keine »normalen« Zivilpersonen. Uns wurde erklärt, daß die Mauer sehr von Vorteil für die DDR sei – und daran mußten wir glauben. Und wir glaubten es auch. Immerhin waren wir Militärangehörige.

Apropos Militär: Ein Koch kam über den Dienstgrad des Leutnants nicht hinaus. Ich habe zwanzig Jahre gedient und bin als Unterleutnant abgegangen. Obwohl ich Chefkoch beim höchsten Mann des Staates war, gab es keinen Karrieresprung. Es wurden auch keine Prämien extra gezahlt oder so etwas. Es war eben unsere Arbeit, dazu hatten wir uns bereit erklärt.

Kochen für Lotte und Walter Ulbricht

1965, nach meiner Weiterbildung zum Diätkoch, wurde ich zur Familie Ulbricht ins Haus 7 delegiert.

Zu Beginn war ich so etwas wie die Vertretung der Köchin, die gleichzeitig die Hausangestellte war. Wenn sie Urlaub machte oder frei hatte, kochte ich für Ulbrichts. Irgendwann stieg ich dann zum Leibkoch auf.

Als ich in Ulbrichts Haus kam, wurde nicht lange geredet. Mir wurde die Aufgabe kurz und bündig erklärt. Lotte Ulbricht sagte, daß ihr Mann sehr gesund leben müsse, darauf hätten wir zu achten, und das war die Hauptsache des Gespräches. Sie legte viel Wert darauf, daß wir DDR-Produkte verwendeten, Gemüse und Fleisch. In den sechziger Jahren gab es ja noch alles. Wenn wir etwas nicht richtig machten, kam sie gleich und sagte es.

Mit Walter Ulbricht sprach ich kaum. Lotte Ulbricht hat mit uns alles gemanagt. Wenn es Fragen gab, wendeten wir uns an sie. Sie war eine energische Person, aber sie konnte auch freundlich sein und lächeln. Auch wenn Ulbricht sich in der Republik oder im Ausland aufhielt, traf sie die Absprachen. Sie war ja zu neunzig Prozent zugegen, wenn wir an anderen Orten weilten.

Er selbst hat nie Wünsche geäußert, für ihn war Essen sozusagen Nebensache. Er war völlig konzentriert auf seine Politik. Man konnte ihm vorsetzen, was man wollte. Natürlich war mit ihr alles abgesprochen, aber für uns entstand trotzdem der Eindruck, er nahm nicht wahr, was er aß.

Die Küche im Haus 7 war normal ausgestattet. Das Haus

Stilvoll: Koch und Stewart im Hause Ulbricht (links Helmut Bäuml)

selbst hatte eine große Bibliothek, ein Speisezimmer, einen Vorgarten, eine normale Einrichtung, möchte ich sagen.

Wir hatten ganztägig die Versorgung mit Essen zu gewährleisten, also Frühstück, Mittag, Abendbrot. Auch zur Kaffeezeit haben wir immer was bereitgestellt.

Wenn ich früh um halb sieben das Haus betreten habe, waren bereits zwei Hausangestellte da, und ich begann mit meinen Frühstücksvorbereitungen. Das Frühstück wurde von einer Haushälterin in das Speisezimmer gebracht. War das Frühstück beendet, dann machte ich mich an die Mittagsvorbereitungen. Mittag gab es pünktlich um eins. Dann hatte ich Pause bis um fünf, also Freizeit, danach bin ich wieder rüber ins Haus 7 gegangen und habe das Abendbrot vorbereitet.

Das Frühstück fand gegen sieben Uhr statt. Walter Ulbrichts Frühstück bestand aus einem Glas frisch gepreßtem Orangensaft und einem Omelett aus dem Eiweiß von zwei Eiern. Dieses spezielle Omelett war von den Ärzten gefordert. Das Eiweiß wurde geschlagen und vier Minuten in der Röhre bei 180 Grad gebacken. Man mußte da sehr aufpassen, denn wenn das Omelett fertig war, mußte es auch gleich serviert werden, sonst wäre es zusammengefallen. Da waren wir Köche immer aufgeregt.

Dazu gab es normalen Aufschnitt, etwas Käse, Kaffee und extra noch einen Teller mit sechs Häppchen mit Leinölquark. Eine Scheibe Knäckebrot wurde in sechs Teile gebrochen, und dann kam der gemischte Weißkäse mit Leinöl darauf; das gab es jeden Morgen. Für Lotte Ulbricht mußte immer ein Rührei bereitgestellt werden, aus einem einzigen Ei. Das durfte aber nicht gerührt, sondern nur zusammengeschoben werden, darauf legte sie großen Wert.

Mittags sind keine außergewöhnlichen Gerichte gefordert worden. Lotte Ulbricht hat immer darauf geachtet, daß sehr gesund gegessen wurde, mit vielen Vitaminen.

Es gab eine Vorspeise, einen Hauptgang und einen Nachtisch. Blumenkohlsuppe oder Brühe, Celestine mit Eiweißwürfeln waren sehr beliebt. Als Hauptgang aß Walter Ulbricht gern Fisch, auch Eintopf von grünen Bohnen. Es gab nichts wirklich Extravagantes. Es gab Fleischgerichte, Gedünstetes, Kalbs- oder Schweinefilet, also Sachen, die es praktisch in jedem Restaurant auch gab. Spinat mit Ei kochten wir einmal in der Woche. Zum Nachtisch bereiteten wir auch sehr einfache Sachen vor, gefüllte Äpfel, Pudding oder ähnliches. Auch in Sachen Alkohol lebte Ulbricht sehr gesund. Er trank praktisch nur seinen Beaujolais; abends, aber auch mal zum Mittag ein Gläschen Beaujolais. Auch auf Empfängen, wenn angestoßen wurde, tat es Walter immer nur mit seinem Rotwein. Lotte hat auch Beaujolais getrunken, ein Gläschen zwischen Abendbrot und Bettruhe. Ich glaube, beide nahmen den Beaujolais in der Hauptsache aus gesundheitlichen Gründen zu sich. Man sagt ja oft, der eine braucht 'nen Sekt, der andere 'nen Rotwein, und bei Ulbrichts war es der Rotwein. Den Wein gab es natürlich nicht in der DDR, aber der wurde beschafft.

Wir – die Köchin und ich – haben, weil wir im Wechsel arbeiteten, immer ein Buch geführt, hauptsächlich über das Mittagessen. Das Buch haben wir praktisch auch mit nach Dölln und auf Reisen genommen. Das Buch wurde Lotte am Abend vorgelegt, und sie suchte das Mittagessen für den nächsten Tag aus.

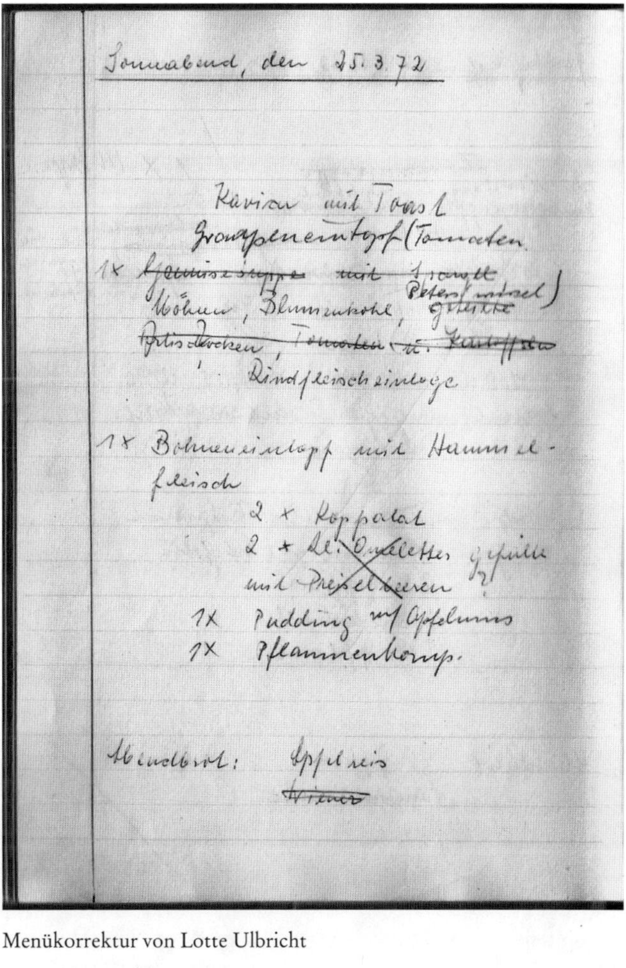
Sonnabend, den 25.3.72

Kaviar mit Toast
Graupeneintopf (Tomaten
1x ~~Gemüsesuppe mit~~
Möhren, Blumenkohl, Petersilienwurzel) ~~gemischte~~
~~Artischocken~~, ~~Tomaten u. Kartoffeln~~
Rindfleischeinlage

1x Bohneneintopf mit Hammelfleisch
2 x Kopfsalat
2 x kl. Omeletten gefüllt mit Preiselbeeren
1x Pudding mit Apfelmus
1x Pflaumenkomp.

Abendbrot: Apfelreis
~~Wiener~~

Menükorrektur von Lotte Ulbricht

Einige Beispiele: Am 25. März 1972 lautete der Vorschlag: Kaviar mit Toast im ersten Gang und danach Gemüseeintopf oder Bohneneintopf mit Hammelfleisch. Diese zwei Sachen standen unsererseits zur Auswahl. Kaviar mit Toast hat sie unterstrichen, die beiden anderen Vorschläge hat sie durchgestrichen. Es sollte statt dessen Graupeneintopf mit Rindfleischeinlage, Tomaten, Möhren und Blumenkohl geben. Zum Nachtisch wollte sie einmal Pudding mit Apfelmus und einmal Pflaumenkompott.

Am Sonntag, dem 2. April 1972, schlugen wir vor: Tomatensuppe als Vorspeise, dann Rinderfilet vom Grill mit Blumenkohl und Spargel oder Rehrücken mit Rotkohl, Möhren, Blumenkohl, wenig Champignons, Kartoffeln oder Kartoffelklößen oder Fasanenbrust mit den gleichen Beilagen wie eben.

Entschieden hat sie sich für Tomatensuppe, danach Rinderfilet vom Grill, einmal mit Blumenkohl und die andere Portion mit Spargel. Als Dessert gab es zwei Apfelsinen. Für den Abend hat sie noch dazugeschrieben: Eine Henkeltasse mit Brühe, einmal Forelle in Aspik und Bohnensalat.

Kochen im Staatsrat

Wenn Ulbricht im Staatsrat war oder unterwegs zu Tagungen, mußte ich natürlich mitfahren. Da habe ich das Essen in den Küchen der jeweiligen Gebäude zubereitet. Meistens hat er Punkt dreizehn Uhr gegessen. Bei Tagungen hat man die Pausen genau so gelegt, daß die Zeit eingehalten wurde.

Wenn Ulbricht im Staatsrat residierte, legte er anschließend noch eine Ruhepause ein. Im Staatsratsgebäude gab es eine kleine Küche, nur eine Aufbereitungsküche, dazu ein Speisezimmer und ein Zimmer, wo er geruht hat. Da stand ein Bett, wo er nach dem Mittagessen eine bis anderthalb Stunden verbrachte. Er schlief dort so wie in einem richtigen Bett, ausgezogen halt. Danach ging er wieder an seinen Arbeitsplatz.

Auf Reisen – im Inland

Wir fuhren mit Walter Ulbricht zu allen Messen nach Leipzig, zu den Manövern in Cottbus und Erfurt und zu den Staatsjagden. Die meisten Reisen haben wir per Eisenbahn gemacht.

Der Sonderzug war sehr gut ausgestattet. Er hatte zwölf Wagen, mehrere Schlafwagen, einen Speisewagen und eine Küche. Ein halber Wagen war Küche, in dem anderen halben Wagen verstauten wir die Vorräte. Die Leute wußten immer, wenn wir auf einem Bahnhof hielten, daß es der Regierungszug war. Das war kein Geheimnis. Sie staunten ein bißchen. Aber es gab keine Zwischenfälle, nichts. Ulbricht hat sich, wenn er ausgestiegen war, immer vom Zugpersonal verabschiedet. Das hat er sich nicht nehmen lassen.

Wir nahmen an den letzten Manövern im Cottbusser Raum und in Erfurt teil. Wir wohnten natürlich in den Gästehäusern und nicht im freien Feld. Zu den Manövern fuhr Walter ohne Lotte, weil das mit Militär zu tun hatte. Da durfte Lotte nicht dabeisein, aber damit hatte sie auch nichts im Sinn. Die Manövergebiete unterschieden sich sehr. Manchmal gab es das Essen im Zelt, im Manövergebiet selbst. Da haben wir vor Ort provisorisch das Menü zusammengestellt. Früh und abends war Ulbricht aber wieder im Gästehaus, wo alles normal lief. Das heißt, auch wenn Walter Ulbricht an einem Manöver teilnahm, wurde für ihn immer extra Essen zubereitet.

Ich erinnere mich, daß er ganz freundschaftlich mit den sowjetischen Soldaten und den anderen vom Warschauer Vertrag umging. Da waren ja Delegationen aus praktisch allen Oststaaten anwesend. Da fühlte er sich sehr wohl.

Auf Reisen – ins Ausland

Walter Ulbricht durfte ärztlicherseits nicht fliegen. Also reiste er auch ins Ausland mit dem Zug. Wir – das waren meist ein Kellner, ein Koch und noch eine Küchenhilfe – waren dann im Zug für alle verantwortlich. Da für zwei Köche in der kleinen Bordküche kein Platz war, haben wir es zu dritt schaffen müssen, alle zu versorgen, die Begleiter, Fahrer, Ärzte, Politbüromitglieder usw. Das waren manchmal bis zu vierzig Personen, die Ulbricht begleiteten.

Wir fuhren einmal, da kann ich mich gut erinnern, nach Jugoslawien zu Tito. Das war eine meiner schönsten Reisen mit Ulbricht. Wir fuhren bis Pula mit dem Zug, dann wurden wir zur Insel Brijuni gefahren und durften dort auch wohnen. Da hatte ich frei. Ich brauchte nicht zu kochen, denn das regelte alles Lotte mit dem dortigen Küchenpersonal.

Ferien als Staatsaktion

Über Weihnachten und Silvester ging es in den Thüringer Wald, nach Oberhof. Wir sind am 21. Dezember immer hin- und am 5. Januar zurückgefahren, natürlich mit dem Zug.

Lotte legte fest, welche Familien mitzukommen hatten. Meist waren das Familie Mittag, Grüneberg, Verner – drei bis vier Familien. Alle mußten mit nach Oberhof. Soweit ich mich erinnere, waren Honeckers nie dabei. Auch Willi Stoph hat sich immer aus dem Troß um Ulbricht ausgeklinkt.

Wir – der Kellner und ich – haben, bevor es losging, erst einmal die Produkte im Ladenkombinat bestellt. Die Sachen wurden eigenständig nach Oberhof hochgebracht. Aber wir brauchten natürlich für die Fahrt selbst auch einige Produkte.

In Oberhof waren wir in einem Gästehaus untergebracht. Dort existierte eine größere Küche, die sehr gut ausgestattet

Freitag, den 31. 12. 1965

Mittag

Blumenkohlsuppe

I. Fasan, Ananaskraut, gedünstete Karotten, Rosenkohl, gedünstete Tomaten mit Wildhaschee, pommes croquettes

II. Kalbsteak au four mit pommes-frites, gem. Salat

Götterspeise "Waldmeister" mit Vanilletunke

Abend

Blätterteigpastete gefüllt mit feinem Ragout

Kleine Schwedische Schnittchen (verschiedene Fischarten)

Wiener Würstchen, Kartoffelsalat und Käse

Getränke nach Wahl

Silvestermenü im Oberhofer Urlaubsdomizil der Ulbrichts

war. Da habe ich für die Ulbrichts gekocht; das andere Küchenpersonal kochte für die anderen Familien sowie für die Betreuer, die Begleiter, die Kraftfahrer.

Auch in Oberhof hatte ich unser Büchlein mit und unterbreitete täglich die Vorschläge für das Essen. Lotte hat dann ihren Stift angesetzt und ausgesucht, was gekocht wird. Zu Silvester wurde ein Buffet für alle gemacht und für Walter eine kleine Extraplatte. Silvester wurde gemeinsam gefeiert. Sonst aber aß man nicht gemeinsam.

In Oberhof haben die Ulbrichts sehr viel Sport getrieben.

Vormittags gingen sie raus zum Skilanglauf, nachmittags noch einmal. Vielleicht sind sie in Oberhof auch Schlittschuh gelaufen, aber das weiß ich nicht. In Wandlitz zogen sie jedenfalls regelmäßig ihre Runden auf dem Eis, alle beide. Lotte und Walter waren überhaupt sehr sportlich.

Von Lotte weiß ich und habe es selbst gesehen, daß sie frühmorgens immer ihre Gymnastik machte. Anschließend ist sie raus auf den nassen Rasen zum sogenannten Tautreten gegangen. Auch im Winter und auch auf Schnee ist sie barfuß gelaufen, einige Minuten lang. Er hat am Anfang sehr viel Tennis gespielt; im Sommer waren Wandern und Tennis angesagt.

Ulbrichts hielten sich auch in Oberhof auf, als Willy Brandt sich am 19. März 1970 mit Willi Stoph in Erfurt traf. Walter hat alles nach Oberhof übertragen bekommen, und er hat alles von Oberhof aus dirigiert.

Wir in unserer Küche hörten auch davon, wie die Erfurter Bevölkerung beide Willis emphatisch empfing. Aber Einzelheiten haben wir praktisch nicht erfahren.

Bankettwettbewerb

Immer wenn ausländische Spitzendelegationen kamen, wurden Bankette für bis zu siebenhundertfünfzig Personen gegeben. Die fanden meistens im Gebäude des Zentralkomitees statt oder im Haus der Ministerien.

Wir bereiteten sie entweder im Gästehaus »Johannishof« oder im Gästehaus »Thälmannplatz« vor, das waren die zwei Häuser in Berlin, in denen die ausländischen Gäste untergebracht waren.

Zu Walter Ulbrichts Zeiten haben wir noch gute Produkte aus dem Ausland einfliegen lassen, wie Hummer und Garnelen, die wir dann zu Schaustücken verarbeitet haben. Als nachher Erich Honecker an die Macht kam, wurde vieles gekürzt und klein gehalten. Die großartigen Empfänge und

Banketts wurden reduziert, es wurde nichts mehr groß eingeflogen, wir mußten mit den DDR-Produkten arbeiten. Das war natürlich in der Gastronomie nicht so einfach. Zu Walter Ulbrichts Zeiten aber haben wir noch tolle Sachen gemacht. Zum Beispiel bereiteten wir, als die Regierungsdelegation in Polen weilte, ein großes Buffet im »Johannishof« vor, brachten es mit dem Zug nach Polen und bauten es dort wieder auf. Das war auch eine schöne Sache im Warschauer Kulturpalast. Es gab da immer eine Art Wettbewerb der Küchen. Wenn eine Delegation kam, wurde das Buffet vom Gastgeber gegeben, und das Abschiedsbankett wurde vom Gast ausgerichtet.

Ich erinnere mich auch gut an Bulgarien. Dorthin nahmen wir nämlich alle Produkte mit dem Flugzeug mit. Vor Ort haben wir mit fünf Köchen das Bankett vorbereitet. Und wir haben den Wettbewerb gewonnen. Das war sehr schön.

Im Sommer verbrachten wir ungefähr drei Wochen in Dierhagen an der Ostsee. Ulbrichts Tagesablauf war folgender: Frühstück, dann gegen zehn Uhr runter zum Strand, danach Mittagessen, nachmittags ging er noch einmal zum Strand. Dort stand eine Strandburg bereit, die vom Begleitpersonal gebaut wurde und mit einem Windschutz eingezäunt war. Zehn Meter im Umkreis dieser Burg durften sich keine anderen Urlauber aufhalten, aber sonst war nichts abgesperrt. Die Begleiter saßen mit in der Burg; die war praktisch so groß wie eine Wohnung.

Von dort aus startete Walter gemeinsam mit Lotte seine Spaziergänge, vormittags und nachmittags, täglich. Sie gingen immer rund anderthalb Kilometer zur linken Seite, bis sie den FKK-Strand erreichten. Dann gingen sie wieder zurück und noch ein paar Meter zur rechten Seite, so daß sie praktisch eine gute Stunde unterwegs waren.

Für FKK hatten sie nichts übrig. Walter Ulbricht war immer mit einer Badehose bekleidet, keiner eng anliegenden, sondern einer bequemen. Lotte trug einen Badeanzug. Wenn

Lotte und Walter Ulbricht auf dem Weg zum Strand

es windig war, legten sie sich noch etwas über die Schultern. Wenn die Urlauber sie erkannten, jubelten sie ihnen zu und riefen »Walter!«. Er winkte zurück, er war immer freundlich. Lotte auch.

Walter Ulbricht ging auch viel schwimmen, aber nicht in die Ostsee, sondern in die Schwimmhalle oben im Gebäude. Die Ostsee ist nicht immer sauber gewesen, außerdem gab es oft Quallen, und kalt war das Wasser auch meist. Da hat er es vorgezogen, in der Schwimmhalle zu üben.

Ulbricht hat gern Fisch gegessen. In Dierhagen haben wir einmal vorgeschlagen: Spinatsuppe, gebratenen Steinbutt in zerlassener Butter mit Gurken, Tomaten, Kopfsalat, Kartoffeln oder in Weißwein gedünsteten Steinbutt mit Kopfsalat, Kartoffeln und Tomaten. Das dritte war in Weißwein gedünstete Rotzunge mit Kartoffeln, Gurken- und Tomatensalat. Gewählt wurde der frische Steinbutt, gedünstet in Weißwein, mit Kopfsalat, Kartoffeln und Tomatensalat.

Die letzten anderthalb Jahre verbrachte Ulbricht hauptsächlich in Dölln. Auch dort hatten wir nur Kontakt zu Lotte. Ihn haben wir nur gesehen, wenn er zur Jagd ging. Und wir haben gestaunt, was er so erlegte. Er war ein guter Jäger, zwar nicht so wie Honecker, aber immerhin.

An ein Ereignis in Dölln kann ich mich noch gut erinnern. Walter machte jeden Morgen nach dem Frühstück seinen Spaziergang, und die Begleiter nahmen immer eine Thermoskanne mit Hühnerbrühe mit. Die trank er, wenn sie eine Pause machten.

Ich hatte einmal nicht darauf geachtet, daß die Brühe bereits eingekocht und dadurch extrem salzig geworden war. Da kam der Begleiter zu mir: »Walter hat ganz schön geschimpft: ›Was hat der Koch da fabriziert?‹ Das war etwas unangenehm. Dann kam auch noch Lotte in die Küche und brachte das noch einmal vor. Ich mußte versprechen, daß das nicht noch einmal passiert. Ich hätte eben vorher kosten müssen.

1971: Ulbrichts Sturz

Die Ulbrichts hatten in der letzten Zeit ein gespanntes Verhältnis zur Familie Honecker. Vielleicht eine Geschichte zur Illustration: Wir weilten in Dölln. Erich Honecker weihte das Marx-Denkmal in Karl-Marx-Stadt ein und hielt eine

Rede. Wir hörten in der Küche im Radio die Übertragung. Da kam Lotte in die Küche: »Wer schreit denn hier so?« Wir antworteten: »Na, Erich Honecker.« Sie parierte lapidar: »Ach so, na ja, ist gut.« Die Spannung blieb bis zum letzten Tag.

Wir waren gerade zur Schießausbildung, die zu unseren regelmäßigen Pflichten gehörte. Dort hörten wir, daß Walter Ulbricht gestürzt worden war. Es herrschte erst einmal eine große Unruhe unter den Leuten, aber wir konnten nichts ändern. Ich selbst habe den Sturz von Walter Ulbricht sehr bedauert, ich bin einige Tage nicht damit fertig geworden. Vor allem die Art und Weise hat mir sehr mißfallen.

Für mich hat sich dadurch in der Hauptsache nichts geändert. Wir hielten uns nach dem Sturz die größte Zeit in Dölln auf, wo sich Walter Ulbricht gerade jetzt gern erholte. Auch als es Walter gesundheitlich schlechter ging, waren wir längere Zeit in Dölln. Es wirbelten sehr viele Ärzte herum, aber seine Spaziergänge hat er trotzdem gemacht. Er ist viel an der Luft gewesen.

Ulbrichts Tod

Zu der Zeit als Walter Ulbricht starb, war ich in Berlin im Einsatz. Es fanden gerade die X. Weltfestspiele statt, und wir hatten einige Delegationen im »Städtchen« zu betreuen. Dazu gehörte unter anderen die Sängerin Angela Davis. Aber wir haben durch Arztgespräche und ähnliches schon mitbekommen, daß es mit Walter Ulbricht zu Ende ging. Es hat uns, die immer unmittelbar an seiner Seite waren, ganz schön bewegt. Walter Ulbricht starb dann auch während der Weltfestspiele. Aber er hatte vorher noch den Wunsch geäußert, daß die Weltfestspiele nicht durch seinen Tod gestört werden und die Trauerfeierlichkeiten erst nach ihrem Ende stattfinden sollten. So wurde das dann auch gemacht.

Ab diesem Zeitpunkt habe ich nicht mehr in Ulbrichts Wohnhaus gearbeitet. »Dein Einsatz bei Ulbricht ist beendet« – mehr hat man mir nicht gesagt. Ein Dankeschön gab es nicht.

Ich habe eine einzige Eintragung in einem Buch von Walter Ulbricht, eine Widmung, die ich mir erbeten hatte. »Das Buch der Millionen«, da hat er sich kurz eingetragen, mehr ist nicht geblieben.

Der Lokführer: Horst Maschen

Horst Maschen wird am 15. März 1934 in Berlin-Grünau geboren. Sein Vater ist Blechwalzer, seine Mutter Briefzustellerin bei der Post. Maschen absolviert eine Ausbildung zum Elektroschlosser und arbeitet zunächst beim Reichsbahn-Ausbesserungswerk (RAW) Schöneweide, von September 1952 bis Dezember 1993 ist er als Schlosser, Lokheizer und Lokführer im Fahrdienst der Deutschen Reichsbahn tätig. Dann wird er arbeitslos. Seit 1995 ist er Rentner.

Brigade Regierungszug

Seit 1955 bin ich Lokführer. 1958 war ich im Reisezugdienst der Deutschen Reichsbahn tätig. In dieser Zeit wurde ich ein paar Mal auf der Regierungslok als Heizer eingesetzt. Man fragte mich nicht, ob ich das will, denn bei der Eisenbahn wurde man da hingesteckt, wo man gebraucht wurde. Man konnte sich seine Tätigkeit nicht aussuchen.

Wie ich endgültig zu den Regierungszügen gekommen bin, weiß ich selbst nicht. Ich glaube nicht, daß es an meinen Leistungen lag, denn als Lokführer gibt man immer sein Bestes. Jeder Lokomotivführer will sicher, diszipliniert und pünktlich fahren.

Wir erhielten das normale Brigadelokführergehalt der Deutschen Reichsbahn plus 100 Mark Stellenzulage, das war es.

Im April 1970 wurde die »Brigade Regierungszug« gegründet, denn die Sonderfahrten nahmen zu. Der genaue Name der Brigade lautete »R-Lok«. Wir waren insgesamt

Lokführer Horst Maschen (rechts)

sechs Lokomotivführer und ein Maschinenkontrolleur. Unsere Aufgabe bestand darin, die Triebfahrzeuge in technisch einwandfreiem Zustand zu halten, die Streckenkenntnis zu vertiefen, auch wenn wir bestimmte Strecken längere Zeit nicht befuhren.

Wir hatten drei Lokomotiven und drei große Triebwagen,

darunter ein Regierungstriebwagen der Bauart »Leipzig« und einer der Bauart »Hamburg«, der dem Ministerium für Verkehrswesen zur Verfügung stand. Zusätzlich gab es noch zwei kleine Triebwagen à 410 PS. Verantwortlich für einen Triebwagen war immer ein Lokführer. Auch für die einzelnen Lokomotiven war jeweils ein Lokführer zuständig. Wir arbeiteten eng zusammen, das heißt, der Kollege, der für den Triebwagen »Leipzig« verantwortlich war, und ich – wir waren ein Team. Wir kümmerten uns um Reparaturen, Wartung, Pflege und so weiter.

Die Diesellokomotiven der vierten Baureihe, V 180, hatten zwei Motoren à 900 PS, insgesamt also 1800 PS. Später wurden in diese Lokomotiven zusätzlich 1000-PS-Motoren eingebaut, so daß effektiv rund 2000 PS zur Verfügung standen. Die Triebwagen standen im ehemaligen Bahnbetriebswerk Velten, im S-Bahn-Schuppen.

Unsere V 180-Lokomotiven stammten aus Babelsberg. Aber unter den Reichsbahnern kursierte immer das Gerücht, wir hätten Dieselmotoren von Maybach aus Westdeutschland. Einmal mußte ich wegen eines defekten Ölrohrs ins Betriebswerk in Karl-Marx-Stadt fahren. Als ich die Lokleitung betrat, sagte jemand: »Man hört das ja schon am Klang, das sind Maybachmotoren.« Ich biß mir auf die Zunge, denn ich wollte niemanden belehren.

Die Loks bekamen alle einen guten Farbanstrich, die Führerstände wurden immer penibel gesäubert. Die Handstangen, Loknummern u. a. waren verchromt – all das waren äußerliche Erkennungszeichen, daß das die Regierungsloks waren. Außerdem erkannte man den Regierungszug daran, daß an den Wagen das Staatsemblem angebracht war. An den Sonderzugwagen, die für das Ministerium für Verkehrswesen fuhren, war das verchromte Signet »DR« angebracht.

Der Heimatbahnhof des Regierungszugs war der Bahnhof Berlin-Lichtenberg, genauer: in der Nähe des S-Bahnhofs Nöldnerplatz. Das Objekt war eingezäunt und bewacht. Da stand der Regierungszug drin.

Die erste Führungslok 03157 des Regierungszuges, 1966

Der erste Regierungszug bestand aus modernisierten Schlafwagen und einem Salon. Der zweite Regierungszug hatte schon eine Klimaanlage und war insgesamt komfortabler.

Wenn es auf Reisen ging, mußten Lokomotiven und Triebwagen vorbereitet werden. Das lief nach Protokoll ab, das heißt, alle Bauteile, die untersucht wurden, mußten mit einem Namenskürzel als kontrolliert abgezeichnet werden. Es existierten noch keine Ultraschallgeräte hier in Berlin, also wurde der Zug zum RAW Delitzsch und die Loks ins RAW Leipzig-Engelsdorf gebracht, und dort wurden sie per Ultraschall untersucht.

Mit dem Triebwagen fuhren die Funktionäre, wenn sie privat unterwegs waren. Friedrich Ebert beispielsweise fuhr nach Gelbensande, wenn er im Gästehaus in Dierhagen Urlaub machen wollte. Auch zur Kur in die ČSSR reiste man mit den Triebwagen.

Der Triebwagen war aber auch bei offiziellen Auslandsreisen im Einsatz, zum Beispiel fuhr Walter Halbritter damit nach Kattowitz, wo er Verhandlungen führte.

Eine Anordnung besagte, daß, wenn ein Politbüromitglied fuhr, auf der Lok oder auf dem Triebwagen ein Kontrolleur dabei zu sein hatte. Doch es gab auch Ausnahmen. Ich hatte einmal eine Sonderfahrt mit dem Verteidigungsminister. Da fuhr kein Kontrolleur mit. Die Fahrt sollte offenbar etwas geheimgehalten werden, denn man änderte bis zum Ziel dreimal unterwegs die Zugnummer, so daß kein Dispatcher wußte, wo wir herkamen. Die Fahrt führte von Strausberg-Nord zum Manövergebiet bei Wollgraben. Der Verteidigungsminister stieg in Röderau aus, wurde vom Auto abgeholt, und wir stellten den Zug in Wollgraben ab. Dort diente er als Hotel.

Wenn wir ins Ausland fuhren, geschah das nach den internationalen Fahrregeln. Wenn es beispielsweise in die ČSSR ging, fuhren wir bis Dečin. Dort übernahm die tschechoslowakische Bahn den Zug. Auf der Rückfahrt wurde am selben Ort gewechselt, dann fuhr die Deutsche Reichsbahn den Zug weiter. Oder auf der Fahrt nach Polen oder Richtung Osten wurde in Frankfurt/Oder gewechselt. Dort übernahm die polnische Staatsbahn. Das war international festgelegt.

Gerade die Pünktlichkeit ist das A und O eines Eisenbahners – nicht bloß bei Sonderzügen und Regierungszügen, auch beim normalen Reisezug. Jeder Reisende hat ein Recht auf Pünktlichkeit. Aber bei Sonder- und Staatsfahrten muß man gewissermaßen pünktlicher als pünktlich sein. Wenn man kurz vor dem Zielbahnhof zwei, drei Minuten vor Plan war, dann fuhr man vorsichtig ein und kam auf die Minute an einem gewissen Punkt zum Halten.

Der Halt wurde genau ausgemessen. Der Lokomotivführer mußte mit dem Führerstandsfenster genau mittig an der H-Tafel zu stehen kommen. Das war der exakte Haltepunkt. Damit war sichergestellt, daß die Funktionäre genau am roten Teppich aussteigen konnten.

Wenn wir beispielsweise in Berlin-Ostbahnhof auf Gleis 1 einfuhren, wurden manchmal am Nachbargleis Sichtblenden aufgestellt, das heißt, man stellte einen Leerzug hin. Das wurde auch auf anderen großen Bahnhöfen so gehandhabt. Einmal, so kann ich mich entsinnen, wurde das vergessen. Da kam ein D-Zug aus Stralsund ins Nachbargleis gerollt, der ganz schön schmutzig war. Der Verkehrsminister sah das natürlich und wurde sehr böse.

Mein Hauptauftrag war, pünktlich und akkurat zu fahren, was aber kein großes Problem war, denn wir hatten überall freie Fahrt. Wir hatten Vorrang. Alle anderen Züge hatten zu warten, auch wenn sie dadurch Verspätungen in Kauf nehmen mußten.

Einstieg in Basdorf

Um in den Regierungszug einzusteigen, mußten die Repräsentanten von der Waldsiedlung mit dem Auto nach Basdorf kommen, wo es zunächst nur einen kleinen Behelfsausstieg gab. Das war nicht mehr als eine Erhöhung, wie ein Wagen mit Rädern, mit Stufen. Da mußte der Zug, konkret der Salonwagen, an einer bestimmten Stelle halten. Lok- und Zugführer verständigten sich über Funk, damit das klappte. Später baute man in Basdorf einen kurzen Bahnsteig.

Es gab das Gerücht, daß einmal angedacht war, ein Anschlußgleis bis ins Objekt in Wandlitz zu legen. Aber daraus wurde wohl nichts.

Es gab einen Vorzug und einen Hauptzug. Der Vorzug bestand aus ungefähr vier Wagen. Dazu gehörte meist ein Salonwagen sowie Schlafwagen. Auch ein Packwagen war angekoppelt; dort fuhren Kollegen vom Bahnbau mit, zur Sicherheit, falls mal ein Schienenbruch oder ähnliches auftrat. Ich kann mich allerdings nicht entsinnen, daß es unterwegs einmal eine Unregelmäßigkeit gab. Der Vorzug war für die Mitarbeiter bestimmt, vor allem für die von der Sicherheit. Er fuhr dem Hauptzug in einem Abstand von fünfzehn Minuten voraus. Die Leute im Vorzug beobachteten die

Strecke, die Signale, auch jedes Nebengleis. Sie sorgten dafür, daß exakt pünktlich gefahren wurde. Kommuniziert wurde über Funk, sowohl innerhalb eines Zuges, als auch zwischen den Zügen.

Beim eigentlichen Regierungszug – also bei einer offiziellen Staatsreise – fuhr auch noch ein Nachzug im Abstand von einer Viertelstunde hinterher. Vor- und Nachzug dienten der Sicherheit, der Vorzug fungierte gewissermaßen als Minenräumer. Das nannte man im Bahnjargon »Stufe 1«. Das bedeutete, daß Funktionäre, Politbüromitglieder oder hohe Gäste aus dem Ausland fuhren; zum Beispiel als Chruschtschow in die DDR kam. Die hatten immer Vorrang auf der Strecke.

Die Größe des Hauptzuges hing von der Zahl der zu transportierenden Reisenden ab. Manchmal bestand er aus siebzehn Reisewagen. Dazu gehörten Packwagen, Speisewagen, Salonwagen und/oder Schlafwagen, Arztwagen, Küchenwagen.

Wenn mehrere Politbüromitglieder in einem Zug unterwegs waren, hatte nicht jeder seinen Salonwagen. So viele Salonwagen gab es gar nicht. Einige Wagen aber waren geteilt in Salon- und Schlafwagen. Da gab es auch eine größere Duschkabine.

Der Salon war eingerichtet wie eine gemütliche Wohnstube, dazu gab es ein Schlafabteil, eine Toilette und Dusche.

Der Zug war wegen der Klimaanlagen sehr schwer. Aus Sicherheitsgründen betrug die Höchstgeschwindigkeit nicht mehr als hundert Stundenkilometer.

Als Walter und Lotte Ulbricht von einem Urlaub in Dierhagen nach Berlin zurückfahren wollten, sollten wir Mitarbeiter alle auf den Bahnsteig kommen. Sie gratulierten uns allen, denn es war gerade Tag des Eisenbahners. Sie überreichten uns einen wunderschönen Nelkenstrauß. Solche persönlichen Kontakte gab es selten. Sonst bestanden klar gezogene Grenzen.

Zum Jahreswechsel haben sich manche Funktionäre auch

Gebremst komfortabel: der Salonwagen des Regierungszuges

bedankt; manchmal gab es eine Geldprämie oder eine Flasche Kognak oder Bohnenkaffee. Aber das war es dann auch schon. Der einzige, der mal zu uns an die Lok kam, war der Minister für Verkehrswesen, Otto Arndt.

Ich erinnere mich an folgende Episode: Otto Arndt hielt in Gotha einen Vortrag an der Verkehrshochschule. Vor der Rückfahrt standen wir am Bahnsteig, und die Transportpolizei kontrollierte alles. Da gesellte sich der Verkehrsminister zu uns, hielt einen kleinen Schwatz. Ein Kollege von der Trapo kam hinzu und fragt ganz unbedarft in die Runde: »Mensch, was für ein hohes Tier fährt denn hier heute?« Otto Arndt erwiderte: »Det weeß ich auch nich.« Ich konnte mich vor Lachen kaum halten. Arndt mußte auch grinsen.

Ulbrichts fahren mit der Eisenbahn

Wenn Ulbricht zu Weihnachten nach Oberhof fuhr, hatte er überall freie Fahrt. Wir sind ja mit zwei Dampflokomotiven gefahren, denn die Steigung zum Thüringer Wald war enorm.

Die Geschwindigkeit von Gräfenroda nach Oberhof, die Berge hoch, lag bloß bei siebzig Stundenkilometern. Ich erinnere mich, wie Lotte Ulbricht sich nach Ankunft beim Zugkommandanten und seinen Mitarbeitern bedankte. Sie schenkte jedem eine Flasche Rotwein, als eine Art Weihnachtsgeschenk. Der Zug wurde in Oberhof nicht abgestellt, sondern wieder nach Berlin gefahren. Für die Rückreise wurde er wieder nach Oberhof gebracht.

Später, als Ulbricht nicht mehr Erster Sekretär war, fuhr bei seinen Reisen kein Vorzug mehr mit. Als es doch noch einmal passierte, mußte der Vorzug hinter dem Bahnhofsgebäude in Oberhof stehen, also gut versteckt. Den sollte Walter nicht sehen. Warum man das so tat, weiß ich nicht. Es hat uns auch niemand aufgeklärt.

Willy Brandt per Zug in Erfurt

Vor dem Brandt-Besuch in Erfurt im März 1970 fuhren Vorzug und ein Salonwagen bis Gerstungen. Ich fuhr mit dem Vorzug bis Gerstungen, und die beiden Hauptzuglokomotiven fuhren mit einem Salonwagen nach Bebra. Im Salonwagen befand sich ein Diplomat, der Willy Brandt in Bebra abholte und begrüßte.

Die Fahrt war aufregend, ich hoffte, daß wir pünktlich wären und alles zur Zufriedenheit der Repräsentanten ausführen könnten. Unterwegs waren unzählige Polizeikräfte im Einsatz, die die Bahndämme absperrten. Aber die waren kaum zu erkennen, sie mußten ihre Arbeit verdeckt tun. Viele Leute säumten die Strecke, vor allem, je näher man Erfurt kam. Dort standen sie in den Gärten und schauten.

In Erfurt angekommen, mußten wir mit dem Vorzug gleich wegfahren. Es soll, als Brandt einfuhr, ein turbulenter Empfang gewesen sein. Aber davon habe ich nichts mitgekriegt.

Wir standen dann solange in Erfurt, bis die Rückfahrt angetreten wurde.

Willi Stoph im Regierungszug auf der Fahrt nach Erfurt zum Treffen mit Willy Brandt, 1970

Wir befanden uns praktisch in Bereitschaft, durften unseren Bereich nicht verlassen und beispielsweise bummeln gehen.

Die Rückfahrt verlief planmäßig. Es gab nur eine ganz kleine Unregelmäßigkeit beim Hauptzug. Am letzten Wagen hatte jemand vergessen, die Handbremse zu lösen. Der Hauptzug wurde an eine Blockstelle gestellt und darauf hingewiesen, daß Funken sprühten. Das Problem war schnell behoben.

Empfang der Bevölkerung für Hoffnungsträger Willy Brandt am Bahnhof Bebra, 1970

Ein eigenartiger Vorfall

1970/71 fand das Manöver »Waffenbrüderschaft« statt. Die große Sonderfahrt begann in Falkenberg/Elster und sollte bis Wolgast-Hafen führen. Da unsere Lokomotiven nicht ausreichten, hatten wir uns noch eine aus Jüterbog geborgt. Ich fuhr auf der Jüterboger Lok an der Spitze. Bis nach Seehausen war die Strecke zweigleisig, aber ab Seehausen war sie nur eingleisig, so daß man maximal mit einer Geschwindigkeit von 40 Stundenkilometern im anschließenden Weichenbereich fahren durfte. Ich bremste also den Zug aus voller Geschwindigkeit ab. Und plötzlich gab es eine Zwangsbremsung, und wir standen im Bahnhof. Die Luft war weg.

Treffen Stoph – Brandt in Erfurt, März 1970

Es konnte sein, daß ein Luftschlauch geplatzt war; es konnte aber auch jemand die Notbremse gezogen haben. Wir waren zwei Lokführer und ein Maschinenkontrolleur; wir verständigten uns über Funk, nach einigen Minuten war der Luftdruck wieder konstant, und wir konnten weiterfahren.

Sofort nach Ankunft in Wolgast begann meine Vernehmung und die Vernehmung meiner Kollegen; freundlich und höflich, das muß ich sagen. Man glaubte, daß ich einen Fehler gemacht hätte, daß ich die Ausfahrt verpaßt und eine Schnellbremsung eingeleitet hätte. Das stimmte nicht, aber ich konnte es nicht beweisen.

Was wirklich passiert ist, wurde erst nach der Wende geklärt. Irgendein Funktionär hatte die Notbremse gezogen und den Notbremshahn danach wieder geschlossen. Wer es war, weiß niemand. Nach diesem Vorfall wurden alle Notbremsen verplombt, so daß man eindeutig erkennen konnte, welcher Notbremshahn gezogen wurde, weil die Plombe gerissen war. Man machte es also auch im Regierungszug so, wie es in den Reisezugwagen im öffentlichen Verkehr üblich war.

Zwei Tage nach der Fahrt mußte ich noch einmal mit zwei Lokomotiven und einem Bremskontrolleur der Reichsbahndirektion Berlin eine Probefahrt nach Frankfurt/Oder machen. Der Kontrolleur sollte meine Bremstechnik einschätzen und ob ich irgendwelche Fehler mache. Aber diese Testfahrt verlief einwandfrei.

Wenn Sonderfahrten anstanden, waren wir die letzten, denen gesagt wurde, wohin es gehen sollte. Da wußten mitunter jene, die die Loks putzten, mehr als wir. Wir erfuhren manchmal nur die Richtung: Süden oder Osten. Ansonsten gab es Einweisungen über bauliche Veränderungen der Strekken.

Nur als wir im März 1970 den damaligen Bundesverteidigungsminister Helmut Schmidt abholten, instruierte man uns ausführlich. Ich sollte plötzlich den Hauptzug fahren. Es hieß, ich solle zuerst bis Güstrow im Schlafwagen ruhen und von Güstrow nach Lübeck und zurück die Lok führen.

Schmidt selbst flog bis Schönefeld. Im Zug, den wir von Lübeck abholten, reiste sein Personal. Der Zug bestand aus acht Reisezugwagen der Bundesbahn. Wir fuhren bis Wilmersdorf und stellten dort den Zug ab. Plötzlich gab es einen Kälteeinbruch. Die Frage war: Wie den Zug heizen? Elektrisch ging es nicht, denn dafür hätten wir eine andere Lok haben müssen, zum Beispiel die Baureihe 219, die rumänische Diesellok. Man entschied, mit Dampf zu heizen. Das taten wir denn auch mit unseren beiden Regierungslokomotiven. Alle paar Stunden kam ein »Wasserbüffel« und versorgte uns mit Heißwasser.

Betriebsausflüge

Ab 1965 machten wir Beschäftigten des Regierungszuges regelmäßig Ausflüge mit dem Zug. Der einzige Nachteil war, daß wir den Zug selbst fahren mußten. Meist haben wir uns die Touren geteilt, das heißt, die einen fuhren hin, die anderen zurück. Am Abend gab es ein gemütliches Beisammensein mit Musik. Für Getränke und Speisen mußten wir selbst sorgen. Alkoholfreie Getränke und Bier besorgten wir uns bei der Mitropa, und das Essen bereiteten wir selbst zu. Schnaps, Wein oder Bier hat jeder selbst mitgebracht und auf den Tisch gestellt. Am neuen Regierungszug hing ein Garagenwagen; den nutzten wir als Tanzwagen.

Sonst wurde der Garagenwagen für die PKW der Funktionäre genutzt – so wie das heute beim Autozug ist. Die stellten ihren Wagen, wenn sie ihn mit zum Zielort nehmen wollten, dort ab und hatten ihn vor Ort gleich zur Verfügung.

Zum Beispiel erinnere ich mich, wie Breschnew nach Berlin zum Staatsbesuch kam. Er reiste mit dem Flugzeug, aber sein Garagenwagen kam per Bahn hier an, und da war sein Auto drin. Ein Riesenauto – und ich dachte beim Entladen nur: Hoffentlich geht das gut.

1989 endete unsere Arbeit in der Brigade. Wir fuhren dann mit den Loks Güterzüge. Im Januar 1990 wurde die Strecke Wannsee–Potsdam eröffnet. Hier wurden die drei Regierungslokomotiven mit eingesetzt. Ich bin fast ein Dreivierteljahr auf der Strecke gefahren. Im Herbst baute man mich in den E-Lok-Plan ein. Ich fuhr mit der E-Lok Schnellzüge und habe eigentlich bis zu meinem Ruhestand einen wunderbaren Dienstplan gehabt. Wirklich wahr.

Der Gärtner: Wolfgang Rechow

Wolfgang Rechow wird am 10. Dezember 1929 in Meinitz (Sachsen) geboren. Der Vater ist einfacher Arbeiter, Mutter Hausfrau und Schulhausmeisterin. Rechow schließt 1947 eine Gärtnerlehre mit der Gesellenprüfung ab und ist anschließend als Gehilfe in verschiedenen Gärtnereien tätig. 1950 wird er Instrukteur bei der FDJ-Kreisleitung in Döbeln, 1954 legt er an der Arbeiter-und-Bauern-Fakultät Leipzig das Abitur ab und beginnt in Leipzig und Berlin zu studieren, bricht aber das Studium ab. 1957 arbeitet er als Gärtner im VEB Garten- und Landschaftsgestaltung Leipzig und baut hier die DDR-Landwirtschaftsausstellung AGRA mit auf. 1959 wird er Betriebsgewerkschafts-Vorsitzender, 1965 schließt er ein Fernstudium zum Ingenieur für Garten- und Landschaftsgestaltung in Erfurt ab. Von 1966 bis 1988 (dem Beginn seiner Invalidenrente) leitet er die Gärtnerei in der Waldsiedlung.

Die Gärten im Innenring

Ich habe es nie bereut, das muß ich ganz ehrlich sagen. Die Waldsiedlung wurde ab 1958 gebaut und 1959/60 bezogen. Mein Vorgänger dort war mein ehemaliger Meister aus Leipzig. Mit dem arbeitete ich in Markkleeberg zusammen, dann ging er zur Waldsiedlung. Nach seinem Tod holte man mich als Nachfolger aus Leipzig.

In den ersten Jahren hat mir niemand in meinen Bereich hineingeredet. So wie ich es gemacht habe, so wie ich es aufgebaut habe, befand man es für gut. Der Günter Baumann, der vor Gerd Schmidt die Waldsiedlung leitete, sagte mal in einer Dienstberatung: »Auf die Gärtner kann man sich immer verlassen, die sind irgendwie unsere Reserve.« Und das stimmte. Wenn irgend etwas los war, haben wir immer geholfen.

Die anderen Bereiche in Wandlitz nannten sich alle Referate. Der Gartenbau war der einzige, der sich als selbständige Arbeitsgruppe bezeichnete. Anfang der siebziger Jahre wurden wir dann ebenfalls ein Referat: Gartenbau.

Als ich anfing, waren wir zwanzig Leute. Als ich 1988 ausschied, waren wir etwas mehr als vierzig. Die Gärtnerei war vergrößert worden, mein Technikbereich ebenfalls. Ich verfügte über zwei LKW, einen großen Kran, sechs Multicars, diverse Kleinstmaschinen, Rasentraks sowie ein Universalfahrzeug, den Mercedes Unimog. Dieses Gerät kostete damals eine knappe Million. Es war eben ein Fahrzeug mit hundertfünfzig Anbaugeräten. Davon hatten wir zwar bloß zwölf, aber die haben uns gereicht. Das Ding war universal.

Am Anfang hatten uns gerade mal eine alte Straßenwalze als Schleppfahrzeug und eine sogenannte Trampelameise zur Verfügung gestanden.

In der Gärtnerei arbeiteten vier Brigaden, die für den Innenring verantwortlich waren. Für jede Straße gab es eine Brigade. Und dann waren da noch die sogenannten Sondergärten von Mielke, Ulbricht, Axen und dann später von Ebert.

Unsere Aufgabe war die Pflege der Einzelgärten im Innenring. Wir sorgten dafür, daß die Gärten tipptopp waren, daß die Staudenbeete blühten und daß die Rasenflächen immer gut in Schuß waren. Außerdem oblag uns die nicht ganz so intensive Pflege des Außenringes.

Alle Funktionärsgärten maßen im Höchstfall um die siebenhundert oder achthundert Quadratmeter. Mielke hatte den zweitgrößten Garten, größer war nur noch der Garten des Genossen Stoph.

In den ersten Jahren erwies es sich als sehr schwierig, in den Gärten die Staudenbeete anzulegen, denn es gab diesen

Haus und Gartenanlage in Wandlitz

natürlichen Schirm aus Kiefern, der zu viel Schatten abgab. Bestimmte Pflanzen wuchsen oder blühten absolut nicht. Mit der Zeit aber stellten wir fest, welche Pflanzen paßten, und von März bis zum ersten Frost blühte dann immer irgend etwas – das schafften wir. Aber es war nicht ganz einfach, und manchmal gab es Ärger. Der eine wollte keine gelben Blumen haben, die andere wollte bestimmte Blumensorten gar nicht in ihrem Garten sehen. Es war schwer, es allen Haushalten recht zu machen. Aber wir haben uns letztlich immer gut geeinigt. Am Anfang, 1966, war es üblich, daß auf der Terrasse eine Flasche Bier oder ähnliches stand, wenn die Gärtner in die Gärten kamen. Das war schon kompliziert, manchmal. Dann kamen meine Jungs blau von der Arbeit. Oder ich mußte sie suchen, denn sie lagen unter den Büschen und schliefen. Mir blieb also nichts anderes übrig, als von Haus zu Haus zu gehen und darum zu bitten, daß kein Alkohol mehr an meine Jungs ausgeschenkt wird. Es gab ziemlichen Ärger.

Wir waren auch verantwortlich für die Ausstattung der Wintergärten in den Funktionärshäusern mit Grünpflanzen und für die Belieferung mit frischem, selbst erzeugtem Gemüse. Auch in den Zimmern wurden die Blumen in den Vasen gewechselt.

Einmal war ich im Arbeitszimmer vom Genossen Honecker. Da war ein Eichkater hineingeraten, der hatte die Gardine zerfetzt und die Bücher umgeschmissen. Den sollte ich nun rausschmeißen. Das Zimmer sah aus wie nach einer Schlacht, und das kleine Kerlchen war sehr erschrocken und scheu. Mit Mühe und Not habe ich ihn heil herausgeholt, aber das Arbeitszimmer, die Gardinen, die Einrichtung, alles war schlimm zugerichtet.

Wir lebten hier ja mitten im Wald. Es gab jede Menge Hasen, Vögel und eben auch Eichkater, und die richteten häufig mal Schaden an.

Schnittblumen im Winter waren in der DDR absolute Mangelware. Ich hatte aber auch aus meiner Lehrzeit und von meiner früheren Tätigkeit in Leipzig einige Beziehungen nach Erfurt, dem Zentrum für Saatgut und Pflanzenzucht in der DDR. Dort organisierte ich mir im Herbst 1966 die ersten fünftausend Tulpen. Dann versuchte ich die Tulpen in unserer Gärtnerei zu kultivieren, damit wir in der blumenarmen Zeit auch Tulpen hatten, das heißt im Januar, Februar, März. Diese grundlegenden fünftausend Tulpen habe ich in den letzten Jahren vermehrt auf fünfzigtausend.

Den Schnittblumenbereich habe ich selbst im Laufe der Jahre aufgebaut, indem ich Verträge mit Liefergärtnereien geschlossen habe, unter anderem mit der Nelkenzucht von Borgsdorf.

Wir bauten nach und nach einen Blumenladen auf, wo wir wirklich alles anbieten konnten, Topfpflanzen, Grünpflanzen, Blühpflanzen bis hin zu Schnittblumen der verschiedensten Art. Aufgrund des hohen Bedarfes haben wir zusätzlich von den Lieferbetrieben in Borgsdorf, Berlin und Schöneiche frische Schnittblumen bezogen.

In den achtziger Jahren haben wir wöchentlich zweitausend Nelken und andere Schnittblumen wie Rosen und Gerbera eingekauft und wieder umgesetzt. Das heißt, der Schnittblumenverkauf florierte dann richtig gut. Wir waren ja eigentlich immer die einzigen, egal, ob Ministerium oder Regierung, die Blumen hatten. Wenn es nirgendwo Schnittblumen gab – in der Waldsiedlung gab es welche. Wenn es eng wurde, habe ich einfach in Borgsdorf angerufen und gesagt: »Ich brauche mal tausend Nelken.« Es war selten, daß wir keine Blumen in den Innenring lieferten. Wir versorgten natürlich auch die Mitarbeiter des Außenringes und unsere Handwerker. Aber Priorität hatte immer der Innenring.

Wenn es eben mal knapp war, konnte der Tischler für den Geburtstag seiner Frau keine Blumen kriegen, weil die vom Politbüro oder den Familien gebraucht wurden.

Die meisten Blumen gingen jedes Jahr zum Frauentag weg – das bedeutete für uns Hochleistungssport. Für diesen Tag mußten wir die Wohnhäuser im Innenring, das Ministerium für Staatssicherheit und auch einzelne Persönlichkeiten – und nicht bloß mit einem Strauß – beliefern. Wir haben vor den Frauentagen die letzten zwei Tage ununterbrochen zu tun gehabt und vor allem die letzte Nacht oft bis früh um zwei gearbeitet.

Elli Winter beispielsweise, die Tochter von Wilhelm Pieck, holte bei uns immer zwischen dreißig und fünfzig Sträuße zum Frauentag.

Die Repräsentanten im Innenring bestellten mitunter zwanzig bis dreißig Sträuße oder Gestecke pro Haus, manchmal sogar mehr. Auch zu den Geburtstagen der Funktionäre brauchte man – im Namen der Abteilung – große Sträuße. Die Politbüromitglieder bestellten auffällig selten Blumen für ihre Frauen bei uns. Die Anmeldungen oder die Bestellungen kamen in der Regel von den Frauen selbst bzw. über die Haushälterinnen bei uns an.

Die Preise für die Blumen und Pflanzen entsprachen den in der DDR üblichen. Wir hatten nur eine kleine Preisspanne

Wolfgang Rechow mit seiner Frau

Verdienst dabei, der unserer Gärtnerei zugute kam. Ich entsinne mich, daß eine Nelke eine Mark zwanzig kostete, eine Rose teilweise einsfünfzig bis einsachtzig, je nach Blütengröße und Stiellänge.

Die Blumen wurden mir generell bezahlt, von allen, ob Innenring oder Außenring, ob Ministerium oder Privatpersonen. Manche Blumen gingen aber auch – so hieß das – »auf Dienstleistung« – das hieß, wenn Blumen für einen offiziellen Anlaß gebraucht wurden. Die Abrechnung lief dann über die jeweiligen Institutionen. Wir haben nichts verschenkt. Im Gegenteil, ich war wie der Teufel hinter dem Geld her. Ich ging auch mal – das Bestellbuch unter den Arm geklemmt – zum Genossen Stoph, der sehr säumig in der Zahlung war, und bat um die Begleichung.

Wir haben Walter Ulbrich sogar Blumen mit nach Irkutsk in Sibirien und nach Kairo gegeben. Das hat uns natürlich ein bißchen stolz gemacht – klar. Ich meine, wir haben in der Gärtnerei Maßstäbe gesetzt, wir haben gezeigt, was wir konnten, und wir erhielten deshalb auch viel Anerkennung.

Orchideen für Indira Gandhi

Die indische Delegation unter Indira Gandhi weilte in Berlin und wohnte im Schloß Hohenschönhausen. Als Schmuck für die Gäste wurden die sogenannten Kastenblumen gefordert. Die höchste Kaste Indiens trägt Orchideen, die nächstniedrigere Kaste trägt Rosen mit Grün, die nächstniedrige Nelken mit Grün. Die Männer tragen die Blüten am Revers, die Frauen in der Regel am Gürtel.

Die Rosen und die Nelken waren kein Problem für uns, die haben wir sofort angefertigt, aber die Orchideen! In Berlin gab es zu dieser Zeit noch keine Orchideen. Der Orchideenbetrieb in Eiche wurde gerade erst aufgebaut. Da mußte ich eine alte Verbindung aus meiner Lehrzeit nutzen. In Coswig bei Dresden gab es nämlich einen großen Orchideenbetrieb. Ich rief dort an und holte eine Orchidee, eine Doppel-Cattleia, also eine doppelblütige. Danach fuhr ich geschwind in die Gärtnerei und ließ die Orchidee von den Mitarbeiterinnen binden, mit Grün als Schleppe. Danach mußte ich nach Berlin zurück.

Indira Gandhi war schon auf dem Weg zu irgendeiner Konferenz. Jedenfalls habe ich sie auf der Strecke abgefangen und ihr knieend – die Frau war ja wirklich klein und zierlich – die Orchidee auf den Gürtel drapiert. Da hat sie mir die Hand geschüttelt und sich bedankt.

Gemüsezucht

Im Laufe der Jahre entwickelten wir in der Treibhausgärtnerei auch die Gemüsezucht. Wir bauten vor allem Gurken an, später auch Tomaten. Durch verschiedene Experimente versuchten wir von Anfang Februar bis Mitte Juli und dann noch einmal bis Anfang Dezember frische Tomaten zu liefern. Im Westen war das nichts Neues. Dort machte man es das ganze Jahr über. Bei uns war das damals ein Engpaß. Wir experimentierten mit Beleuchtung, mit Wärme, mit Wasser und mit täglichem Schütteln der Pflanze, damit sie sich bestäubt, denn die Tomate ist ein Windbestäuber. Wir haben es geschafft, zwar mit Hängen und Würgen, aber immerhin. Sie waren etwas kleiner als die, die der Westen lieferte, aber sie waren frisch und vor allem aus unserer eigenen Produktion.

Wer sich ein bißchen im Gartenbau auskennt, weiß, daß es über den Jahreswechsel, also von Dezember bis Februar, kaum möglich ist, frischen Schnittlauch zu ernten. Aber der Genosse Ulbricht und seine Frau brauchten jeden Tag – Sommer wie Winter – früh ein Bündel Schnittlauch. Das aßen sie jeden Morgen mit Quark oder Weißkäse. Wehe, wenn kein Schnittlauch da war! Wir mußten die möglichsten und unmöglichsten Dinge versuchen.

Schnittlauch läßt sich nur treiben, wenn er Frost gekriegt hat. Und wer hat schon Anfang Dezember in unseren Breitengraden Frost? Also besorgten wir uns eine Riesenkühltruhe und frosteten dort die Schnittlauchballen auf minus achtzehn Grad ein. Dann nahmen wir die Ballen raus, putzten und topften sie. Danach haben wir sie im warmen Gewächshaus angetrieben. Das klappte bestens, so daß die Ulbrichts immer ihren Schnittlauch hatten.

Schneeräumung im gesamten Innenring – ob mit Technik oder manuell, das hieß mit Schieber und Besen – gehörte ebenfalls zu unseren Aufgaben.

Im Winter mußten die Wege ab sieben Uhr schneefrei sein.

Minister Mielke war immer bitterböse, wenn früh um sechs sein Hauseingang noch weiß war. Streuen reichte da nicht; er wollte den Wegbelag sehen. Er ging jeden Morgen um sechs in die Schwimmhalle. Also haben wir immer dafür gesorgt, daß vor seinem Haus zuerst geräumt wurde. Dann war Mielke zufrieden. Er ging aus seinem Haus über seinen Plattenweg zur Straße im sauberen Zustand.

Es war nicht immer einfach. Wenn es schneite und wir vorn Schnee schippten, da war es hinten schon wieder weiß. Außerdem durften wir keinen Krach machen. Wenn wir um sechs an den Hauseingängen Schnee schoben, mußte es leise zugehen. Die Repräsentanten schliefen ja zum größten Teil noch. Wenn es doch mal laut wurde, dann gab es auch mal einen kleinen Ärger.

Den Wald in Ordnung zu halten gehörte ebenfalls zu unserem Dienst. In meinen frühen Jahren in der Waldsiedlung bin ich mit dem Förster durchgelaufen, und wir legten fest, welche Bäume gefällt werden mußten, weil sie auf ein Haus brechen konnten oder ähnliches. Doch Ende der siebziger Jahre mußte ich fast für jeden Baum eine Ministervorlage machen. Die mußte natürlich genehmigt werden, ehe ich Bäume fällen durfte. So mußte etwa darauf geachtet werden, daß die Waldsiedlung von oben, das heißt aus Sicht der Flugzeuge, gut abgedeckt, also abgeschirmt war; deshalb wurden auch Kahlstellen aufgeforstet, vor allem mit Fichten, Douglasien und Lärchen.

Auch die Tennisanlage hatten wir in Schuß zu halten. Zwei Spielfelder wurden jeden Tag geglättet, jeden Tag neu gekreidet, die Netze gespannt. Unterschiedliche Leute spielten hier Tennis, insbesondere Walter Ulbricht mit seiner Frau. Auch

Jarowinsky spielte öfter, Kleiber und in früheren Jahren noch der Warnke. Wenn gespielt wurde, mußte Ruhe herrschen. Wir Gärtner durften uns zu diesem Zeitpunkt nicht sehen lassen.

In der Waldsiedlung gab es auch einen Schießstand. Dort probierten die Repräsentanten ihre persönlichen Waffen aus. Soviel ich weiß, gab es automatische Trefferanzeigen. Die Repräsentanten besaßen mehr oder weniger nur Faustfeuerwaffen. Die Begleiter hingegen hatten Langwaffen bzw. MPis. Aber die Begleiter übten nicht in der Waldsiedlung, sondern an einem anderen Ort.

Übrigens liefen die Repräsentanten selbst hier in der Waldsiedlung nie allein, sondern hatten immer ihren Begleitschutz dabei, wenn auch in großem Abstand. Nur in der Zeit kurz vor der Wende waren sie solo unterwegs, früher nicht. Manchmal riß einer aus, wie der Werner Lamberz. Da gab es Alarm, und wir mußten ihn draußen im Wald und am Liepnitzsee suchen. Der war einfach mal losgelaufen, um allein spazierenzugehen. Wie er herausgekommen ist, weiß ich heute noch nicht, denn das ging gar nicht so einfach. Vielleicht ist er über den Zaun, gestiegen, aber wo? Wie kam er an den Posten vorbei? Oder er ist sogar unterwegs aus dem Auto ausgestiegen und hat seine Begleiter dazu vergattert, nichts zu sagen.

Ulbrichts Kiefern und Rosen

Wenn ich meinen Kontrollgang durch die Gärten und die Anlage machte, stand oft die Genossin Ulbricht auf ihrem Balkon, und wir unterhielten uns ein bißchen, sie oben, ich unten. Oft stritten wir uns auch, weil sie unbedingt eine bestimmte Blume haben wollte, die aber nicht in Wandlitz wuchs. Das eine Mal war es so schlimm, daß ich hochgerufen habe: »Genossin Ulbricht, bin ich Gärtner, oder sind Sie es?« Im nächsten Moment dachte ich, jetzt sei alles vorbei,

Walter und Lotte Ulbricht mit Sportfunktionär Manfred Ewald im Garten ihres Hauses (im Hintergrund: die umstrittene Rosenrabatte), 1970

aber es ging vorüber, und wir konnten anschließend unsere Arbeiten so durchführen, wie wir es für richtig hielten.

Über Ulbrichts Haus war ein sehr dichter Kiefernschirm gewachsen. Deswegen war dies für uns der schwierigste Garten. Aufgrund dieses großen natürlichen Schirmes – das war der dichteste, den wir überhaupt hatten – blühte kaum eine Staude. Um das zu beheben, wurde extra der Landschaftsarchitekt und Nationalpreisträger Hugo Namslauer geholt. Den Hugo kannte ich aus meiner Leipziger Zeit. Als er in der Waldsiedlung auftauchte, fragte er: »Was soll ich denn hier?«

Dann gingen wir zum Haus 7. Ich blieb auf der Straße, und er ging ins Haus. Dort sprach er mit Familie Ulbricht, mehr oder weniger mit Lotte. Von da an kam Hugo alle sechs bis acht Wochen und schaute, ob seine Weisungen erfüllt wurden, ob es blühte.

Nach anderthalb Jahren wurde ich vom Leiter angerufen, ich solle mich sofort bei Familie Ulbricht melden. Ich ging also zu Ulbrichts. Er sagte: »Mein Garten blüht nicht.« Ich darauf: »Tut mir leid, der Genosse Namslauer ist dafür zuständig.« Er: »Es blüht trotzdem nichts.« Ich: »Dafür kann ich nichts.« In dem Moment sagte sie: »Machen *Sie* meinen Garten wieder.« Da habe ich nur geantwortet: »Ist in Ordnung, wir machen es. Aber wir machen das, wie wir es für richtig halten.«

Von dem Tag an waren wir wieder die besten Freunde. Wenn ich in ihrem Garten war, kamen sie mitunter raus, dann unterhielten wir uns.

Lotte war manchmal – ich sage es mal salopp – nicht mit Senf zu genießen. Aber im großen und ganzen sind wir immer mit ihr zurecht gekommen.

Zu unseren Aufgaben gehörte es auch, im Garten der Ulbrichts die Kiefernzapfen aufzulesen. Sie waren sehr gesundheitsbewußt und gingen morgens zum »Tautreten« barfuß über ihren Rasen. Jeden Tag stapften beide durch den Tau. Also mußten wir die Kienäpfel aufsammeln. Wehe, wenn wir mal einen übersehen hatten!

Ulbrichts Eisbahn

In den Wintermonaten legten wir, sobald es möglich war, für Ulbricht eine Eisbahn an. Die haben wir jedes Jahr auf dem alten Parkplatz, der von Wald umgeben war und kaum genutzt wurde, angespritzt, auf ungefähr 200 Quadratmetern.

Sobald die Temperatur unter fünf Grad minus fiel, fingen wir an, abends die Eisbahn zu spritzen, meist etwa bis Mitternacht. Am nächsten Morgen spritzten wir noch einmal. Zeitweise haben wir bis zu fünf Schichten aufeinandergespritzt, so daß die Eisstärke sechs bis acht Zentimeter betrug.

Die Eisfläche war hell erleuchtet. Es gab eine Bank, wo er sich mal ausruhen konnte bzw. wo er sich seine Schlittschuhe anzog.

Wenn Ulbricht gefahren war, mußten wir die Bahn am nächsten Tag wieder glätten. Anfangs haben wir das mit einigen

Ulbricht beim Eislaufen

Wassereimern und Tüchern gemacht, die letzten Jahre setzten wir dann einen Minitraktor ein, der zwei Heißwassertanks und hinten eine große Schleppe aus starken Tüchern hatte. Auf diese Tücher wurde das Heißwasser aufgespritzt. Durch das Fahren und Schleppen wurde die Eisbahn wieder einwandfrei geglättet.

Die Spritzeisbahn mußte jeden Abend tadellos sein. Und wir hatten immer aufzupassen, daß niemand vor Ulbricht auf der Eisbahn herumsauste und die Fläche zerkratzte. Es gab zu dem Zeitpunkt im Innenring der Waldsiedlung noch viele Kinder, die natürlich auch gern Schlittschuh laufen wollten, die mußten wir jedes Mal runterschmeißen. Einmal war auch der Sohn von Mielke dabei. Der Genosse Ulbricht verlangte eine einwandfrei glatte Fläche, wenn er sich mit seiner Frau abends eine Stunde auf der Eisbahn vergnügte.

Wenn meine Männer kamen und meldeten, die Eisbahn sei fertig, bin ich noch einmal hingefahren und habe sie geprüft. Da ich eine gute Verbindung zum Kommandanten hatte, brauchte ich ihn nur anrufen und fragen, wann der Walter nach Hause kommen wird. Dadurch wußte ich immer, was los war und wann die Eisbahn blank sein mußte.

Ulbricht war nicht begeistert, wenn einer zuguckte, wie er Schlittschuh lief. Wenn ich mal zusah, stand ich getarnt hinter den Büschen. Ich habe mich nie sehen lassen. Und ich muß ehrlich sagen, ich habe beide Ulbrichts bewundert, wie sie abends dort rumgeflitzt sind. Er hatte einen sehr guten Laufstil. In dem Alter!

In den Sommermonaten lief Walter Ulbricht dann mit Rollski durch die Gegend. Die Waldwege und Asphaltstraßen mußten dann entsprechend ordentlich sein.

Ulbrichts Blumenwünsche

Ich entsinne mich an eine Schnittblumenbestellung vom Genossen Ulbricht.

Seine Lotte hatte Geburtstag, er rief mich um neun Uhr persönlich an und bestellte Blumen, keine üblichen, sondern was Ausgefallenes: den Hahnenkamm. Ich wußte in dem Moment nicht, was er meinte, bis ich herausfand, daß er Strelitzien wollte. Die haben einen spitzen Schnabel, sind hinten orange und haben bläuliche Spitzen nach oben. Doch woher nehmen und nicht stehlen?

Ich telefonierte herum und wurde in Pillnitz fündig. Also donnerte ich in einem Tatra und Sondersignal mit hundertsiebzig bis hundertneunzig über die Autobahn – erlaubt waren in der DDR hundert – von der Waldsiedlung nach Pillnitz, das hinter Dresden liegt. Dort nahm ich die drei Strelitzien in Empfang und konnte sie um vierzehn Uhr bei Walter Ulbricht abliefern.

Hermann Matern und der Schnaps

Ich wurde damals vom Leiter zum Geburtstag des Genossen Hermann Matern geschickt. Matern war einer der ältesten im Politbüro und ein großer Blumenfreund. Orchideen liebte er besonders. Mein Auftrag lautete nun, genau solch eine blühende Pflanze zu besorgen. Die gab es aber in Berlin zu dem Zeitpunkt absolut nicht.

Ich mußte also wieder los: diesmal nach Crimmitschau zur Gärtnerei Richter, der damals größten Orchideengärtnerei.

Dann hieß es: Du gehst zu Matern, bleibst hinter dem Busch stehen, und wenn das Politbüro weg ist, dann gratulierst du. Ich stand also morgens kurz vor sieben schon hinterm Gebüsch, und als das Politbüro aus Materns Haus war, ging ich rein. Hermann, der an sich ganz patent und sehr väterlich war, sagte zu mir: »Genosse Gärtner, da wir uns erst kurze Zeit kennen, trinken wir erstmal einen.« Ich: »Genosse Matern, ich bin im Dienst, ich darf nicht trinken.« Er bot mir das dreimal an. Ich lehnte immer ab. Dann hat er mich rausgeschmissen: »Mach, daß du wegkommst!«

Ich war noch nicht wieder in meiner Gärtnerei, da rasselte das Telefon, und ich mußte bei meinem Chef antanzen. Dann wurde ich »runderneuert« – nicht gerade auf eine zärtliche Art. Wenn mir ein Funktionär einen Kognak anbietet, hätte ich gefälligst zu saufen, wurde mir ans Herz gelegt.

Ich machte das dann zwangsläufig – aber es war mir manchmal nicht angenehm. Ein Bier – und man riecht es. Wenn ich ins Gärtnereikollektiv zurückkam, rümpfte mancher die Nase. Aber auch das habe ich dann im Laufe der Jahre geklärt, und es gab keine Trinkerei mehr.

Honecker, der Blumen- und Baumfreund

Wir hatten im Garten von Haus 11, dem der Familie Honecker, vor der Terrasse zum Wintergarten hin einen kleinen Steingarten eingerichtet, mit kleinen Mäuerchen, die einem Weinberg ähnelten. Dorthinein pflanzten wir niedrige Blütenstauden. Morgens konnte ich den Genossen Honecker oft beobachten, wie er, ehe er zur Arbeit fuhr, den kleinen Steingarten betrachtete, was dort blühte und wuchs.

Erich Honecker war jedoch auch ein großer Baumfreund. Eine Episode: Gegenüber von Honeckers Haus, zwischen der Häuser- und der Basdorfer Straße, waren Jahre zuvor Douglasien gepflanzt worden. Wegen der umstehenden Kiefern wuchsen die Douglasien jedoch nicht richtig. Die Kiefern sollten also gelichtet, einige auch gefällt werden.

Da ich in der Zeit Urlaub hatte, hatte ich meinem Stellvertreter in der Forstbrigade eindringlich gesagt: »Fange bloß nicht bei Honeckers an mit dem Fällen, sondern mach es systematisch von vorne nach hinten.« Aber mein Stellvertreter war so begeistert und fing bei Honeckers an. Der

Genosse Honecker war zu der Zeit gerade in Moskau. Da muß ihn Frau Honecker dort extra angerufen haben, und es gab ein unheimliches Theater. Genosse Honecker verbot weiterzumachen. Sie mußten sofort aufhören. Da stand mein Stuhl bloß noch auf drei Beinen – und ich war gar nicht da. Ich konnte dann alles klären, aber es wäre nicht nötig gewesen, die Familie in dieser Form herauszufordern.

Es muß so Ende der siebziger Jahre gewesen sein, da kamen Förster aus der Schorfheide, wo Honecker sein Jagdgebiet hatte, mit Blaufichten in großen Fischkisten. Die Fichten sollten um Honeckers Garten herum als Sichtblende gepflanzt werden. Wir machten das – aber eine Blaufichte dieser Größe zu verpflanzen ist ein Problem, vor allem bei unserem märkischen Sand!

Ich hatte die Weisung, mit sechs Gärtnern anzutreten, dazu kamen noch die Förster von der Schorfheide. Als wir gerade angefangen hatten zu arbeiten, gesellte sich der Genosse Honecker mit einer Flasche Kognak und einer Flasche Whisky zu uns. Die Haushälterin brachte einen Kasten Bier und einen großen Berg Schrippen mit Hackepeter. Honecker sprach: »Genossen, wir müssen erst mal einen trinken.« Da habe ich mich gewehrt: »Genosse Honecker, es tut mir leid, aber wir wollen arbeiten, wir haben keine Zeit zum Trinken. Wir trinken gern am Schluß der Arbeit.«

Er hat es akzeptiert. Er stellte die Pullen hin und ging seiner Wege. Es war übrigens eine Zeit, wo in der Waldsiedlung viel getrunken wurde.

Einmal kam die Forderung, Beerenobst im Garten der Honeckers anzupflanzen. Das war schwierig, denn der Garten wurde von einer großen Buche überschattet. Nach langem Hin und Her und in Beratung mit meinem Brigadier fand ich jedoch eine Ecke heraus, wo man eventuell vier oder sechs Beerenobststräucher hinsetzen konnte. Ich fertigte eine kleine Skizze vom Garten an und gab sie den Honeckers.

Nach ungefähr neun Tagen kriegte ich das Papier zurück. Mit einem Filzstift war der ganze Plan durchgestrichen. An der Giebelseite des Hause waren Kringelchen eingezeichnet, da sollten dann die Obst- oder Beerensträucher gepflanzt werden. Wir realisierten es also wunschgemäß, obwohl wir von vornherein wußten, daß dort den ganzen Tag Schlagschatten herrschte, der kaum etwas wachsen ließ. So war es auch. Doch es hatte absolut keinen Sinn, mit der Genossin Honecker zu streiten. Diese Erfahrung habe ich einige Male gemacht, mitunter über die Bestellungen, die in der Gärtnerei aufliefen. Wenn Genossin Honecker etwas Bestimmtes bestellt hatte, wurde es genau so gemacht, wie sie es haben wollte. Bei der geringsten Abweichung gab es Ärger.

Willi Stoph pikiert

Der Garten des Genossen Stoph war fast doppelt so groß wie die anderen Gärten des Innenrings. Wir mußten sogar ein ganzes Stück Wald roden, weil er unbedingt Obst anbauen wollte. Ich habe ihm damals davon abgeraten, aber der Genosse Stoph wußte alles besser.

Zu Beginn meiner Arbeit in der Waldsiedlung saß ich oft mit Stoph auf der Terrasse, und wir sprachen über den Garten und solche einfachen Dinge. Er hatte eine komische Angewohnheit. Da er ein sehr starker Raucher war, stand immer eine Dose Senussi-Zigaretten auf dem Tisch. Wenn ich um zehn Uhr bei ihm war, saß ich um fünfzehn Uhr noch dort, ohne einen Schluck zu trinken, ohne etwas zu essen. Er hat mir außer den Zigaretten nie etwas angeboten.

Irgendwann sagte Stoph zum Leiter des Objekts: »Den Rechow kannst du vergessen, der soll sich sein Schulgeld wiedergeben lassen und soll es verprassen.« Von da an stand ich ein bißchen auf Kriegsfuß mit ihm. Das war auch der Grund, warum ich in Birkenheide nichts mehr zu sagen hatte.

Aber der Reihe nach: Das sogenannte Birkenheide war Stophs Latifundium am Specker See, nahe der Müritz. Es war ein riesengroßes Areal. Es wurden dort insgesamt über 365

Obstgehölze gepflanzt, Apfel, Birne, Pflaume, Süß- und Sauerkirsche, Johannisbeeren, Brombeeren, Himbeeren – also alles, was es gab.

Es existierten Gewächshäuser, Frühbeete und eine enorm große Freilandanlage für Kohl, Tomaten usw. Ich erinnere mich, daß in einem Jahr fast fünfhundert Tomaten angepflanzt wurden. Die Ernte konnte der Stoph gar nicht essen, das war unmöglich. Also wurde geerntet und eingeweckt, und im nächsten Jahr bekamen die Wildschweine das Eingeweckte in der Wildfütterung.

Willi Stoph hatte auch einen der größten Wintergärten. Er war mit sagenhaft schönen Bücherregalen und herrlichen Büchern ausgestattet. Auf dem Boden lag ein dicker Teppich. Aber das störte den Genossen Stoph nicht. Er säte, züchtete und pikierte dort seine Pflanzen. Die standen in Stapelregalen, damit sie genug Licht kriegten.

Da saß er nun abends, wenn er von der Arbeit gekommen war, und vergnügte sich mit einfacher Gärtnerarbeit. Das war sein Hobby, außerdem wollte er mit seinen Kulturen in Birkenheide beweisen – uns und der gesamten DDR-Landwirtschaft –, daß eben manches doch geht.

Außer dem Wintergarten gab es noch ein kleines, ungefähr acht Quadratmeter großes Gewächshaus. Dort zog er seine Jungpflanzen heran, für Birkenheide.

So wuchsen eben in seinen Birkenheider Gewächshäusern Gurken und Stangenbohnen und Erdbeeren und Tomaten und Blumen. Das paßt alles nicht zusammen und vor allem nicht gleichzeitig ins Gewächshaus, weil das zusammen nichts wird. Aber beim Genossen Stoph mußte das eben gehen.

Er hatte in Birkenheide für seine große Gartenanlage die letzten Jahre neun festangestellte Gärtner. Das waren Mitarbeiter des MfS, genau wie wir alle, nur waren die eben allein für Birkenheide zuständig.

Einmal bekam ich von Verwaltungsleiter Gerd Schmidt

Schauplatz der gärtnerischen Bemühungen Willi Stophs: die Gewächshäuser auf seinem Landsitz Birkenheide

den Auftrag, nach Birkenheide zu fahren, um dort die Gelände, die gärtnerisch genutzt wurden, einzuschätzen. Zu jener Zeit waren dort drei bis vier Gärtner beschäftigt.

Also sah ich mir alles an und machte eine Analyse. Das tat ich anhand von Statistiken und eigenen Erfahrungswerten. Dann fertigte ich die Ministervorlage und leitete sie an den Genossen Mielke weiter. Darin schätzte ich ein, daß mindestens neun Gärtner notwendig wären, um diese großen Kulturflächen entsprechend zu bearbeiten, zu betreiben, also einen Nutzen zu erwirtschaften.

Der Genosse Stoph fand irgendwie heraus, daß ich in Birkenheide war – ich war ja wegen meines Widerspruchs Persona non grata dort. Er beschwerte sich bei Gerd Schmidt, »was der Rechow dort oben zu suchen hat«. Er mußte sich aber zufrieden geben, denn der Ministerbeschluß fiel äußerst günstig für ihn aus. Durch ihn konnte er dann neun Gärtner in Birkenheide beschäftigen, viel mehr als bis dato.

Noch eine andere Geschichte: Stophs Wunsch war immer, Obst in seinem Garten in der Waldsiedlung zu haben, das heißt Apfel, Birne, Pflaume, Kirsche und Wein. Aber das meiste wuchs unter den Bedingungen in Wandlitz kaum. Den Wein zum Beispiel hatte er als Steckling aus Ungarn mitgebracht. Wir pflanzten ihn an die Pergola, wo er zwar ganz gut wuchs, aber er kaum Früchte trug. Und wenn Früchte dran waren, dann waren die Wespen schneller als der Stoph. Also hängten wir in die Bäume und in den Wein täglich kleine, mit Bier gefüllte Marmeladengläser als Wespenfalle. Meine Gärtner kippten jeden Tag zur Mittagszeit die Biergläser aus und füllten frisches Bier rein. Meistens war alles voll von Wespen, aber wir haben die Wespenplage trotzdem nicht restlos bekämpfen können.

Stophs Birnbäume waren alle mit dem sogenannten Birnengitterrost, einer Pilzkrankheit, befallen, weil in unmittelbarer Nähe eine Konifere stand, die Träger des Birnengitterrostes ist. Ich schlug Stoph vor, entweder die Birnen oder den Wacholder umzusetzen. Er wollte beides nicht. Auch aufgrund dieses Rates flog ich bei Stoph raus. Aber ich war darüber nicht besonders böse, weil man mit dem Genossen in den letzten Jahren eh nicht mehr zurechtkam. Das hörte ich auch von Kollegen.

Stoph fuhr zum Beispiel jedes Wochenende mit dem Auto nach Birkenheide. Dort mußten sogar seine Begleiter und Personenschützer auf dem großen Gelände buddeln und arbeiten. Einer dieser Begleiter pfiff einmal das Lied »Wir sind die Moorsoldaten«. Das hörte Stoph, und am nächsten Tag war der Mann nicht mehr im Dienst.

Ich habe mal gesagt – und dafür tüchtig was auf die Hörner gekriegt –, der Genosse Stoph sei ein Sklavenhalter. Den Gerd Schmidt beispielsweise hat er jeden Morgen mindestens eine halbe Stunde am Telefon festgehalten und mit seinen Wünschen und Weisungen traktiert. Wir sind mit allen gut zurechtgekommen, außer mit dem Genossen Stoph.

Ich habe mich eigentlich mit Naumann recht gut verstanden. Der Grund dafür war eine Verwechslung. Ich war 1950/51 hauptamtlicher FDJ-Instrukteur im Kreis Döbeln. Dort gab es einen Konni Naumann, der auch Instrukteur war. Als ich Naumann in der Waldsiedlung auftauchen sah, mit vollem Gesicht und korpulenter Gestalt, dachte ich, das ist der Konni aus Waldheim und sprach ihn im Garten an: »Sag mal, bist du der Konni aus Waldheim? Kennst du mich nicht mehr?« Er guckte mich groß an: »Nee, dich habe ich noch nie gesehen.« Von dem Zeitpunkt an verstanden wir uns.

Auch war er ein großer Blumenfreund. Für seinen Garten hat er alles gemacht.

Als er mit dem Bau seiner Datsche am Serwester See begann, holte er mich dazu. Das muß man sich so vorstellen: Ich lag krank im Bett, hatte Fieber, als er anrief: »Bin in zehn Minuten bei dir, wir müssen rausfahren nach Serwest.« Ich protestierte zaghaft. »Das interessiert mich nicht«, parierte er, »du kommst danach ja wieder heim.« Zehn Minuten später stand er vor meiner Haustür.

Wir legten da draußen den Standort fest. Die Baugrube war bereits zum Teil ausgehoben. Da wies ich ihn darauf hin, daß die Lage etwas ungünstig war; er solle das Haus ein bißchen drehen. Wir haben uns sehr oft in Serwest getroffen. Er äußerte seine Wünsche und Vorstellungen, und ein Vertragspartner von uns realisierte es. Ich war der fachliche Berater. Naumann hatte ein Faible für seltene Dinge. Für seinen Garten wollte er nur bestimmte Rosensorten, kanadisches Obst, ausländische Reben.

Eines werde ich nicht vergessen. Naumann war ja ziemlich jagdversessen.

Er hatte sich als Jagdauto einen Lada Niwa bestellt, sowjetische Produktion. Als er den bekommen hatte, forderte er mich auf einzusteigen. Der Fahrer und die Begleiter mußten hinten sitzen. Wir fuhren los und rasten quer über die Kartoffeläcker, so daß mir ganz mulmig wurde.

So war der Konni, sehr bestimmt und bestimmend, aber nicht schlecht.

Seine Frau, die Vera Oelschlegel, war sehr oft bei uns in der Gärtnerei und äußerte ihre Wünsche. Die waren mitunter recht ausgefallen.

Sie mochte es, durch die ganze Gärtnerei, durch die Gewächshäuser zu streifen. Das mußte ich ihr dann verbieten, denn die Betonwege waren immer feucht und rutschig – und was wäre passiert, wenn sie sich den Hals gebrochen hätte?! Ich bin auch mit ihr eigentlich recht gut ausgekommen. Sie ist halt eine Künstlerin, habe ich mir immer gesagt.

Repräsentanten und andere Gewächse

Meistens habe ich mit den Frauen gesprochen, selten mit den Funktionären selber.

Mit der Frau von Hermann Axen zum Beispiel saß ich oft zusammen. Wir unterhielten uns über den Garten, und ich habe versucht, ihre Wünsche zu realisieren. Sie litt an multipler Sklerose, war aber trotzdem immer fröhlich, nie mürrisch – im Gegenteil, sie strahlte immer eine Ruhe und eine Freundlichkeit aus, daß es ein Spaß war, sich mit dieser Frau zu unterhalten. Wir haben sie auch immer ganz besonders behandelt. Wenn sie sich eine spezielle Blume wünschte, haben wir das realisiert.

Ganz am Anfang war in Axens Wohnhaus der Kindergarten der Repräsentanten. Aber da es immer weniger Kinder gab, ist der Kindergarten ausgezogen. Anschließend wohnte die Familie Grotewohl in dem Haus, bis zum Tod von Otto. Dann zog die Familie Axen ein, die bis zum Schluß da gewohnt hat.

Vor der Terrasse hatten wir ein schönes Staudenbeet angelegt und längs des Weges noch eins. Es gab auch einen kleinen Swimmingpool von zwei mal drei Metern Größe. Rundherum hatten wir einige Wasserpflanzen gesetzt, so daß es immer ein sehr schönes Bild war. Frau Axen lag im Sommer sehr gern dort. Manchmal lud mich Frau Axen ein, und wir bastelten miteinander aus Trockenpflanzen, die wir gesammelt haben. Einmal bastelten wir für die Redaktion der Kinderzeitschrift »Atze«, für die sie verantwortlich war. Wir höhlten Zierkürbisse aus, füllten sie mit Blumensteckmasse und drapierten trockene Blumen und Gräser hinein. Das hat mir Spaß gemacht, und Frau Axen war immer dankbar, wenn sie ein paar Tips von mir bekam für ihre Zeitung.

Häufig unterhielt ich mich auch mit Fritz Ebert. Fritz Ebert hatte auf der Terrasse eine große Vogelvoliere. Da waren Wellensittiche drin, ein weißer Haubenkakadu und noch ein paar andere kleine Papageien. Und wenn ich im Innenring war, guckte ich mir immer mal die Vögel an. Einmal stand ich wieder davor, da kam er aus dem Haus und meinte zu mir: »Na, Gärtner, willste ein paar haben?« Ich dachte an meine Kinder und parierte: »Na klar, Genosse Ebert, ich habe aber keinen Vogelbauer; müßte mir erst einen besorgen.« »Brauchst du nicht, morgen hast du alles.«

Ich kam am nächsten Tag nachmittags nach Hause und da stand eine Eisenkiste, mit Nymphensittichen, die ich nie haben wollte.

Ich ging zu ihm: »Genosse Ebert, die Nymphensittiche machen mir zu viel Krach, die kann ich nicht gebrauchen in meiner kleinen Wohnung.« »Gut, dann kriegste Wellensittiche.« Sein Hausmeister kam und nahm die Nymphensittiche wieder weg. Und dann standen Wellensittiche bei mir. Ein grüner und ein blauer. Mit denen hatten wir viel Spaß.

Auch der Grüneberg war ganz passabel. In seinem Wohnzimmer stand ein Faß. Und wenn ich mal bei ihm auftauchte, meinte er stets: »Na, trinken wir erst einmal ein Glas?« Und dann brachte er eine Maß. Das war Grüneberg. Der wollte uns auch immer ein bißchen unterstützen. Er hat mir viel geholfen, zum Beispiel beim Beschaffen von Blumenzwiebeln. Auch der Manfred Ewald hat geholfen, besonders wenn ich gerade eine bestimmte Technik für den Gartenbau benötigte.

Nach meinem Dafürhalten gab es unter den Familien im Innenring keinen Zusammenhalt. Ich weiß, daß die Frauen sich in regelmäßigen Abständen zum Parteilehrjahr trafen. Aber das war es wohl auch. Ich entsinne mich auch nicht, daß sich die Funktionäre privat getroffen hätten.

Ich war einmal bei Konni Naumann, als Mielke anrief. Er wollte, daß Konni mit zum Fußball ging. Konni sagte zwar zu, fluchte aber, nachdem er das Telefon aufgelegt hatte: »Was soll ich bei dem gottverdammten Fußball, ich habe gar keine Lust heute.«

Also einen Zusammenhalt habe ich nie festgestellt. Im Gegenteil. Manch einer trug mir auf, eine Hecke zum Nachbarn zu pflanzen. »Ich will nicht sehen, was der macht.« Honecker war mit Fichten abgeschottet, Ulbricht mit Rhododendron.

Es hat mich einmal fast meinen Stuhl gekostet, als ich einen Entwurf zur Gestaltung der Anlagen vorlegte. Ich schlug vor, eine durchgehende Rasenfläche zwischen den Häusern anzulegen und die Gärten nur mit ein paar Staudenbeeten und Solitärgehölzen abzugrenzen.

Natürlich kam ich damit nicht durch, im Gegenteil, ich bin ins Fettnäpfchen getreten. Das sagt schon alles.

Als Familie in Wandlitz: Die Oecknicks

Waltraud Oecknick wird 1930 in Landsberg, heute Gorzów, geboren. Der Vater ist Leiter einer Tanzkapelle, die Mutter Fabrikarbeiterin. 1945 siedelt sie mit ihrer Familie nach Berlin um; kurz darauf zieht die Familie nach Teschendorf. Um die Mutter und Geschwister zu unterstützen, übernimmt Waltraud Oecknick Gelegenheitsarbeiten bei verschiedenen Bauern. 1950 heiratet sie und bringt zwei Kinder zur Welt. Einen Beruf hat sie nicht gelernt. Nach Hilfsarbeiten und Tätigkeit als Putzfrau in Oranienburg sowie als Landarbeiterin im Spreewald beginnt sie 1960 als Küchenhilfe bei der Staatssicherheit. Im gleichen Jahr wird sie Angestellte in der Waldsiedlung Wandlitz. Hier arbeitet sie zunächst drei Jahre in den zentralen Versorgungseinrichtungen, danach zehn Jahre im »Haus am See«, d.h. im Landhaus des sowjetischen Botschafters. Danach ist sie als Haushaltshilfe in verschiedenen Funktionärshäusern tätig. Von 1982 bis 1990 betreut sie als Haushälterin Lotte Ulbricht, die zu diesem Zeitpunkt nicht mehr in Wandlitz wohnt. Seit 1990 Rentnerin.

Die Anwerbung

Ich wohnte in Oranienburg und arbeitete im dortigen Chemiewerk. Eines Tages sprach mich ein Instrukteur an, ob ich nicht für die Volkspolizei arbeiten wolle, und zwar als Küchenhilfe und Reinigungskraft. Da ich mich gern verändern wollte – noch dazu als Ungelernte –, bekundete ich Interesse. Nach einem längeren Gespräch sollte ich einen Fragebogen ausfüllen. Als ich las, worum es sich wirklich handelte, nämlich nicht Volkspolizei, sondern Staatssicherheit, war ich natürlich erstmal erschrocken. Aber dann dachte ich, warum nicht. Das war im März 1960.

Als ich in die Waldsiedlung Wandlitz kam, war sie noch eine einzige Baustelle. Die Häuser waren im Rohbau fertig. Auch das Heizhaus stand bereits, denn die Häuser mußten ja beheizt werden. Die Straßen und Gartenanlagen wurden gerade angelegt. Um die Häuser herum wurden Hecken gepflanzt, so daß nicht einer dem anderen ins Fenster sehen konnte. Auch die Wirtschaftsgebäude, die Häuser der Mitarbeiter, der Kindergarten, der Mitarbeiterklub und die Wäscherei waren noch im Bau.

Der Eingang wurde von einem kleinen Holzhäuschen aus bewacht. Nach und nach setzte das Ministerium für Staatssicherheit Leute ein, die auf die Sicherheit achten sollten, zum Beispiel wenn noch Handwerker kamen. Ich kam zunächst ins Haus 1, wo später Grotewohl einziehen sollte, um dort die Sicherheit zu gewährleisten.

Als ich hörte, daß Otto Grotewohl ins Haus 1 einziehen sollte, wurde mir erst klar, was die Waldsiedlung überhaupt war.

Meine Aufgabe war es, dieses Haus abzusichern, damit keine fremden oder unberechtigten Menschen hineinkamen. Auch galt es, Provokationen auszuschließen. Manche Handwerker galten als nicht sicher. Wir sollten sie ein bißchen beaufsichtigen. Das war zwar nicht einfach, aber wir haben es überstanden.

Außerdem mußte ich das Haus sauberhalten und Staub wischen, denn der zukünftige Nutzer konnte ja jederzeit auftauchen, um sich umzusehen. Das tat Otto Grotewohl mit seiner Frau dann auch. Aber sie waren im großen und ganzen sehr zufrieden.

Als Grotewohls einzogen, war ich nicht dabei, denn sie hatten ihre zwei Haushälterinnen aus Berlin mitgebracht. Die hießen übrigens beide Margarete. Für mich hatte sich damit mein Dienst in dieser Form dort erledigt.

Ich wurde der zentralen Versorgung zugeteilt und war

zunächst in der Essenausgabe beschäftigt. Wir waren anfangs – glaube ich – sechzig oder hundert Mitarbeiter. Das Essen wurde uns anfänglich aus Berlin geliefert – die Versorgungseinrichtungen befanden sich ja alle noch im Bau.

Später waren wir in der »Strandperle«, einem Teil des damaligen Mehrzweckgebäudes, tätig. Da die dortige Küche sehr klein war, haben wir manchmal auch draußen mit der Gulaschkanone gekocht. Das war eigentlich alles sehr lustig und schön, bis dann das Wirtschaftsgebäude mit Großküche fertig war.

Da kamen dann natürlich noch mehrere Angestellte dazu, Küchenhilfen, ein Koch und so weiter. Wir kochten für sämtliche Mitarbeiter, auch für das Wachregiment.

Bei Abrassimow im »Haus am See«

1963 war ich im Funktionärsklub beschäftigt, mein Mann war im Ladenkombinat als Hausmeister tätig, da wurden wir beide durch den Fahrer von General Gold, dem Leiter der Abteilung Personenschutz, abgeholt. Uns war ganz mulmig, denn wir dachten, wir hätten was verbrochen. Doch der Fahrer meinte, wir sollten uns keine Sorgen machen.

General Gold bot uns an, als Hausmeisterehepaar am Wandlitzsee ein Objekt zu übernehmen. Um dieses Objekt rankte sich das Gerücht, daß es für Mielke bestimmt sei. Also sagte mein Mann: »Ja, zum Genossen Mielke gehen wir, aber nicht zu Trudchen.« Das war Mielkes Frau. Gertrud Mielke galt als etwas zänkisch. Da fragte General Gold lächelnd, wie wir auf Mielke kämen. Wir erzählten es. Er versicherte uns daraufhin, daß es sich nicht um Mielkes handele, sagte aber nicht, wer es sein würde.

Wir wurden dann in das Objekt am Wandlitzsee gefahren. Vor Ort war mein Abteilungsleiter. Er sagte uns, daß der Nutzer gleich käme, um uns kennenzulernen. Und dann rückte er damit raus, daß es der sowjetische Botschafter war.

Waltraud Oecknick im Garten ihres Hauses

Dann kam der Botschafter Abrassimow. Mielke begleitete ihn, und das Haus wurde Abrassimow und seiner Frau übergeben. Er sprach übrigens sehr gut deutsch.

Während Abrassimow davon ausging, daß wir nur wochentags bei ihnen zu tun hätten, bot unser Abteilungsleiter unsere Dienste auch am Wochenende an – man kann sagen, er drängte sie Abrassimow regelrecht auf.

Im Dezember 1963 begannen wir offiziell unsere Tätigkeit im Haus am See. Abrassimow wohnte von Mai bis September ständig draußen, gemeinsam mit seiner Frau, den zwei Enkelkindern und einem Kindermädchen. Zu meinen Aufgaben gehörte es, daß Haus sauberzuhalten, zu waschen, zu kochen und das Abendbrot vorzubereiten. Wir verstanden uns gut.

Einmal im Jahr gab Abrassimow einen kleinen Empfang. Meist kamen die Genossen Apel, Ulbricht, Mielke und Honecker mit ihren Frauen. Es waren dann immer zehn bis zwölf Personen. Um alles zur vollsten Zufriedenheit zu arrangieren, kam ein Koch aus der sowjetischen Botschaft mit, Igor. Der konnte kochen! Bevor er loslegte, nahm er einen kräftigen Schluck aus der Wodkaflasche, und dann zauberte er das schmackhafteste russische Essen, das man sich denken kann. Ein Kellner vom Funktionärsklub servierte die Speisen.

Honecker besuchte Abrassimow nie allein. Aber Werner Lamberz kam vorbei. Lamberz und Abrassimow verstanden sich gut. Ansonsten wollte der Botschafter seine Ruhe haben.

1971, in der Zeit, als das »Vierseitige Abkommen« verhandelt wurde, kam Abrassimow immer ziemlich fertig nach Hause. Einmal meinte Frau Abrassimowa, ich solle früher gehen. Ich widersprach, denn es mußte noch das Abendbrot zubereitet werden. Aber sie schickte mich weg. Am nächsten Tag erfuhr ich vom Kindermädchen, daß der damalige Bundeskanzler Willy Brandt abends beim Botschafter war. Deswegen durfte ich nicht dableiben.

Abrassimow war ein ziemlich freier Mensch. Er brauchte die ganzen Sicherheitsvorkehrungen nicht, auf die man in der Waldsiedlung so großen Wert legte. Dort ging ja nie ein Funktionär ohne seine »Begleiter« umher – nicht mal im Objekt. Abrassimow wollte das, wie gesagt, nicht. Er fühlte sich sicher und lehnte alle Vorschläge einer besonders intensiven Bewachung ab.

Als Abrassimow dann nach Frankreich ging, blieb ich nicht mehr im »Haus am See«. Für den Nachfolger Kotschemassow wurde ein neues Hausmeisterehepaar eingesetzt. Frau Abrassimowa sagte zum Abschied, sie würde mir eine Woche Urlaub in Moskau schenken, als Dankeschön für alles. Sie hatte Tränen in den Augen und umarmte mich. Und ich bin wirklich nach Moskau gereist. Ich wohnte dort im Hotel »Metropol« mit Vollverpflegung, mit Dolmetscher, mit Führung durch Moskau. Es war sehr schön. Das war ein sehr, sehr kostbares Geschenk für mich.

Geheimhaltung

Wir wurden darüber belehrt, daß wir von dem Moment an, wo wir unseren Dienstausweis in der Tasche hatten, nicht mehr durch den Westen fahren und zur Westverwandtschaft Kontakt haben durften. Wir durften auch nicht mit unseren Verwandten über unsere Arbeit sprechen oder darüber, mit welchen Leuten wir zu tun haben. Die Repräsentanten waren strafrechtlich besonders geschützte Personen. Das mußten wir immer berücksichtigen. Außerdem waren wir Militärangehörige, und da spielt Geheimhaltung ja immer eine Rolle. Ich habe es in meiner Dienstzeit übrigens bis zum Unterleutnant gebracht.

Regelmäßig nahmen wir an Belehrungen zur Schweigepflicht teil, die mit der Zeit immer massiver wurden. In den letzten Jahren wurde uns sogar angetragen, daß wir dafür zu sorgen hätten, daß sich die Repräsentanten erholen können und daß wir ihnen jeden Wunsch von den Lippen abzulesen hätten. Es war verboten, sie mit eigenen, persönlichen Problemen zu belästigen.

Es war auch untersagt, daß wir untereinander über die Funktionäre und ihre Familien sprachen. Daran hat sich natürlich kaum einer gehalten. Außerdem mußte man sich ja mal irgendwie Luft machen. Schließlich waren wir für unsere »Herrschaften« rund um die Uhr im Einsatz; am Wochenende, an den Feiertagen. Wenn heute darüber geredet wird, daß wir zahlreiche Privilegien genossen hätten, kann ich darauf nur erwidern: Mein einziges Privileg war, für die Funktionäre ohne Unterlaß dazusein. Privatleben gab es nicht.

Im Haus von Albert Norden

Von 1973 bis 1979 war ich im Haus von Professor Norden, der sehr bescheiden lebte und keine großen Ansprüche hatte. Er war ein sehr netter, freundlicher, höflicher Mensch, aber ich bin trotzdem nie warm mit ihm geworden. Seine Frau sah ich manchmal längere Zeit nicht. Sie war für einen Verlag als Übersetzerin tätig. Es war gut, wenn wir uns nicht so häufig über den Weg liefen, denn Frau Norden war ein sehr mißtrauischer Mensch. Wenn ein Mißgeschick auftrat, trugen immer die anderen Schuld. Ich durfte keinen Schrank, keine Schublade oder ähnliches öffnen. Ich sollte alles nur von außen säubern. Wenn ich Wäsche gebügelt hatte, legte sie Frau Norden höchstpersönlich in die Fächer – ich durfte da nicht ran. Wenn irgend etwas fehlte, ging sie immer davon aus, daß es gestohlen worden sei, und verdächtigte uns. Wenn die Sachen dann wieder auftauchten, dachte sie jedoch gar nicht daran, sich zu entschuldigen.

Ein Beispiel: Als Nordens im Urlaub waren, kamen – wie das in der Waldsiedlung immer üblich war – die Handwerker ins Haus, um notwendige Reparaturen auszuführen. Als ich danach das Haus reinigte, fiel mir auf, daß der wertvolle malaische Dolch, den Albert Norden von einem Mitglied der »Roten Kapelle« geschenkt bekommen hatte, nicht an seinem Platz war. Ich getraute mich kaum, das Frau Norden mitzuteilen. Ihre Reaktion war klar: Geklaut! Es folgten einige Wochen mit Verdächtigungen, Befragungen und Aussprachen. Bis mir Frau Norden lapidar mitteilte, der Dolch hätte die ganze Zeit im Panzerschrank ihres Mannes gelegen. Sie habe es vergessen. Ich fühlte mich dort nicht sehr wohl und bat dann um Versetzung.

Nachdem ich bei Norden aufgehört hatte, arbeitete ich vertretungsweise in verschiedenen Häusern, wenn die dortigen Haushälterinnen krank oder im Urlaub waren. Ein Jahr war ich im Haus 15 beim Genossen Jarowinsky; mit der dortigen Haushälterin hatte ich sehr viel Spaß.

Wir putzten das ganze Haus. Wenn Genossin Jarowinsky mittags von der Arbeit kam, bestellten wir Essen für sie im Funktionärsklub.

Die Aufgabe einer Haushälterin bestand aus vielerlei: Wäsche waschen, bügeln, Betten beziehen, abwaschen. Es gab

Familien, in denen die Haushälterin auch kochte. Das ging mir auch so, als ich von 1982 bis 1990 bei der Genossin Ulbricht in Pankow half. Bei ihr war ich allein und war für wirklich alles zuständig, was irgendwie mit Haushaltung zu tun hatte.

Bei Lotte Ulbricht

Lotte Ulbricht war bescheiden und sparsam. Das war kein Geiz, aber es durfte eben nichts umkommen. Alle vierzehn Tage lud sie ihre Schwester zum Essen ein. Die war auch so eine liebe alte Dame. Sie rief zwischendurch manchmal an, um mich zu fragen, wie es mir ging. Und wenn sie zu Besuch kam, schaute sie immer in die Küche und fragte: »Was gibt es denn heute Schönes?« Wir aßen dann alle zusammen. Und ich habe ihr immer noch was eingepackt, damit sie noch zwei, drei Tage davon zehren konnte. Und das war immer sehr schön.

Lotte war eigentlich lieb und nett, aber man mußte immer genau darauf achten, wie ihre Stimmung war. Da gab es Tage, an denen ich in fast mütterlichem Ton mit ihr sprach, in etwa so: »Tante Lotte, nun ist es aber genug.« Manchmal war sie aber auch ganz schön herrisch.

Einmal ging ich mit ihr im Haus die Treppe hoch, um etwas zu holen. Sie lief vor mir, und plötzlich ließ sie sich rückwärts fallen. Ich fing sie gerade so auf und sagte: »Also Tante Lotte, das machst du nicht noch mal mit mir.« Sie erwidert ganz prompt: »Ich wollte nur mal sehen, ob Sie schnell reagieren.« An solchen Sachen hatte sie ihren Spaß. Aber hinterher fragte sie immer: »Ach Mädchen, hast du mir das übel genommen?«

Ich habe die Arbeit bei ihr eigentlich gern gemacht. Sie war so ein kleines Persönchen. Über ihren Mann sprach Lotte eigentlich nie. In ihrer Bibliothek aber lag Walters Totenmaske unter Glas.

Lotte unterstand ein persönlicher Fahrer, denn sie war auch im Alter noch sehr agil. Zweimal in der Woche fuhr er sie zum Friseur, dann fuhr sie zur Sauna oder zum Arzt. Manchmal war sie jeden Tag unterwegs. Wenn mal irgend jemand vom Ministerrat oder aus der Waldsiedlung Auto und Fahrer brauchte, fuhr sie mit dem Taxi. Manchmal war sie danach ganz schön aufgebracht: »Stellen Sie sich vor, da sagt doch der Fahrer zu mir: ›Sie sind doch Frau Ulbricht. Und Sie wohnen hier und nicht in der Schweiz?‹ So etwas kränkte sie immer mächtig, wenn man davon ausging, daß sie in der Schweiz sei.

Woher dieses hartnäckige Gerücht mit der Schweiz kam, weiß ich nicht. Das wußte sie wohl selbst nicht.

Ihren Geburtstag feierte Lotte Ulbricht immer im Haus. Da kamen unter anderem Frau Apel, ihre beste Freundin Emmi Dölling und unsere Alterspräsidentin, die Schirmer-Pröscher. Außerdem waren Otto Gotsche mit seiner Frau anwesend sowie Lottes Schwester.

Über Politbüromitglieder, wie Erich Honecker, hat sie sich nie geäußert. Ich weiß nur, daß sie von dem Gorbatschow nicht viel hielt. Sie war der Meinung, daß er schuld daran war, daß es so kam, wie es gekommen ist. Ich erinnere mich auch an 1990, als Egon Krenz in den Majakowski-Ring zog bzw. ziehen mußte. Ihn wollte sie partout nicht sehen; empfing ihn aber doch kurz, weil er sich als Nachbar präsentieren wollte. Aber sie hatte sonst nichts mit Krenz im Sinn. Sie sagte noch, sie würde, wenn er ihr auf der Straße entgegenkäme, die Seite wechseln. Als die Frau von Otto Gotsche nach der Wende in irgendeiner Westzeitung ein Interview gab, war Lotte sehr erbost: »Wie kann man denn mit einer Westzeitung reden?!« Das waren ihre Vorurteile.

Das Ende

Als es passierte, war es natürlich ein Schock. Das Ende war ja irgendwie abzusehen, obwohl man uns noch auf der Versammlung Anfang November 1989 mitteilte, man hätte alles im Griff. Keiner glaubte das.

Als die Mauer geöffnet wurde, verfolgten mein Mann und ich das im Fernsehen. Wir konnten es nicht begreifen. Danach gab es noch eine Versammlung, auf der uns verkündet wurde, daß wir jetzt auch in den Westen fahren und uns die hundert Mark Begrüßungsgeld holen dürften. Bis dahin hatte für uns immer noch höchste Geheimhaltung und das Verbot von Westkontakten und Westfernsehen gegolten.

Dennoch, meine Zeit in Wandlitz war ziemlich schön. Es war eine große Erfahrung, unsere Politbüromitglieder mit ihren Familien privat kennenzulernen. Ich konnte dadurch diese Menschen ganz anders einschätzen als nur politisch. Ich bereue nichts. Ich wußte wofür ich es tat. Das war nun mal mein Land.

Die Tochter: Karin Grünberg

Karin Grünberg, Tochter von Waltraud Oecknick, wird am 1. Dezember 1950 in Teschendorf geboren. Von 1967 bis 1969 absolviert sie eine Lehre als Gärtnerin und ist bis 1976 in diesem Beruf in der Waldsiedlung tätig. Von 1977 bis 1984 arbeitet sie als Schreibkraft an der Gewerkschaftshochschule »Fritz Heckert« in Bernau, von 1984 bis 1990 als Betriebsstättenprüferin bei der Handelsorganisation Bernau. Seit 1994 ist sie invalidisiert.

Ich ging mit den Kindern von Willi Stoph, Kurt Hager und Alfred Neumann in eine Klasse. Deren Eltern kannte ich von der Jugendweihe und natürlich vom Hörensagen. Frau Stoph war Englischlehrerin bei uns in der Schule. Mein Bruder Roland ging mit den Kindern von Stoph, Mittag, Axen und Ewald

Keine Klassenunterschiede, Funktionärs- und Angestelltenkinder besuchten gemeinsam die Wandlitzer Schule, 1. Reihe, 5. v. r. Sonja Honecker

in eine Klasse. Auch mit Honeckers Tochter Sonja. Sie hatten ein sehr gutes Verhältnis. Sonja Honecker, Wolfgang Ewald, mein Bruder und ein paar andere waren eine kleine Clique und verzapften reichlich Mist. Auch die Tochter von Hermann Axen, Sophia, war ein ganz feines Mädchen, ruhig und anständig. Die einzige, mit der wir Probleme hatten, war die Tochter von Stoph, mit ihr ist keiner so richtig klargekommen.

Sonja Honecker war sehr kameradschaftlich, sie gab nicht mit ihren Eltern an.

Einmal war mein Bruder über die Tasche von Sonja Honecker gestolpert und verstauchte sich den Fuß. Er konnte nicht zur Schule gehen, und Sonja besuchte ihn wenigstens alle zwei Tage zu Hause, um ihm die Hausaufgaben zu bringen.

Sonja Honecker war oft bei uns zu Hause. Wir hatten auf unserem Hof Hühner, Enten und Karnickel. Das gefiel ihr. Wir besaßen ein Fahrrad mit Hilfsmotor, einen sogenannten »Hühnerschreck«. Auf dem hat mein Bruder Sonja das Fahren beigebracht. Da waren sie zwölf oder dreizehn Jahre alt. Das hat beim ersten Mal nicht geklappt, da ist sie auf dem Komposthaufen gelandet – es war aber kein Problem.

In meiner Erinnerung wurden die Kinder der Funktionäre an der Schule ganz normal behandelt. Bei Stophs war es ein bißchen anders, da hatten die Lehrer ziemlich viel Respekt. Da wurden auch Ausnahmen gemacht. Zum Beispiel wenn die Tochter Renate krank war, lernte der Lehrer privat mit ihr zu Hause, was er bei uns nicht tat.

Bis zur fünften Klasse gingen wir gemeinsam in den Hort. Später waren die Funktionärskinder für sich, im Innenring. Sie wurden mit dem Bus gebracht und geholt.

Es kam auch manchmal vor, daß der eine oder andere jemanden von uns Mitarbeiterkindern mit nach Hause nahm. Aber ansonsten waren sie ab der 6. Klasse praktisch abgeschirmt. Sie spielten manchmal miteinander, aber nie so richtig.

Als wir später die ehemaligen Schulkameraden wiedertrafen, unterhielten wir uns manchmal: Was machst du, bist du verheiratet usw. Aber viele kamen nicht mehr raus in die Waldsiedlung. Zum Beispiel Nina Hager, Hagers Tochter, mit der ich in eine Klasse ging, habe ich all die Jahre nie gesehen. Renate Stoph, die Tochter von Willi, traf ich einmal, aber da tat sie so, als würde sie mich nicht kennen. Sie stolzierte an mir vorbei.

Als Gärtnerin in der Waldsiedlung

Ich hatte zwei Sommer lang in den Ferien in der Waldsiedlung gearbeitet. Dadurch entdeckte ich meine Liebe zum Gärtnerberuf. Herr Rechow, der Chef der Gärtnerei, stand mir sehr hilfreich zur Seite. Nach der Ausbildung begann ich meine Arbeit in der Gärtnerei der Waldsiedlung. Da meine Eltern beide bei der Staatssicherheit waren, war das auch nicht schwierig. Es war für uns Kinder eigentlich ein Muß,

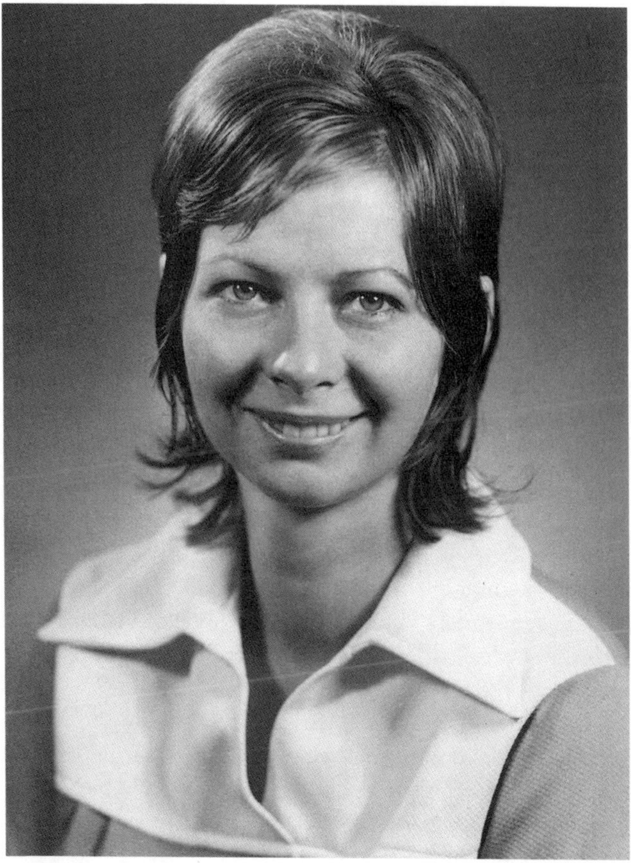

Karin Grünberg

daß auch wir zur »Firma« gingen, das heißt uns beim Ministerium für Staatssicherheit verpflichten ließen. Das mußte gewissermaßen in der Familie bleiben – auch unsere Partner mußten passen. Westverwandtschaft durften die zum Beispiel nicht haben. Von den meisten jüngeren Angestellten, die in der Waldsiedlung arbeiteten, waren die Eltern auch schon in irgendeiner Art und Weise dabei – ob in Berlin oder Erfurt, ob beim Politbüro oder in der Bezirksleitung.

Bei meiner Einstellung wurde nur eine Unterschrift von mir verlangt, daß ich über alles, was in meinem Arbeitsbereich geschieht, stillschweige. Ansonsten wurde ich überhaupt nicht eingestimmt auf die Repräsentanten und das Arbeiten in der Waldsiedlung. Selbst zu meinen Eltern durfte ich darüber nicht sprechen. Wenn ich den Innenring verlassen hatte, mußte ich alles vergessen. Diese Regel galt für alle Mitarbeiter. Trotzdem habe ich mit meinen Eltern schon über das eine oder andere gesprochen; worüber man sich lustig gemacht hat, was einen gefreut hat, oder wenn man sich geärgert hat.

Ich war zusammen mit vier Kollegen verantwortlich für die Straße 1. Dort wohnten Matern, Stoph, Lamberz, Kleiber und Mittag. Wir kümmerten uns um deren Gärten, mähten den Rasen, jäteten Beete und säuberten Pool oder Fischteich, wenn so etwas vorhanden war. Teilweise pflegten wir auch die Blumen in den Häusern und Wintergärten. Oder wenn die ein oder andere Chefin, ich meine, Ehefrau eines Politbüromitgliedes, im Vorraum eine Blume haben wollte, dann berieten wir sie, welche paßte.

Wir durften von 8 bis 16 Uhr in den Innenring. Nach 16 Uhr kamen die Politbüromitglieder nach Hause und wollten nicht in ihrer Feierabendruhe gestört werden. Aber es gab dann noch in der Gärtnerei zu tun, entweder war aufzuräumen, oder es mußten Vorbereitungen für den nächsten Tag getroffen werden.

Unter uns Angestellten herrschte ein sehr, sehr gutes Klima. Wir duzten uns alle, während die meisten Funktionäre uns siezten. Es gab keine Reibereien oder Streitigkeiten. Wir waren wirklich eine ganz dufte Truppe, muß ich sagen. Das Arbeiten, obwohl es manchmal schwer war, hat Spaß gemacht, weil wir miteinander Spaß hatten.

Für einige der Funktionärsfrauen hatten wir Kose- oder Spitznamen gehabt. Lotte Ulbricht hieß Tante Lotte, Gertrud Mielke nannten wir Trudchen. Trudchen lief immer aufgetakelt herum. Von hinten sah sie aus wie eine Achtzehnjährige, von vorn wie achtzig. Sie zog sich immer wie ein Papagei an; rote Stiefel, gelber Lackmantel, grüner Hut. Manchmal, wenn sie ihren Hund im Wald laufen ließ, haben wir ihn versteckt. Er war sehr zutraulich. Dann rief sie ihn und pfiff, und der Hund kam nicht.

Willi Stoph und seine Frau wurden »Papa« und »Mama« genannt. Ich weiß nicht, wie das entstanden ist, aber alle Mitarbeiter sagten es so. Wenn man sagte, man geht zu »Papa« oder »Mama«, dann wußte jeder Bescheid. Vielleicht hängt es damit zusammen, daß Frau Stoph immer, wenn es etwas zu entscheiden gab, zu uns sagte: »Muß ich erst mal Papa fragen.« Oder: »Papa hat gemeint, da habt ihr wieder Mist gebaut.« Sie sagte nie »mein Mann« oder »Genosse Stoph«. Ihren jüngsten Sohn nannten wir »Prinz«. Die Stophs waren die einzigen, für die wir ganz extreme Spitznamen verwendeten. Ansonsten lief alles korrekt, auch sprachlich. Da hieß es »Genosse« oder »Genossin Mittag«. Das war so vorgeschrieben, aber es ging uns mit der Zeit auch richtig ins Blut über.

»Papa« hatte eine besonders ausgefallene Vorstellung von Gärten, Pflanzenzucht und Botanik. In seinem Garten befand sich ein Swimmingpool, um den im Sommer exotische Bäume herumstanden. Diese Zitronenbäumchen, Orangen- und Mandarinenbäumchen mußten wir pflegen. Aber »Papa« mischte sich immer in die Pflege ein. Er hat damit manchmal auch ganz schön viel versaut.

Über Winter mußten wir die Orangen-, Zitronen und Mandarinenbäumchen in die Gewächshäuser der Gärtnerei bringen. Im Vorfeld zählte »Papa« die Blüten und sagte zu seiner Frau: »Sage denen im Gewächshaus Bescheid, soundso viele Orangen, Mandarinen und Zitronen müssen im Frühjahr dran sein. Die will ich wiederhaben, vollständig.« Und er zählte dann wirklich im Frühjahr nach. Dabei fiel beim Transport auch manchmal eine Blüte ab – das war ganz unvermeidlich. Dann zitterten die Leute immer.

Willi Stoph hat uns wirklich manchmal das Leben zur Hölle gemacht. Wir sollten zum Beispiel in seinem Garten Erdbeeren und Obstbäume pflanzen – aber da wuchs doch nichts! Da war er immer ungehalten und uneinsichtig. Aber wir sollten ihm nicht widersprechen. Und uns war ja auch eingebleut worden, den Funktionären jeden Wunsch von den Augen abzulesen.

Stoph verhielt sich manchmal regelrecht unqualifiziert. Wir hielten uns immer ein bißchen zurück, meistens traf es die Männer. Einmal, unser Brigadier war nicht da, säuberten wir Frauen die Erdbeeren und die Rabatten. Danach wollten die beiden Männer unserer Brigade die Hecke stutzen. Da kam Stoph raus und rief: »Eh, wer hat denn das gesagt, daß ihr das machen sollt? So nicht!« Als der eine Kollege antwortete, daß es auf Anweisung des Meisters geschehe, wollte er wissen, wo der Meister sei. »Na, dann hol mal einen anderen Verantwortlichen her!« Wir holten also den Genossen Rechow.

Der andere Kollege, der unterdessen auf dem Baum saß, sägte sich vor Schreck vom eigenen Ast ab und fiel dem Willi Stoph direkt vor die Füße. Und dann hat der alle drei Männer, mitsamt unserem Abteilungsleiter, zur Schnecke gemacht. Wir Frauen stahlen uns heimlich davon.

Günter Mittag war dagegen sehr nett. Wir konnten in seinem Garten schalten und walten, wie wir wollten. Er hat sich eigentlich nie darum gekümmert. Auch seine Frau äußerte mal hin und wieder nur den Wunsch, welche Blumen oder Ausstattung sie für den Wintergarten haben wollte.

An Materns kann ich mich sehr gut erinnern, weil wir zu ihnen einen sehr guten Kontakt hatten. Die holten uns öfter mal in ihr Haus, zum Kaffeetrinken und Schwätzchenhalten. Oder wenn wir in ihrem Garten arbeiteten, dann brachten sie uns etwas zu trinken und zu essen. Die Männer bekamen auch mal ein Päckchen Zigaretten.

Werner Lamberz war ein sehr freundlicher Mann. Er liebte Spaziergänge. Wenn wir morgens vor unserer Hütte saßen – wir hatten als einzige Brigade ein richtiges kleines Häuschen – da kam er vorbei und grüßte: »Guten Morgen, Genossen, na, schöner Tag heute.« Er wechselte immer ein paar Worte mit uns.

Als Werner Lamberz in Libyen verunglückte, erfuhren wir nicht mehr als die restliche Bevölkerung. Uns wurde nichts weiter gesagt, als daß er mit einem Hubschrauber abgestürzt sei. Das meiste haben wir der Presse entnommen.

An eine hübsche Episode erinnere ich im Zusammenhang mit Walter Ulbricht und seiner Frau, da war er schon nicht mehr Staatsratsvorsitzender. Sie wohnten aber immer noch im Haus 7. Wir sollten den Vorgarten neu gestalten. Ich stand auf dem Multicar und gab die Steine herunter. Da kamen Walter, Lotte und die Begleiter aus dem Haus. Der eine trug einen kleinen Hocker, damit sich Walter während des Spaziergangs ein wenig ausruhen konnte. Sie grüßten uns, da sah Lotte mich plötzlich an und sagte: »Na, kleines Fräulein, ist die Arbeit nicht zu schwer für sie?« »Nee, nee«, erwiderte ich. Und sie: »Na, ich sehe das aber ein bißchen anders.« »Ach nee«, sagte ich, »das kriege ich schon alles auf die Reihe.« »Na gut. Schönen Tag noch!« Und dann gingen sie weiter.

Sie war eigentlich immer eine höfliche, nette Frau gewesen. So kannten wir sie nur. Lustig war es immer, Lotte beim Frühsport zu beobachten. Wenn wir früh zur Arbeit fuhren, stand sie immer auf dem Balkon und machte Kniebeuge, Hampelmänner, Rumpfbeugen und so. Wir haben uns köstlich darüber amüsiert, wie sie da rumgehampelt hat.

Anhang

Kurze Geschichte des SED-Politbüros

1949

Auf der Ersten SED-Parteikonferenz vom 25. bis 28. Januar 1949 wird die Einrichtung des Politbüros beschlossen. Neben den beiden Parteivorsitzenden Wilhelm Pieck und Otto Grotewohl werden Walter Ulbricht, Franz Dahlem, Helmut Lehmann, Friedrich Ebert und Paul Merker zu Mitgliedern, Anton Ackermann und Karl Steinhoff zu Kandidaten des ersten Politbüros des Zentralkomitees der SED bestimmt.

1950

Walter Ulbricht wird auf der 1. ZK-Tagung am 25. Juli zum Generalsekretär des ZK der SED gewählt.

Infolge einer von Stalin initiierten »Säuberungswelle«, die von den Parteiführungen fast aller Ostblockländer fordert, in ihren Reihen angebliche US-Agenten und Anhänger des in seiner Politik vom Moskauer Kurs abweichenden jugoslawischen Ministerpräsidenten Tito zu entlarven, wird auch in der SED eine umfassende Parteisäuberung durchgeführt. Dabei wird auf der 2. ZK-Tagung am 24. August u. a. das Politbüromitglied Paul Merker als Angehöriger der sogenannten Westemigration angefeindet und aus der Partei ausgeschlossen.

1952

Auf Initiative des Politbüros wird auf der II. Parteikonferenz vom 9. bis 12. Juli durch Ulbricht der »planmäßige Aufbau des Sozialismus« verkündet. Unter sträflicher Vernachlässigung der Konsumgüterproduktion legt das Politbüro in den folgenden Monaten die Priorität auf die Forcierung der Schwerindustrie.

Mai 1953

Ulbricht läßt auf der 13. ZK-Tagung am 13. und 14. Mai seinen Konkurrenten Franz Dahlem aus dem Politbüro ausschließen und setzt eine Erhöhung der Arbeitsnormen um durchschnittlich zehn Prozent durch.

Juni 1953

Rudolph Herrnstadt und Wilhelm Zaisser versuchen im Vorfeld der Arbeitererhebung des 17. Juni Ulbricht im Politbüro zu isolieren. Dabei steht Ulbrichts Wirtschaftpolitik und sein autoritärer Führungsstil im Mittelpunkt der Kritik.

1953

Wilhelm Zaisser fordert in der Politbürositzung am 8. Juli die Ablösung Ulbrichts als Generalsekretär. Ulbricht gelingt es, während der nächsten 15. ZK-Tagung vom 24. bis 26. Juli das Blatt zu wenden. Herrnstadt und Zaisser werden aus dem Politbüro ausgeschlossen.

1956

Der XX. Parteitag der KPdSU vom 14. bis 25. Februar löst im Politbüro eine Diskussion um den Personenkult und die Verbrechen Stalins aus. Ulbricht gerät wegen seines eigenen autoritären Führungsstils in die Kritik. Im Politbüro und an der Parteibasis wird mehr Kollektivität in der Parteiführung gefordert. Im Politbüro bildet sich um Karl Schirdewan eine Fraktion gegen Ulbricht. Durch die Verhaftung von Wolfgang Harich und Walter Janka wegen »konterrevolutionärer Gruppenbildung« gelingt es Ulbricht jedoch, die aufkeimende innerparteiliche Opposition zunächst mundtot zu machen.

1958

Auf der 35. ZK-Tagung vom 3. bis 6. Februar werden Karl Schirdewan und Fred Oelßner wegen Fraktionsbildung aus dem Politbüro ausgeschlossen.

1960

Wilhelm Pieck, Mitbegründer der SED und Präsident der DDR, stirbt nach langer Krankheit am 7. September. Ulbricht tritt an seine Stelle als Staatsoberhaupt (fortan bezeichnet als »Vorsitzender des Staatsrates«).

1961

Nach Diskussionen im Politbüro konfrontiert Ulbricht auf der 12. ZK-Tagung erstmals einen größeren Personenkreis mit dem Plan, die Sektorengrenze zwischen Ost- und West-Berlin zu schließen. Nach Ulbrichts Rückkehr vom Treffen der Parteichefs des Warschauer Vertrages wird in der Politbürositzung am 7. August der Beschluß gefaßt, die Grenze nach West-Berlin zu schließen. Nach akribischer Vorbereitung eines »Zentralen Stabs«, der von Politbüromitglied Erich Honecker geleitet wird, erfolgt in der Nacht zum 13. August der Bau der Mauer.

1963

Auf Initiative Ulbrichts leitet das Politbüro mit dem »Neuen Ökonomischen System der Leitung und Planung« umfassende Wirtschaftsreformen in der DDR ein. Ulbricht holt sich mit Günter Mittag und Werner Jarowinsky junge Wirtschaftsfachkräfte ins Politbüro.

1964

Otto Grotewohl, Mitbegründer der SED und Ministerpräsident der DDR, stirbt nach langer Krankheit am 21. September. Willi Stoph tritt als formeller Regierungschef (fortan Vorsitzender des Ministerrates) an seine Stelle.

1965

Das »Neue Ökonomische System der Planung und Leitung« steht vor erheblichen Problemen, weil die Rohstoffexporte der Sowjetunion in die DDR immer weiter gedrosselt werden. Ulbricht beginnt daher, sich wirtschaftlich nach West-Europa zu orientieren.

Erich Apel, Kandidat des Politbüros und Vorsitzender der Staatlichen Plankommission, begeht am 3. Dezember in seinem Büro Selbstmord.

Auf der 11. ZK-Tagung vom 15. bis 18. Dezember, dem sogenannten 11. Plenum, wird Ulbricht von einer Gruppe von Mitgliedern des Politbüros um Erich Honecker indirekt attackiert. So wird mehr wirtschaftliche Zusammenarbeit mit der Sowjetunion gefordert und der »Westdrall in Wissenschaft und Technik« kritisiert. Erich Honecker führt in seiner Rede eine scharfe Attacke gegen »schädliche Tendenzen« und »Unmoral« in der Kultur. In der Folge gibt es drastische Einschnitte in die künstlerische Produktion des Landes. Autoren werden gemaßregelt sowie die gesamte Jahresproduktion des DEFA-Filmstudios verboten.

1968

Am 12. August trifft eine Delegation des ZK mit Ulbricht an der Spitze in der ČSSR mit Alexander Dubček zusammen, um zwischen der harten Haltung Moskaus und dem Reformkurs Dubčeks zu vermitteln. Der Vermittlungsversuch scheitert, und das Politbüro erklärt sich Moskau gegenüber loyal, als am 23. August der Einmarsch von Truppen des Warschauer Vertrages in der ČSSR erfolgt.

1969

Am 17. Dezember 1969 schreibt Ulbricht einen Brief an Bundespräsident Gustav Heinemann mit dem Vorschlag zur Aufnahme gleichberechtigter Beziehungen zwischen beiden deutschen Staaten. Ulbrichts Vorstoß wird von Breschnew mit Mißtrauen beobachtet und findet im Politbüro kaum Unterstützung.

Erich Honecker schart im Politbüro eine wachsende Gruppe von Ulbricht-Gegnern um sich. Mit Unterstützung Breschnews gelingt es Honecker, seinen politischen Ziehvater Ulbricht im Politbüro immer weiter zu isolieren.

1970

Auf Geheiß Breschnews sorgt Honecker dafür, daß die deutsch-deutschen Gipfeltreffen am 19. März in Erfurt und am 21. Mai in Kassel scheitern. Auf der ZK-Konferenz vom 16. bis 18. Juni hält nicht Walter Ulbricht, sondern Erich Honecker das Schlußwort. In der Politbürositzung am 8. September wird Ulbrichts Wirtschaftspolitik scharf kritisiert. Es werden Maßnahmen zur besseren Versorgung der Bevölkerung beschlossen.

1971

Am 21. Januar unterschreibt die Mehrheit der Mitglieder des Politbüros einen Brief an Breschnew mit der Bitte, Ulbricht als 1. Sekretär des ZK ablösen zu dürfen.

Auf der 16. ZK-Tagung am 3. Mai wird Walter Ulbricht von Erich Honecker als 1. Sekretär des ZK abgelöst.

Auf dem VIII. Parteitag vom 15. bis 19. Juni wird Honeckers ökonomischer Kurs der »Einheit von Wirtschafts- und Sozialpolitik« beschlossen.

1973

Am 1. August stirbt Walter Ulbricht. Honecker geht nun daran, unter den Mitgliedern des Politbüros die höchsten Staats- und Parteiämter neu zu verteilen. Willi Stoph wird Ulbrichts Nachfolger als Vorsitzender des Staatsrates. Horst Sindermann wird Vorsitzender des Ministerrates und Werner Krolikowski als Sekretär des ZK mit der Leitung des Wirtschaftsressorts beauftragt.

1976

Nach dem IX. Parteitag vom 18. bis 22. Mai wird die Aufteilung der höchsten Staats- und Parteiämter im Politbüro erneut verändert. Am 28. Oktober bestätigt die 3. ZK-Tagung Honeckers Vorschläge zur »Neukonstituierung der leitenden Staatsorgane«. Am 29. Oktober wählt die Volkskammer Honecker zum neuen Vorsitzenden des Staatsrates, Stoph zum neuen Vorsitzenden des Ministerrates und Horst Sindermann zum Präsidenten der Volkskammer.

Am 2. November wird Werner Krolikowski durch Günter Mittag als ZK-Wirtschaftssekretär abgelöst. Mittag wird in der Folgezeit Honeckers engster Vertrauter im Politbüro.

1977

Nach der Ausbürgerung Wolf Biermanns im November 1976 verschärft das Politbüro die politischen Repressionen gegen Oppositionelle innerhalb und außerhalb der SED.

Am 30. Juni werden die Intellektuellen Rudolf Bahro und Robert Havemann verhaftet bzw. unter Hausarrest gestellt.

1978

Am 6. März verunglückt das junge Mitglied des Politbüros und ZK-Sekretär für Agitation und Propaganda Werner Lamberz tödlich bei einem Hubschrauberabsturz in Libyen. Mit ihm stirbt ein wichtiger Hoffnungsträger für einen Reformkurs innerhalb des Politbüros.

1979/80

Im Zuge der verschärften Blockkonfrontation und der Nachrüstungsbeschlüsse, setzt sich Honecker im Politbüro für einen Kurs der »Sicherung des Friedens« ein und sucht Kontakt zu Bundeskanzler Helmut Schmidt.

1981

Vom 11. bis 13. Dezember weilt Helmut Schmidt zu einem Arbeitsbesuch in der DDR und wird von Erich Honecker in Hubertusstock empfangen. Beide Seiten erklären die Absicht, trotz der international angespannten Lage für Entspannung zwischen beiden deutschen Staaten zu sorgen.

1983

Anstatt überfällige Wirtschaftsreformen einzuleiten wird im Politbüro die Verschuldung der DDR praktiziert. Nur der Vorsitzende des Ministerrates Willi Stoph und der Chef der Staatlichen Plankommission Gerhard Schürer trauen sich im

Politbüro auf die hohen Risiken einer Überschuldung der DDR hinzuweisen.

Auf Betreiben von Günter Mittag und Erich Honecker vermittelt der bayerische Ministerpräsident Franz Josef Strauß im Juni den ersten »Milliarden-Kredit« an die DDR. Ein weiterer »Milliarden-Kredit« wird im Juni 1984 gewährt.

1985

Am 10. März wird Michail Gorbatschow neuer Generalsekretär der KPdSU. Im Politbüro der SED isoliert sich Honecker zunehmend mit seiner kritischen Haltung gegenüber Gorbatschows Perestroika. Moskautreue oder reformfreundliche Mitglieder und Kandidaten des Politbüros wie Willi Stoph, Erich Mielke, Werner Krolikowski, Konrad Naumann oder Gerhard Schürer gehen auf Distanz zu Honecker. Sie wagen jedoch nicht, den Kurs von Honecker und Mittag im Politbüro offen zu bekämpfen.

Am 22. November werden Konrad Naumann und Herbert Häber aus dem Politbüro ausgeschlossen

1986

Auf dem XI. Parteitag vom 17. bis 21. April verpaßt die SED ihre letzte Chance, in Partei und Staat Reformen einzuleiten.

1987

In einem Interview mit dem »Stern« antwortet Kurt Hager auf die Frage nach der Übernahme der Perestroika in der DDR mit der Gegenfrage, ob man seine »Wohnung ebenfalls neu tapezieren« müsse, wenn der Nachbar dies tue, und erhält daraufhin den Spitznamen »Tapeten-Kutte«.

Vom 7. bis 11. September besucht Honecker die BRD.

1988

Im April versucht der Kandidat des Politbüros und Chef der Staatlichen Plankommission Gerhard Schürer mit der Denkschrift »Überlegungen zur weiteren Arbeit am Volkswirtschaftsplan 1989« den tatsächlichen wirtschaftlichen Zustand der DDR offenzulegen und auf Reformen zu drängen. Günter Mittag sorgt dafür, daß Schürers Vorstoß im Politbüro abgelehnt wird.

1989

Im Februar versucht Gerhard Schürer Egon Krenz in einem Vier-Augen-Gespräch davon zu überzeugen, Honecker endlich zu stürzen. Krenz zögert jedoch. Als bekannt wird, daß die Ergebnisse der Kommunalwahlen am 7. Mai gefälscht wurden, kommt es zu ersten größeren Demonstrationen.

Honecker wird während der Tagung des »Politisch-Beratenden-Ausschusses der Staaten des Warschauer Vertrages« am 7. Juli in Bukarest ins Krankenhaus eingeliefert. Während tausende DDR-Bürger ihr Land verlassen und Massendemonstrationen das Tagesgeschehen bestimmen, kann Honecker krankheitsbedingt bis Ende September seine Amtsgeschäfte nicht ausüben. Am 15. August legt Honecker fest, daß Günter Mittag ihn während seiner Abwesenheit im Politbüro vertreten solle. Egon Krenz wird unterdessen von immer mehr Mitgliedern des Politbüros dazu gedrängt, Honecker als Generalsekretär des ZK abzulösen.

Anfang Oktober lassen sich Honecker und das Politbüro anläßlich des 40. Jahrestages der DDR ein letztes Mal öffentlich feiern. In der Politbürositzung am 17. Oktober wird Honecker einstimmig zum Rücktritt aufgefordert. Am 18. Oktober auf der 9. ZK-Tagung wird Egon Krenz zum letzten Generalsekretär des ZK und Vorsitzenden des Staatsrates gewählt. Günter Mittag und Joachim Herrmann werden aus dem Politbüro ausgeschlossen. Am 8. November wird auf der 10. ZK-Tagung das letzte Politbüro gewählt. Am 9. November verkündet das Mitglied des Politbüros Günter Schabowski in einer improvisierten Pressekonferenz voreilig die Öffnung der Mauer. Am 3. Dezember tritt das Politbüro auf seiner letzten Sitzung geschlossen zurück.

Kurzbiographien der im Text erwähnten Politbüromitglieder

ERICH APEL (3. 10. 1917–3. 12. 1965), 1937–1939 Studium zum Maschinenbau-Ingenieur, 1939 Einberufung zur Wehrmacht, 1940–1944 dienstverpflichtet zur Heeresversuchsstelle Peenemünde, 1955–1958 Minister für Maschinenbau, 1954 Kandidat und seit 1957 Mitglied der SED, 1960–1965 Mitglied des ZK der SED, 1961–1965 Kandidat des Politbüros, 1962 Pomotion zum Doktor der Ökonomie mit einer Dissertation über das Chemieprogramm der DDR, 1963–1965 Vorsitzender der Staatlichen Plankommission, Vordenker und Verfechter des 1963 von Ulbricht eingeleiteten »Neuen Ökonomischen Systems der Planung und Leitung« (NÖSPL), 1965 Freitod in seinem Dienstzimmer.

Bewohner von Haus 2 in der Waldsiedlung, Freund und Förderer des jungen Günter Mittag, unter den Angestellten der Waldsiedlung wegen seiner geselligen Art beliebt, wird schließlich zum schweren Alkoholiker.

HERMANN AXEN (6. 3. 1916–15. 2. 1992), 1930 Mitglied des Kommunistischen Jugendverbandes Deutschlands (im folgenden: KJVD), 1933 im antifaschistischen Untergrund, Verhaftung, 1933–1937 Zuchthaus Zwickau, 1938 Flucht nach Paris, 1940 Verhaftung und Einlieferung ins französische Internierungslager Le Vernet, 1942 Auslieferung an die Gestapo, 1942–1945 KZ Auschwitz und Buchenwald, 1946 Eintritt in die SED, 1946–1949 Sekretär des FDJ-Zentralrates, 1950–1989 Mitglied des ZK, 1956–1966 Chefredakteur des »Neuen Deutschland«, 1963 Kandidat und 1970–1989 Mitglied des Politbüros, 1966–1989 Sekretär des ZK, 1971–1989 Vorsitzender des Volkskammerausschusses für Auswärtige Angelegenheiten, am 3. Dezember 1989 Ausschluß aus der SED.

Bewohner des Hauses 21 der Waldsiedlung.

Friedrich Ebert (12.9. 1894–4.12. 1979), Sohn des Ersten Reichspräsidenten Friedrich Ebert, 1913 Buchdrucker und Eintritt in die SPD, 1915–1918 Soldat, 1919–1925 Redakteur des »Vorwärts«, 1925–1933 Chefredakteur des SPD-Organs »Brandenburger Zeitung«, 1928–1933 Mitglied des Reichstages, 1933 Verhaftung und acht Monate KZ-Haft, bis 1945 unter Polizeiaufsicht, 1945/46 Vorsitzender des SPD-Landesverbandes Brandenburg, 1946–1948 Vorsitzender des SED-Landesvorstandes Brandenburg, 1946–1979 Mitglied des Parteivorstandes bzw. ZK der SED, 1948–1967 Oberbürgermeister von Berlin-Ost, 1950–1979 Mitglied des Politbüros, 1971–1970 Stellvertreter des Vorsitzenden des Staatrates und des Präsidenten der Volkskammer.

Bewohner von Haus 9, später Haus 23 der Waldsiedlung, unterhält als Oberbürgermeister von Berlin-Ost noch eine Privatwohnung in Berlin.

Otto Grotewohl (11.3. 1894–21.9. 1964), 1912 Buchdrucker und Eintritt in die SPD, 1914–1918 Soldat, 1921/1922 Innen- und Volksbildungsminister von Braunschweig, 1925 bis 1933 Mitglied des Reichstages, 1933 Verbot politischer Betätigung, bis 1938 selbständiger Kaufmann in Hamburg, engagiert sich im sozialdemokratischen Widerstand, 1938 von der Gestapo verhaftet, insgesamt neun Monate in U-Haft, 1940–1945 Geschäftsführer eines kleinen Unternehmens in Berlin, 1945 Vorsitzender des Zentralausschusses der SPD in Berlin, 1946 gemeinsam mit Wilhelm Pieck (KPD) Gründer der SED, 1946–1954 gemeinsam mit Pieck Vorsitzender der SED, 1949–1964 Mitglied des Politbüros, 1949–1964 Ministerpräsident der DDR.

Bewohner von Haus 1, später 21 in der Waldsiedlung, heiratet seine Sekretärin Johanna, seit 1960 schwer erkrankt, hält sich in der Waldsiedlung ein Rehgehege, malt und musiziert gern, ist unter den Angestellten sehr beliebt.

Gerhard Grüneberg (29. 8. 1921–10. 4. 1981), 1939 Maurer, 1939–1945 Soldat der Wehrmacht, 1946 Eintritt in die SED, 1952–1958 1. Sekretär der SED-Bezirksleitung Frankfurt/Oder, 1956 nach Fernstudium Diplom-Gesellschaftswissenschaftler, 1958–1981 Mitglied des ZK, 1959 Kandidat und 1966–1981 Mitglied des Politbüros, 1960–1981 Sekretär für Landwirtschaft des ZK.

Bewohner des Hauses 19 der Waldsiedlung, unterhält als erster das Freizeitobjekt Drewitz, leidenschaftlicher Jäger.

Herbert Häber (*15. 11. 1930), 1946 Eintritt in die SED, 1954/55 Studium an der Parteihochschule in Moskau, ab 1955 in der Westabteilung des ZK, bzw. der Kommission für gesamtdeutsche Fragen beim Politbüro, 1965–1971 stellvertr. Staatssekretär für gesamtdeutsche Fragen, 1971–1973 Direktor des Institutes für internationale Politik und Wirtschaft, Ernennung zum Professor, 1973–1985 Leiter der Westabteilung im ZK, 1978–1985 Mitglied des ZK, 1984/85 Mitglied des Politbüros und Sekretär des ZK, im November 1985 aus allen Funktionen ausgeschieden.

Bewohner des Hauses 17 in der Waldsiedlung, von Honecker gefördert und schließlich fallengelassen, auf Betreiben Mielkes im Politbüro gemobbt, zerbricht an der sozialen Kälte unter den Mitgliedern des Politbüros und in der Waldsiedlung, erleidet schließlich einen Nervenzusammenbruch und wird aus »gesundheitlichen Gründen« aus dem Politbüro und ZK entfernt.

Kurt Hager (24. 7. 1912–18. 9. 1998), 1930 Eintritt in die KPD, 1933 für mehrere Monate im KZ Heuburg, 1934 Emigration in die Schweiz, 1937–1939 im Spanienkrieg Redakteur u. a. des »Deutschen Freiheitssenders«, 1939 Internierung in Frankreich, 1941 Emigration nach Großbritannien,

1946 Rückkehr nach Deutschland und Eintritt in die SED, 1946–1952 Leiter der Abteilung Parteischulung im Parteivorstand bzw. ZK der SED, 1949 Professor für Philosophie an der Humboldt-Universität Berlin, 1954–1989 Mitglied des ZK, 1955–1989 Sekretär für Wissenschaft im ZK, 1959 Kandidat und 1963–1989 Mitglied des Politbüros, im Januar 1990 Ausschluß aus der SED/PDS.

Bewohner des Hauses 18 in der Waldsiedlung, einziges Mitglied des Politbüros mit fundierten Kenntnissen der marxistischen und klassischen deutschen Philosophie, gilt unter den Angestellten der Waldsiedlung als sehr zurückgezogen und unnahbar.

WALTER HALBRITTER (*17. 11. 1927), 1942–1944 Verwaltungslehre, 1944 zum Reichsarbeitsdienst und anschließend zur Wehrmacht eingezogen, Kriegsgefangenschaft in Belgien, 1946 Eintritt in die SED, 1952–57 Studium zum Diplom-Wirtschaftler, 1955–1961 Mitarbeiter und Sektorenleiter im ZK, 1961–1963 stellvertr. Minister für Finanzen, 1963–1965 stellvertretender Vorsitzender der Staatlichen Plankommission, 1965–1989 Minister und Leiter des Amtes für Preise, 1967–1989 Mitglied des ZK, 1967–1973 Kandidat des Politbüros, 1990 Regierungsbeauftragter für die Vorbereitung der Gespräche am »Runden Tisch«.

Bewohner des Hauses 20 der Waldsiedlung.

JOACHIM HERRMANN (29. 10. 1928–30. 7. 1992), 1945–1949 Botenjunge, Redaktionsvolontär bei der »Berliner Zeitung«, 1946 Eintritt in die SED, 1953/54 Besuch der Komsomol-Hochschule in Moskau, 1954–1960 Chefredakteur der »Jungen Welt«, 1952–1961 Mitglied des Zentralrates der FDJ, 1962–1965 Chefredakteur der »Berliner Zeitung«, 1965–1971 Staatssekretär für gesamtdeutsche- bzw. westdeutsche Fragen, 1971–1989 Mitglied des ZK, 1971–1978 Chefredakteur des »Neuen Deutschland«, 1973 Kandidat und 1976–1989 Mitglied des Politbüros, 1978 als Nachfolger des verunglückten Werner Lamberz Leiter der Abteilung Agitation und Propaganda im ZK, im Januar 1990 Ausschluß aus der SED/PDS.

Bewohner des Hauses 12 in der Waldsiedlung, wird von seinem Nachbarn Erich Honecker (Haus 11) auch nachts wachgeklingelt und zur Abänderung von ND-Schlagzeilen genötigt, gilt unter den Angestellten der Waldsiedlung als umgänglich.

ERICH HONECKER (25.8. 1912–29.5. 1994), ab 1922 im »Jungspartakusbund«, 1929 Dachdeckerlehre und Eintritt in die KPD, 1933–1935 im kommunistischen Widerstand in Deutschland, 1935 verhaftet, 1937 zu zehn Jahren Zuchthaus verurteilt, bis 1945 im Zuchthaus Brandenburg-Görden, 1946 Mitbegründer und bis 1955 Vorsitzender des FDJ-Zentralrates, 1946–1989 Mitglied des Parteivorstandes bzw. des ZK der SED, 1950 Kandidat und 1958–1989 Mitglied des Politbüros, 1958–1971 Sekretär des ZK, 1971–1976 als Nachfolger Walter Ulbrichts 1. Sekretär des ZK der SED, 1976 bis 1989 Generalsekretär des ZK der SED und Vorsitzender des Staatsrates der DDR, im Dezember 1989 Ausschluß aus der SED.

Bewohnt das Haus 11 in der Waldsiedlung, beargwöhnt die privaten Kontakte unter den Politbürofamilien, baut in den sechziger Jahren die Schorfheide als Staatsjagdgebiet aus, gilt unter den Angestellten der Waldsiedlung als höflich und distanziert.

WERNER JAROWINSKY (25.4. 1927–2.10. 1990), 1943 Industriekaufmann, bis 1945 Soldat der Wehrmacht, 1945/46 Eintritt in die KPD/SED, 1948–1951 Studium der Rechts- und Wirtschaftswissenschaften, 1951–1956 Dozent an der Humboldt-Universität Berlin, 1956 Promotion zum Doktor der Ökonomie, 1959–1963 stellvertretender Minister und Staatssekretär im Ministerium für Handel und Versorgung, 1963 bis 1989 Mitglied des ZK und Sekretär für Handel und Versorgung des ZK, 1963 Kandidat und 1984–1989 Mitglied des Politbüros, im Januar 1990 Ausschluß aus der SED/PDS.

Bewohner des Hauses 15 der Waldsiedlung, gilt unter den Angestellten der Waldsiedlung als distanziert.

GÜNTHER KLEIBER (*16. 9. 1931), 1949 Elektriker und Eintritt in die SED, 1953–1958 Studium zum Diplom-Ingenieur für Elektrotechnik, 1964–1966 Abteilungsleiter in der SED-Bezirksleitung Dresden, 1966–1971 stellvertr. Minister und Staatssekretär im Ministerium für Elektrotechnik und Elektronik, 1967–1989 Mitglied des ZK, 1973 bis 1986 Minister für Allgemeinen Maschinen-, Landmaschinen- und Fahrzeugbau, 1984–1989 Mitglied des Politbüros, 1986–1989 Ständiger Vertreter der DDR im Rat für gegenseitige Wirtschaftshilfe (RGW), im Dezember 1989 Ausschluß aus der SED.

Bewohner des Hauses 5 der Waldsiedlung, gilt unter den Angestellten als freundlich.

EGON KRENZ (*19. 3. 1937), 1955 Mitglied der SED, 1957 Staatsexamen als Lehrer, 1961–1964 und 1967–1974 Sekretär des FDJ-Zentralrates, 1964–1967 Studium an der Parteihochschule in Moskau, 1974–1983 1. Sekretär des FDJ-Zentralrates, 1973–1989 Mitglied des ZK, 1976 Kandidat und 1983–1989 Mitglied des Politbüros, Oktober bis Dezember 1989 als Nachfolger Erich Honeckers Generalsekretär des ZK der SED und Vorsitzender des Staatsrates der DDR, im Januar 1990 Ausschluß aus der SED/PDS.

Bewohner des Hauses 4 in der Waldsiedlung, nutzt die Waldwege des Innenrings gern zum Joggen, spielt hin und wieder mit seinen Kindern und den Kindern der Angestellten Fußball, gilt unter den Angestellten als freundlich.

ALFRED KURELLA (2. 5. 1895–12. 6. 1975), nach Abitur und Studium an einer Kunstgewerbeschule Soldat, 1919 Eintritt in die KPD, Mitbegründer der Kommunistischen Jugendinternationale (KJI), 1920–1932 Redakteur verschiedener Zeitungen, 1924–1926 Direktor der Parteischule der KP Frankreichs, 1932 Chefredakteur der französischen Zeitung »Le Monde«, 1934 in die UdSSR übergesiedelt, 1935–1941 Mitarbeiter der Unionsbibliothek in Moskau, zeitweise Sekretär von Georg Dimitroff, ab 1943 stellvertretender Chefredakteur der Zeitung des »Nationalkomitees Freies Deutschland« (NKFD), 1954 Übersiedlung in die DDR und Eintritt in die SED, 1955–1957 Leiter des Literaturinstitutes »Johannes R. Becher«, 1957–1963 Leiter der Kulturkommission beim Politbüro, 1958–1975 Mitglied des ZK, 1958–1963 Kandidat des Politbüros, 1964–1975 Vizepräsident der Akademie der Künste.

Bewohner des Hauses 5 der Waldsiedlung.

WERNER LAMBERZ (14. 4. 1929–6. 3. 1978), 1947 Heizungsmonteur und Eintritt in die SED, 1952/53 Studium an der Komsomol-Hochschule in Moskau, 1953–1963 Sekretär des FDJ-Zentralrates, 1963–1971 Abteilungsleiter für Auslandsinformation und Agitation im ZK, 1967–1978 als Sekretär des ZK zuständig für Agitation und Propaganda, 1970 Kandidat und 1971–1978 Mitglied des Politbüros, 1978 bei einem Hubschrauberabsturz in Libyen tödlich verunglückt.

Bewohner des Hauses 4 in der Waldsiedlung, galt unter den Angestellten als freundlich.

HERMANN MATERN (17. 6. 1893–24. 1. 1971), Gerber, 1911 Eintritt in die SPD, 1914–1918 Soldat, 1918 Eintritt in die USPD, 1919 Eintritt in die KPD, 1927–31 Politischer Leiter der KPD-Bezirksleitung Magdeburg-Anhalt, 1932/33 Mitglied des Preußischen Landtages, 1933 im kommunistischen Untergrund tätig, 1933/34 Inhaftierung, 1934 Flucht und Emigration nach Skandinavien, 1941–1945 Aufenthalt in der UdSSR, Lehrer an der Zentralen Antifaschule in Krasnogorsk und Mitbegründer des NKFD, 1945 als Mitglied der »Gruppe Ackermann« Rückkehr nach Deutschland, 1945/46 1. Sekretär der KPD-Bezirksleitung Sachsen, 1946–1948

Vorsitzender des SED-Landesvorstandes Berlin, 1946–1971 Mitglied des Parteivorstandes bzw. des ZK, 1950–1971 Mitglied des Politbüros, 1949–1971 Vorsitzender der Zentralen Parteikontrollkommission der SED.

Bewohner des Hauses 3 in der Waldsiedlung.

ERICH MIELKE (28.12. 1907–21.5. 2000), 1921 Eintritt in den KJVD, 1925 Eintritt in die KPD, 1927 Speditionskaufmann, 1928–1931 Reporter der »Roten Fahne« und Angehöriger des Parteiselbstschutzes der KPD, 1931 Flucht über Belgien in die UdSSR, 1934 wegen Polizistenmordes in Abwesenheit zum Tode verurteilt, 1934/35 Besuch der Leninschule in Moskau, 1936–1939 Offizier der Internationalen Brigaden im Spanischen Bürgerkrieg, 1939 Internierung in Süd-Frankreich, strittig ob danach Flucht in die UdSSR oder Zwangsarbeiter bei der Organisation Todt, 1946–1949 Vizepräsident der Deutschen Zentralverwaltung des Innern, 1950 Staatssekretär im Ministerium für Staatssicherheit bzw. im Ministerium des Innern, 1950–1989 Mitglied des ZK, 1957–1989 Minister für Staatssicherheit, 1971 Kandidat und 1973–1989 Mitglied des Politbüros, 1980 zum Armeegeneral ernannt, im Dezember 1989 Ausschluß aus der SED.

Bewohner des Hauses 14 in der Waldsiedlung, Oberster Dienstherr der Angestellten der Waldsiedlung, kontrolliert die Arbeit der Angestellten auf das Penibelste und wird wegen seiner häufigen Kritik und unzähligen Sonderwünsche gefürchtet, unterhält eine luxuriöse Jagdresidenz in Wolletz, läßt sich in der Waldsiedlung eigens für seine Jagdtrophäen ein Haus errichten, 1953–1989 1. Vorsitzender der Sportvereinigung Dynamo mit dem berüchtigten Berliner Fußballclub-Dynamo.

GÜNTER MITTAG (8.10. 1926–18.3. 1994), 1943 Luftwaffenhelfer bei der Wehrmacht, 1945 Eintritt in die KPD, 1951 Mitarbeiter im ZK, 1953 Sektoren- und später Abteilungsleiter für Eisenbahn-, Verkehr- und Verbindungswesen, 1956

Diplom-Wirtschaftler, 1958 Promotion zum Doktor der Ökonomie, 1958–1961 Sekretär der Wirtschaftskommission beim Politbüro, 1962–1989 Mitglied des ZK, 1962–1973 und 1976–1989 Sekretär für Wirtschaft des ZK, 1963 Kandidat und 1966–1989 Mitglied des Politbüros, 1973–1976 stellvertretender Vorsitzender des Ministerrates, 1982–1989 Mitglied des Nationalen Verteidigungsrates. Ausschluß aus ZK, anschließend der SED, im November 1989 Ausschluß aus dem Politbüro, dem ZK und der SED. 1989–1990 U-Haft, 1993 Einstellung der Ermittlungen.

Bewohner des Hauses 6 in der Waldsiedlung, gilt unter den Angestellten als anspruchsvoll und distanziert, läßt sich stets reichlich mit Westwaren versorgen, spielt gerne Skat und geht oft zur Jagd, ist in den siebziger und achtziger Jahren der engste Vertraute und Freund von Erich Honecker, Ende der achtziger Jahre Amputation beider Beine.

ERICH MÜCKENBERGER (8.6. 1910–10.2. 1998), Schlosser, 1927 Eintritt in die SPD, 1928–1933 Jugendgauleiter des Reichsbanners in Chemnitz, 1933 im antifaschistischen Widerstand, 1934 Verhaftung, bis 1936 im KZ Sachsenhausen, 1938 erneut inhaftiert, 1942–1945 Dienst in einem Strafbataillon der Wehrmacht, ab 1946 Mitglied der SED, 1949 bis 1952 1. Sekretär der SED-Landesleitung Thüringen, 1950 bis 1989 Mitglied des ZK, 1950 Kandidat und 1954–1989 Mitglied des Politbüros, 1952/53 1. Sekretär der SED-Bezirksleitung Erfurt, 1953–1960 Sekretär für Landwirtschaft des ZK, 1961–1971 1. Sekretär der SED-Bezirksleitung Frankfurt/Oder, 1971–1989 Vorsitzender der Zentralen Parteikontrollkommission, 1980–1989 Vorsitzender der SED-Volkskammerfraktion, im Januar 1990 Ausschluß aus der SED/PDS.

Bewohner des Hauses 2 in der Waldsiedlung.

KONRAD NAUMANN (25.11. 1928–25.7. 1992), 1945 Landarbeiter, Bauarbeiter, Eintritt in die KPD, 1946 Mitglied der SED und Eintritt in die FDJ, 1947/48 Vorsitzender der FDJ

Leipzig, 1948/49 Instrukteur des Zentralrates der FDJ, 1949 bis 1951 Sekretär im FDJ-Landesvorstand Mecklenburg, 1951/1952 Studium an der Komsomolhochschule in Moskau, 1952 bis 1957 1. Sekretär der FDJ-Bezirksleitung Frankfurt/Oder, 1957 bis 1964 Sekretär des FDJ-Zentralrates, 1964–1967 Leiter der Abteilung Parteiorgane des ZK, 1966–1986 Mitglied des ZK, 1967–1971 2. Sekretär und 1971–1985 1. Sekretär der SED-Bezirksleitung Berlin, 1973 Kandidat und 1976 bis 1985 Mitglied des Politbüros, 1984/85 Sekretär des ZK, im November 1985 als Mitglied des Politbüros, Sekretär des ZK und 1. Sekretär der SED-Bezirksleitung Berlin amtsentbunden.

Bewohner des Hauses 16 in der Waldsiedlung, heiratet die Chanson-Sängerin und Theaterschauspielerin Vera Oelschlegel, ist unter den Angestellten wegen seines starken Alkoholkonsums berüchtigt, fällt wegen seiner wiederholten öffentlichen verbalen Ausfälle im Politbüro in Ungnade, ist zum Zeitpunkt seiner Absetzung schwerer Alkoholiker und tablettensüchtig.

Alfred Neumann (15. 12. 1909–4. 1. 2001), Tischler, 1929 Eintritt in die KPD, 1934 Emigration über Skandinavien in die UdSSR, 1936–1938 Spanienkämpfer, 1939/40 Internierung in Frankreich, 1941 nach Deutschland ausgeliefert, 1942 bis 1945 im Zuchthaus Brandenburg-Görden inhaftiert, im Strafbataillon 999 eingesetzt, ab 1946 SED Mitglied und Mitarbeiter der SED-Landesleitung Berlin, 1953–1957 1. Sekretär der SED-Bezirksleitung Berlin, 1954–1989 Mitglied des ZK, 1954 Kandidat und 1958–1989 Mitglied des Politbüros, 1957–1961 Sekretär des ZK, 1961–1965 Minister und Vorsitzender des Volkswirtschaftsrates, 1965–1968 Minister für Materialwirtschaft, 1968–1989 1. Stellvertreter des Vorsitzenden des Ministerrates, im Januar 1990 Ausschluß aus der SED/PDS.

Bewohner des Hauses 10 in der Waldsiedlung.

Albert Norden (4. 12. 1904–30. 5. 1982), 1920 Mitglied des KJVD, 1921 Abitur und Eintritt in die KPD, 1923 Schreiner, 1923–1930 Redakteur verschiedener KPD-Zeitungen, 1930 Chefredakteur des »Ruhr Echos«, 1931–1933 Redakteur und stellvertretender Chefredakteur der »Roten Fahne«, 1933 Emigration und Exil in Frankreich, ČSR, Dänemark und den USA, 1946 Rückkehr nach Deutschland und Mitglied der SED, 1949–1952 Leiter der Presseabteilung des Amtes für Information der Regierung, ab 1952 Professor für neuere Geschichte an der Humboldt-Universität Berlin, ab 1954 Mitglied des Präsidiums des Nationalrates der Nationalen Front, 1955–1981 Mitglied und Sekretär des ZK, 1958 bis 1981 Mitglied des Politbüros.

Bewohner des Hauses 17 der Waldsiedlung.

GÜNTER SCHABOWSKI (*4. 1. 1929), 1945 Redakteur, 1952 Eintritt in die SED, 1953–1967 stellvertretender Chefredakteur der FDGB-Zeitung »Tribüne«, 1962 Abschluß als Diplomjournalist, 1967/68 Besuch der Parteihochschule in Moskau, 1968–1978 stellvertretender und 1978–1985 Chefredakteur des »Neuen Deutschland«, 1981–1989 Mitglied des ZK, 1981 Kandidat und 1984–1989 Mitglied des Politbüros, 1985–1989 1. Sekretär der Berliner Bezirksleitung der SED, im Januar 1990 Ausschluß aus der SED/PDS.

Bewohner des Hauses 19 in der Waldsiedlung, gilt unter den Angestellten als unfreundlich.

GERHARD SCHÜRER (*14. 4. 1921), 1939 Maschinenschlosser, 1939–1945 Flieger bei der Luftwaffe der Wehrmacht, 1945 bis 1947 Tätigkeiten als Erdarbeiter, Autoschlosser und Kraftfahrer, 1947–1951 Besuch der Industrieverwaltungsschule Mittweida, 1948 Eintritt in die SED, 1952 Besuch der SED-Landesparteischule in Schwerin, 1952–1955 Mitarbeiter des ZK, 1955–1958 Besuch der Parteihochschule in Moskau, 1958–1960 stellvertretender Leiter und 1960–1962 Leiter der Abteilung Planung, Finanzen und technische Entwicklung des ZK der SED, 1962–1965 stellvertretender Vorsitzender und 1966–1989 Vorsitzender der staatlichen Plankommission, 1963–1989 Mitglied des ZK, 1973–1989 Kandidat und Ende 1989 Mitglied des Politbüros, im Januar 1990 Ausschluß aus der SED/PDS.

Bewohner des Hauses 7 in der Waldsiedlung, bringt eine große Familie mit in die Waldsiedlung und wird dort 1987 noch einmal Vater, gilt unter den Angestellten als freundlich.

HORST SINDERMANN (5. 9. 1915–20. 4. 1990), 1929 Eintritt in den KJVD, 1933 wegen antifaschistischer Tätigkeit verhaftet, 1935 erneut verhaftet und zu sechs Jahren Zuchthaus verurteilt, Zuchthaus Waldheim, KZ Sachsenhausen und Mauthausen, 1945 Eintritt in die KPD, 1946 Mitglied der SED, 1945–1947 Chefredakteur der »Sächsischen Volkszeitung« in Dresden, 1947–1949 1. Sekretär der SED Kreisleitung Chemnitz bzw. Leipzig, 1950–1953 Chefredakteur der »Freiheit« in Halle, 1954–1963 Leiter der Abteilung Agitation und Propaganda im ZK, 1963–1971 1. Sekretär der SED-Bezirksleitung Halle, 1963–1989 Mitglied des ZK, 1963–1967 Kandidat und 1967–1989 Mitglied des Politbüros, 1973–1976 Vorsitzender des Ministerrates, 1976 bis 1989 Präsident der Volkskammer, im Dezember 1989 Ausschluß aus der SED.

Bewohner des Hauses 3 der Waldsiedlung, gilt unter den Angestellten als freundlich.

WILLI STOPH (9. 7. 1914–13. 4. 1999), Maurer, 1931 Eintritt in die KPD, 1940–1942 Soldat der Wehrmacht, 1946 Mitglied der SED, 1946–1948 in der Bauverwaltung tätig, 1948–1950 Leiter der Abteilung Wirtschaftspolitik beim Parteivorstand der SED, 1950–1989 Mitglied des ZK, 1952–1955 Minister des Innern, 1953–1989 Mitglied des Politbüros, 1956 bis 1960 Minister für Nationale Verteidigung, 1959 Armeegeneral, 1954–1962 stellvertretender Ministerpräsident, 1962–1964 1. Stellvertreter des Ministerpräsidenten, 1964 bis 1973 Vorsitzender des Ministerrates, 1973–1976 Vorsitzender des Staatsrates der DDR, 1976–1989 Vorsitzender des Ministerrates, im Dezember 1989 Ausschluß aus der SED.

Bewohner des Hauses 1 der Waldsiedlung, verhält sich den Angestellten gegenüber stets mit äußerster Arroganz, hat oft kaum erfüllbare Sonderwünsche, unterhält in Birkenheide an der Müritz eine aufwendige Freizeitresidenz mit mehr als zehn Gärtnern.

HARRY TISCH (28. 3. 1927–18. 6. 1995), 1943 Bauschlosser, 1944/45 bei der Kriegsmarine, 1945 Eintritt in die KPD und den Freien Deutschen Gewerkschaftsbund (FDGB), 1945 bis 1948 Arbeit als Schlosser, 1948–1953 hauptamtlicher Gewerkschaftsfunktionär, 1953–1955 Besuch der Parteihochschule, 1955–1959 Sekretär der SED-Bezirksleitung Rostock, 1959–1961 Vorsitzender des Rates des Bezirkes Rostock, 1961–1975 1. Sekretär der SED-Bezirksleitung Rostock, 1971 Kandidat und 1975–1989 Mitglied des Politbüros, 1975 bis 1989 Vorsitzender des Bundesvorstandes des FDGB, im November 1981 Ausschluß aus dem FDGB, Dezember 1989 Ausschluß aus der SED.

Bewohner des Hauses 22 in der Waldsiedlung.

WALTER ULBRICHT (30. 6. 1893–1. 8. 1973), 1911 Tischler, 1912 Eintritt in die SPD, 1915–1918 Soldat, 1919 Mitbegründer der KPD in Leipzig, 1923 und 1927–1946 Mitglied des ZK der KPD, 1928–1933 Reichstagsabgeordneter, 1933 Emigration und Exil in Frankreich, ČSR und UdSSR, 1943 Mitbegründer des Nationalkomitees Freies Deutschland, 1945 als Leiter der nach ihm benannten »Gruppe Ulbricht« Rückkehr nach Deutschland, 1946–1973 Mitglied des Parteivorstandes bzw. des ZK der SED, 1946–1950 stellvertretender Vorsitzender der SED, 1950–1953 Generalsekretär und 1953 bis 1971 1. Sekretär des ZK der SED, 1960–1973 Vorsitzender des Staatsrates der DDR.

Bewohner des Hauses 7 der Waldsiedlung, gilt unter den Angestellten als freundlich, ist ebenso wie seine Frau Lotte in der Waldsiedlung für seine sportlichen Vorlieben bekannt, fährt jedes Jahr zum Skiurlaub nach Oberhof.

Paul Verner (26. 4. 1911 – 12. 12. 1986), Maschinenschlosser, 1929 Eintritt in die KPD, 1933 – 1935 als Zeitungsredakteur im antifaschistischen Untergrund, 1935 Emigration, 1936 – 1939 Spanienkämpfer, 1939 – 1945 Exil in Schweden, 1946 Rückkehr nach Deutschland, Mitglied der SED und Mitbegründer der FDJ, 1946–1949 Mitglied des FDJ-Zentralrates, 1950–1984 Mitglied des ZK, 1950 – 1953 und 1958 bis 1984 Sekretär des ZK, 1958 Kandidat und 1963 – 1984 Mitglied des Politbüros, 1959–1971 1. Sekretär der SED-Bezirksleitung Berlin, 1971–1984 Sekretär des ZK für Sicherheitsfragen, 1984 aus gesundheitlichen Gründen aus dem Politbüro ausgeschieden.

Bewohner des Hauses 13 in der Waldsiedlung,

Herbert Warnke (24. 2. 1902 – 26. 3. 1975), 1919 – 1930 Arbeiter im Schiffsbau, 1923 Eintritt in die KPD, 1927 – 1930 Betriebsrat bei Blohm und Voss in Hamburg, 1931 Hauptamtlicher Funktionär der KPD, 1932/33 Reichstagsabgeordneter, 1933 – 1936 im antifaschistischen Widerstand tätig, 1936 Emigration und Exil in Dänemark und Schweden, 1944 Mitbegründer des FDGB, 1946 Mitglied des Bundesvorstandes des FDGB, 1948 – 1975 1. Vorsitzender des Bundesvorstandes des FDGB.

Bewohner des Hauses 12 in der Waldsiedlung, gilt unter den Angestellten als freundlich.

Dank

Für die Mitarbeit am Buch bedanke ich mich bei den Zeitzeugen, die sich unvoreingenommen ihrer damaligen Tätigkeit erinnerten. Frau Wagner hat mit viel Verständnis die Transkriptionen der Tonbänder übernommen. Uta Kolano brachte die oftmals langen Interviews mit Fingerspitzengefühl auf eine rezipierbare Länge. Die Grafiken von Wandlitz gestaltete Pina Lewandowsky. Dank an James-A. Wehse und Stefan Gräfe für das Digitalisieren der Fotos und Dokumente; an Ina Seidel für die Hilfe bei den produktionstechnischen Abläufen und Gabi Funke für das Personenregister. Besonders dankbar bin ich Werner Treß, der das biographische Register der Politbüromitglieder und die kurze Geschichte des Politbüros erstellte. Der Lektorin Franziska Günther ein herzliches Dankeschön für die professionelle Gelassenheit, in so kurzer Zeit ein Buch herzustellen.

Quellen

Paul Bergner, Die Waldsiedlung, Basdorf, 2001
Klaus Bossig, Regierungszüge der DDR, Freiburg, 2001
Peter Kirchey, Wandlitz Waldsiedlung – die geschlossene Gesellschaft, Berlin, 1990
Gerd Schmidt, Ich war Butler beim Politbüro, Schkeuditz, 1999

Die im Buch vorgestellten Gespräche entstammen dem Zeitzeugen-TV-Archiv. Weitere, umfangreiche Personen- und Sachdokumente sind dort verfügbar. In Abhängigkeit von der jeweiligen Rechteübertragung können gegen eine Aufwandsgebühr für jede einzelne Kassette detaillierte Inhaltsangaben mit Timecode bestellt und Nutzungsrechte über Lizenzverträge erworben werden. Die Sichtung des Materials ist nach Absprache im Zeitzeugen-TV-Archiv möglich. In der Datenbank von Zeitzeugen TV befinden sich ca. 50 000 Einträge (Inhaltsangaben, Stichworte, Personeneinträge, Rechtverweise, Produktionshinweise u. v. a. m.). Die audiovisuellen Dokumente liegen zum überwiegenden Teil im professionellen und sendefähigen Beta SP und Digital Beta Format vor.

Interessenten wenden sich bitte an:

Zeitzeugen TV GmbH
Schwedter Straße 13
D-10119 Berlin
Tel.: (49) 030 44 96 330
Fax: (49) 030 44 95 956
zeitzeugen@aol.com

Personenregister

Abrassimow, Pjotr 97, 123, 140, 217ff.
Abrassimowa, Frau 219
Ackermann, Anton 9
Amerongen, Wolf von 14
Apel, Frau 223
Apel, Erich Hans 46, 60, 218
Arndt, Otto 181, 183
Axen, Frau 213
Axen, Hermann 13, 55, 191, 212, 224 f.
Axen, Sophia 225

Baumann, Günter 190
Bäuml, Helmut 159 ff.
Beitz, Berthold 14, 127, 133 f.
Bergmann-Pohl, Sabine 118
Brandt, Willy 170, 184 ff., 219
Breschnew, Leonid 46, 189
Brückner, Bernd 91 ff.

Ceauşescu, Nicolae 109
Chruschtschow, Nikita 182

Dahlem, Franz 9
Dathe, Heinrich 124
Davis, Angela 174
Dölling, Emmi 223

Ebert, Friedrich 13, 179, 191, 213
Ewald, Georg 13, 48, 72 f., 224
Ewald, Manfred 200, 214
Ewald, Wolfgang 225

Fröhlich, Paul 13

Gandhi, Indira 97, 196
Gold, General 217
Gorbatschow, Michail 108 f., 223
Göring, Hermann 146
Gotsche, Otto 223
Gromyko, Andrej 143
Grotewohl, Johanna 11, 140, 212, 216
Grotewohl, Otto 7, 9, 11, 43, 140, 212, 216
Grotsch, Herr 51
Grünberg, Karin 224 ff.
Grüneberg, Gerd 70
Grüneberg, Gerhard 13, 25, 46, 48, 60, 70, 106, 140 f., 168, 213
Grüneberg, Wilfried 70

Hager, Kurt 13, 39 f., 50, 55 f., 224
Hager, Nina 226
Hainke, Ulrike 70, 72 ff.
Halbritter, Walter 13, 179
Herrmann, Frau 81
Herrmann, Joachim 72, 81 f., 89
Herrnstadt, Rudolf 9
Honecker (Familie) 19, 22, 26, 30 ff., 58, 63 f., 67, 72 f., 80, 83, 89, 94, 101, 103 ff.,

107, 118, 126, 142, 144, 168, 173, 205 f.
Honecker, Erich 7, 9, 13 ff., 20 f., 25 ff., 30 ff., 39, 42, 46, 49, 59 f., 60, 62 ff., 82 ff., 91 f., 94 ff., 114, 116 ff., 121, 123, 126 f., 130 ff., 136, 140 ff., 155 f., 170, 173 f., 193, 205 ff., 214, 218 f., 223
Honecker, Margot 27, 30 ff., 35, 39, 65, 82 ff., 89, 97, 101, 104, 107, 118, 206 f.
Honecker, Sonja (verh. Yánez) 24 f., 32, 64 f., 84, 101, 103, 144 f., 225
Husák, Gustav 109

Jarowinsky, Frau 20, 221
Jarowinsky, Werner 13, 60, 63, 160, 198, 221
Jendretzky, Hans 9
Junker, Wolfgang 149

Kádár, János 109
Keßler, Heinz 126
Kleiber, Frau 21, 49, 51
Kleiber, Günther 11, 13, 46, 49, 144, 148, 199, 228
Kohl, Hannelore 115
Kohl, Helmut 115 f.
Kohl, Peter 115
Kotschemassow, Wjatscheslaw 219
Krause, Jürgen 42 ff.
Krenz, Egon 40, 88, 157, 223
Kurella, Alfred 151

Lamberz, Frau 50
Lamberz, Werner 50, 113, 155, 219, 228, 231
Lange, Inge 40

Maizière, Lothar de 118
Mao Zedong 76
Martini (Staatssekretär) 149
Maschen, Horst 176 ff.
Matern, Hermann 9, 13, 140, 204 f., 228, 230
Menzel, Robert 121, 130
Metternich, Klemens Wenzel, Fürst von 124
Mielke, Erich 7 ff., 13, 25 f., 35 f., 51 ff., 80, 84, 94, 97, 99 ff., 104, 106, 132 f., 140 ff., 145, 150, 191, 198, 203, 209, 214, 217 f.
Mielke, Gertrud 51 f., 85, 217, 229
Mittag, Frau 50, 86 f., 229
Mittag, Günter 13 f., 25, 33, 39, 46 ff., 58, 60, 63, 73, 85 ff., 97 f., 100 ff., 104, 112, 121, 127, 130, 140, 143 f., 154 f., 160, 168, 224, 228 ff.
Mückenberger, Erich 9, 13, 40, 50
Mückenberger, Hanna 40, 50
Müller, Margarete 13, 144

Namslauer, Hugo 200
Naumann, Konrad 40, 88, 114 f., 136, 148, 151 ff., 211, 214
Neumann, Frau 20
Neumann, Alfred 13, 224
Norden, Albert 13, 55 f., 220 f.
Norden, Frau 221

Oecknick, Roland 224
Oecknick, Waltraud 215 ff.
Oelschlegel, Vera 41, 114, 151, 154, 212
Oelßner, Fred 9

Opitz, Ralf 135 ff.
Ost, Friedhelm 115
Oszinski, Horst 43

Palme, Olof 97
Pieck, Wilhelm 7, 9, 194

Rau, Heinrich 9
Reagan, Ronald 137
Rechow, Wolfgang 190 ff., 226

Schabowski, Günter 29, 66
Schalck-Golodkowski, Alexander 10, 30, 49, 80, 88
Schirmer-Pröscher, Wilhelmine 223
Schiwkow, Todor 71, 109
Schmidt, Gerd 16 ff., 190, 208 ff.
Schmidt, Helmut 14, 75, 188
Schürer, Gerhard 11, 144, 148
Sindermann, Horst 13, 24, 46, 50, 63
Sindermann, Inge 40
Stoph, Alice 22, 224, 229
Stoph, »Prinz« 224, 229
Stoph, Renate 224 ff.
Stoph, Willi 7, 11 ff., 17, 37 f., 40, 62, 73, 77, 88 f., 111 f., 131 f., 136, 143, 145 ff., 155 f., 160, 168, 170, 185, 187, 191, 196, 207 ff., 224 ff., 228 ff.

Thoss, Regina 115
Tisch, Harry 144
Tito, Josip Broz 59, 168

Ulbricht, Lotte 58 f., 61 f., 162, 164 f., 167 ff., 182, 184, 197, 199 ff., 203 f., 215, 222 f., 229, 231
Ulbricht, Walter 7, 9, 13 f., 42, 49, 58 ff., 88, 123, 128 ff., 138, 140, 159, 161 ff., 164, 166 ff., 182 ff., 191, 196 ff., 200 ff., 214, 218, 231
Ulbricht, Beate 161

Verner, Paul 13, 60, 168

Warnke, Herbert 11, 13, 72 f., 78 f., 81, 85, 199
Warnke, Lisa 78, 80 f.
Weber, Hans Ulrich 131
Westmoreland, William C. 55
Wildau, Erika 64
Winter, Elli 194
Wlost, Günther 120 ff.
Wolf, Günter 73, 142

Yánez, Leonardo 65, 103 f.
Yánez, Mariana 64, 84, 103 ff.
Yánez, Roberto 63 f., 102 ff., 107
Yánez, Sonja siehe Honecker, Sonja

Zaisser, Wilhelm 9

Bildnachweis

Bildarchiv Preußischer Kulturbesitz, Berlin S. 9
Bundesarchiv, Berlin S. 13

Alle anderen Abbildungen stammen aus dem Zeitzeugen-Archiv, Berlin.

Fakten, Themen, Hintergründe: Sachbücher bei AtV

LUDWIG WATZAL
Feinde des Friedens
Der endlose Konflikt zwischen Israel und den Palästinensern
»Wer jenseits der aktuellen Schrecken mehr wissen möchte über tiefere Ursachen der heutigen Gewalt, für den ist das Buch von Ludwig Watzal eine aufschlußreiche Lektüre.«
TAGESSPIEGEL
»Eine höchst authentische Erläuterung der Ursachen des jetzigen Geschehens. Und eine klare Absage an die landläufige Behauptung, die Akzeptierung palästinensischer Rechte sei a priori ein anti-israelischer Akt.« LEIPZIGER VOLKSZEITUNG
Originalausgabe. 341 Seiten. AtV 8071

WOLFGANG ENGLER
Die Ostdeutschen
Kunde von einem verlorenen Land
»Englers Kunde von einem verlorenen Land ist lesenswert, vor allem für Westdeutsche. Sie werden einen großen Schritt auf dem Weg unternommen haben, die Ostdeutschen und ihre ganz eigene Geschichte ein wenig verstehen zu lernen.«
DEUTSCHE WELLE
348 Seiten. AtV 8053

LANDOLF SCHERZER
Der Letzte
Wie in der Reportage »Der Zweite« wirft Landolf Scherzer wieder einen ungewöhnlichen Blick hinter die Kulissen der Demokratie und legt dabei nicht nur Machtmechanismen, Kungelei und Korruption bloß, sondern entdeckt auch die Menschen hinter den genormten Politikerfassaden.
»Was Scherzer entstehen ließ, kann Politiker und Journalisten gleichermaßen beschämen.«
DER TAGESSPIEGEL
336 Seiten. AtV 1827

FRIEDRICH SCHORLEMMER
Nicht vom Brot allein
Leben in einer verletzbaren Welt
Angesichts einer Konsumkultur, in der alles zur Ware wird, auch der Mensch, streitet der Theologe Schorlemmer für Werte, die dem Dasein Sinn und Hoffnung geben. Sein Widerspruch gegen eine Politik, die Terror und Gewalt mit Krieg und (Gegen-)Gewalt bekämpfen, Freiheit durch Sicherheit gewinnen will, appelliert an unser »Gewissen und den Mut, ihm zu folgen. Selbst- und Zeitbefragung bekommen eine Intensität und Rücksichtslosigkeit, die ihresgleichen sucht.« NEUES DEUTSCHLAND
359 Seiten. AtV 7041

Mehr Informationen erhalten Sie unter www.aufbau-verlag.de oder bei Ihrem Buchhändler

AtV